차생활의 이해와 실천

차생활의 이해와 실천

茶生活文化

茗智苑 오미정 지음

MINU

일러두기

1. 본 저서는 차의 재배, 제다, 품질 평가, 성분, 건강효능 등 과학성과 우리 차문화의 고찰, 차살림을 꾸리는 도구, 찻자리 음식인 다과, 꽃과 향 문화, 차 다루기의 실제 등을 포함하여 차생활에 관한 실용 내용을 10개의 항목으로 구성하였다. 한 항목씩 따라가다 보면 우리 차문화의 전체적인 흐름을 알 수 있을 것이며 더욱 차생활의 매력에 빠져들 것이라 기대한다.
2. 본문 내용에 포함된 다과는 지정다례원 오극자 원장님과 효정 다도회 이효천 원장님께서 도움을 주셨다.
3. 본문 내용에 예시된 차류 및 차도구는 필자의 개인적 기호 일부와 대중적으로 보급되고 있는 일부 내용으로, 실제의 차생활에 참고 또는 응용이 되고자 소개하였다.
4. 다식과 차도구, 차 다루기의 사진 자료는 농촌진흥청 농업과학기술원 이병모 박사님이 기록하여 주셨다.
5. 차 다루기의 실제인 차 우리는 방법은 월등한 응용을 바라는 마음으로 필자가 정리하여 이용하고 있는 명지원茗智苑 차 다루기 방법을 예시하였다.
6. 《동다송》과 《다신전》은 韓國佛敎全書第十册(東國大學校出版部, 1989)의 원문을 현토한 《艸衣茶禪集》(통광역주, 불광출판사, 1996)을 참조하였으며, 원문의 이해를 돕고자 한글 음을 병기하였다. 동다송은 4구句를 1송頌으로 하고 송에 대한 주註 부분으로 나누어 정리하였다.
7. 본문에 예시된 자료사진 중 저자의 기록이 아닌 경우 출처를 명시하였다.
8. 한자 병기 시 음이 다른 경우에는 꺾쇠괄호(〔 〕)를 사용하여 구별하였다.

『喫茶來』: 錦堂崔圭用(1903~2002) 書
(끽다래 : 차 한잔 하세.)

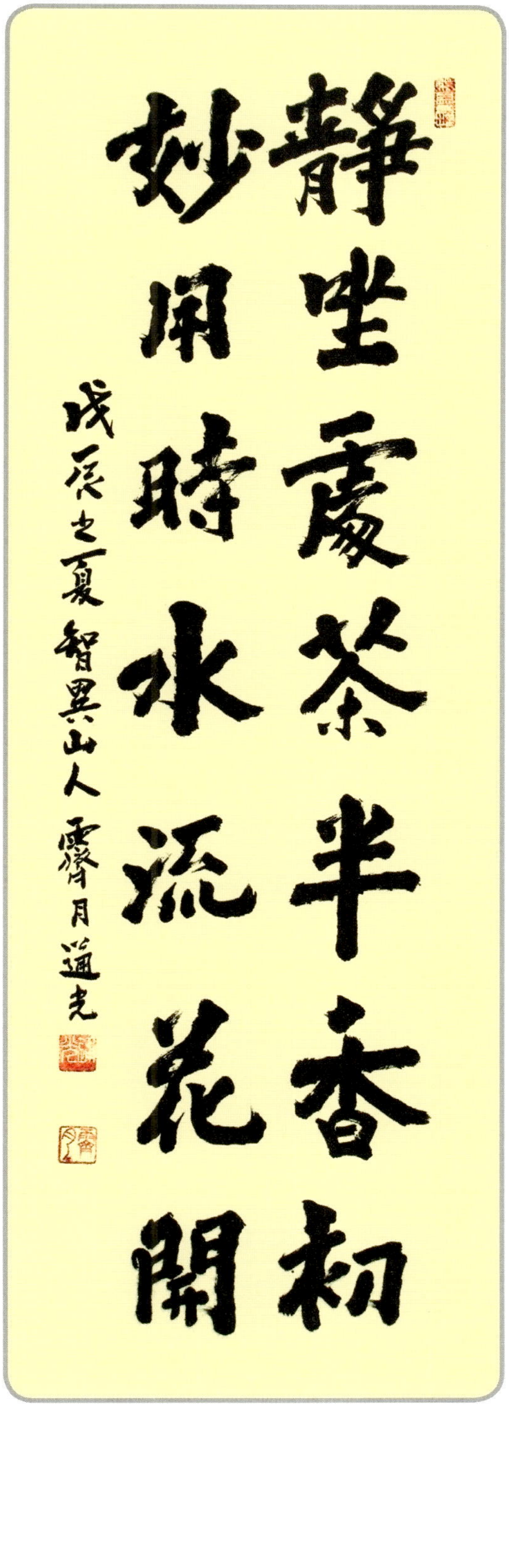

『靜坐處茶半香初 妙用時水流花開』:
霽月 通光 書
(정좌처다반향초 묘용시수류화개 :
고요히 앉아서 차를 반쯤이나 마시는데
향기는 처음과 같고,
우주 본연의 그때에 물이 흐르고 꽃이 피니
삼라만상이 그대로이네.)

고려대학교 생명공학연구소의 오미정 박사가 금번에 지금까지 교단에서 강의한 노트를 보강하여 현대인이 숙지하여야 할 차생활에 관한 교양내용으로 구성된 《차생활의 이해와 실천》를 편찬 발행하게 되었다.

384면에 달하는 이 《차생활의 이해와 실천》의 목차를 대별하면 차의 식물학, 차의 성분과 효능, 차의 종류, 찻잎의 가공, 한국차문화의 역사, 차생활과 예절, 다석화, 다구, 다과, 다식, 다석의 소향예절, 다례와 육법공양, 전다박사인 초의선사의 《동다송》과 《다신전》, 세계의 차문화 등이 10개 항목으로 정리되어 10주간에 걸쳐서 학습할 수 있는 교양과목으로 집결되어 있다.

오랜 기간 차를 가까이 두고 생활하면서 연구하고 강의한 경험을 토대로 저술한 본 저서는 학자인 저자의 차세계를 반영하듯 차에 관한 자연과학과 인문과학을 총 망라하고 있다. 그동안 저자 자신이 연구한 우리나라 차의 성분 등에 관한 정확한 데이터를 제시하여 국산녹차의 우수성을 강조하고 있으며, 전통예절을 포함하여 차생활에 필요한 소양들을 자세히 설명하고 있다.

살피건대, 오미정 박사는 한국의 차문화가 태동하던 1980년대부터 차생활을 시작하면서 차에 관한 학제적學際的인 연구를 자발적으로 진행하였다. 그러다 마침내 1994년에는 고려대학교 대학원에서 「한국 자생차나무의 유전적 유연관계 및 녹차의 이화학적 특성에 관한 연구」로 박사학위를 취득한 재원이다. 또한 고려대학교 생명공학연구소의 선임연구원으로 고려대학교 생명환경과학대학원과 국내 유수의 대학, 대학원 등에서 '차의 과학과 산업', '차 식물학', '차의 관능과학', '다례연구', '동양 3국의 차문화', '국제화 시대의 생활예절' 등을 강의하였다.

차란, 형이상학적으로는 도덕음료요 형이하학적으로는 보건음료이다. 궁극적으로 다도는 덕을 쌓는 적덕과 건강을 도모하는 양생의 수련으로 호연지기를 키우는 것이다.

동서고금을 막론하고 역사상의 위인들은 대부분이 차인이었다.

찻잎의 가공 이용법에는 식엽법食葉法과 음즙법飮汁法이 있다. 우리나라 고대의 사국四國 시대에는 떡차〔餠茶〕의 '자다법煮茶法', 고려시대에는 연고차硏膏茶의 '점다법點茶法', 조선시대에는 잎차葉茶의 '포다법泡茶法'과 '촬포법撮泡法'이 있었다. 이 가운데 잎차의 '포다법'은 다관에 차를 넣어 여러 번 우려내어 수용성 성분을 섭취하는 것이며, 말차의 '점다법'은 찻잎 자체를 가루내어 유효성분을 100% 섭취하는 것이다.

본서의 저자인 오미정 박사는 이러한 차 마시는 방법의 실제적인 유용성을 포함하여 차의 건강효용성을 강조하고 있으며, 각론의 도처에서 다도가 명실상부한 종합문화예술이라는 점을 종횡무진으로 역설 피력하고 있다. 그러므로 본서의 독자제현께서도 저자가 희원希願하는 배후의 의도까지 간파하시여 몸과 마음을 건전하게 유지하시기를 학수고대하는 바이다.

한국 차학회 고문

김명배 식金明培 識

《차생활의 이해와 실천》은 고려대학교 생명공학 연구소의 오미정 박사가 오랜 기간 동안 교단에서 차문화의 대중화와 국민 보급을 위해 강의한 자료를 심혈을 기울여 한 권의 책에 수록한 차문화의 지침서로서 탄생하였다. 그동안 차와 관련된 출판물들이 여러 권 발간되었으나 이번에 빛을 본《차생활의 이해와 실천》은 차에 대한 모든 것을 다루었다. 전반부에서는 차의 기원에서부터 차나무의 식물학적 고찰, 차의 이해, 차의 효능 그리고 차의 가공을 기술하였고 중반부터는 한국의 차문화, 차 관련 생활문화와 실제, 차 다루기의 실제에 이르기까지 구체적으로 자료를 제시하면서 기술하였고 그 이후부터는 차의 응용과 차생활문화의 발전 방안을 제시하였다. 후반부터는 한국 차문화의 역사적 고찰에 이어 세계의 차문화에 이르기까지 차문화의 모든 것을 심도 있게 기술한 옥서로서 한국의 차문화 보급에 필독서로서 사랑 받을 것으로 확신한다.

본서는 차문화의 전체적인 흐름을 이해하기 쉽게 구성한 점과 차생활의 실천을 올바르게 제시해 준 점에서 높이 평가된다. 저자의 이 같은 구성은 일찍이 차를 실생활에 응용하였고 차 세계에 대한 남다른 관심과 애정을 가지고 차 전반에 대해 연구한 결과이다. 저자는 1994년에 고려대학교 대학원에서 「한국 자생차나무의 유전적 유연관계 및 녹차의 이화학적 특성에 관한 연구」로 박사학위를 받은 차 연구의 일인자이다. 당시 학위 논문심사를 하면서 저자의 차에 대한 남다른 관심과 애정을 충분히 확인할 수 있었다.

이 책은 자연과학적 방법으로 차문화 세계에 접근하면서 차문화의 역사적 고찰을 접목함으로써 차문화의 가치를 이해하는 데 크게 기여 할 것으로 믿어 의심치 않는다. 단순히 차가 건강에 좋을 것이라는 일반인들의 생각을 넘어서, 차 한 잔이 삶의 질을 향상시키는 데 크게 기여할 수 있음을 피력하고 있다.

이 한 권의 책은 차의 모든 것을 쉽게 이해하도록 다양한 정보를 제공하려고 노력하였고 특히 다도를 통한 삶의 질 향상과 차 마시는 생활의 대중화를 전 국민에게 널리 보급하려는 노력과 차에 대한 학문적 체계의 확립을 강조하였다. 본서가 의도하는 내용이 가감 없이 독자분들에게 전달되어 많은 사람들이 차생활을 통해 아름다운 우리 문화를 계승하고 발전시킬 수 있기를 간곡하게 바란다. 또한, 본서는 한국 전통차의 우수성을 널리 알려 국민 건강에 크게 기여함으로서 건강하고 편안하며 즐거운 삶을 영위하는 데 마땅한 도움을 줄 것으로 여기므로 적극 추천한다.

강원대학교 명예교수, (사)한국산야초자원연구소 소장
함승시

최근 우리의 전통문화에 대한 관심의 증가와 더불어, 건강한 생활과 삶의 질에 대한 욕구가 향상되면서 우리 차가 널리 회자되고 있다. 차를 마시는 취향이 문화생활의 기준이 되기도 하고, 차가 약초로서의 효능으로 시작되었던 만큼 건강을 위한 기호필수품으로 자리매김하고 있다.

이 흐름을 따라 차문화는 급속히 발전하고 있으며, 학문적으로 접근하는 사람들이 늘어감에 따라 각 대학과 대학원에서 차학茶學 전공 학과가 속속 개설되고 있다. 또한 많은 대학에서 차문화콘텐츠를 교양과목으로 개설하여 교육하고 있으며, 일부 초 · 중 · 고등학교에서도 어린 시절부터 자연스럽게 우리 차문화를 익혀 우리 전통 차의 기호도와 예절에 대한 관심을 키우고자 차문화 교육을 시행하고 있다. 이는 차문화 발전에 매우 고무적인 일로 학문적인 바탕이 채워질수록 차문화는 지속적으로 더 많은 발전을 이룰 것이라 기대된다.

그러나 차의 전체적인 콘텐츠를 포함한 독립된 학문으로서 '차학'의 체계를 정립하기 위해서는 차의 자연과학적 접근과 차문화 현장을 연결해 그 범위를 명확히 제시하는 정확한 과목의 분류체제와 각 과목에 포함되는 콘텐츠를 일목요연하게 통일해야 할 것이다.

지금까지는 그 체계가 미비하여 차 관련 교과목들을 강의하면서도 개인적으로 일부 유인물을 작성하여 이용하며 학생들에게 교재를 제시하는 데에 어려움이 있었고, 차에 관한 서적이 많이 있지만, 종합적으로 이해하고자 하는 학생이나 일반인들에게 다소 혼란을 야기시키는 아쉬움이 있었다.

그래서 심화된 문화적 소양과 폭 넓은 안목을 함양하여 일상의 차생활을 도모하는 〈차생활의 이해와 실천〉의 강의에서, 실제로 차생활을 즐기면서 문화를 향유하는 데 필요한 개론 또는 범론적인 교재의 필요성을 절감하여 그동안의 강의노트를 정리해 책으로 엮었다.

이 책은 대학의 교양과목이나 전공자의 교재뿐만이 아니라, 초심자들도 차를 접근하는데 흥미를 느낄 수 있도록 차문화에 관하여 가급적 다방면의 정보를 객관적이고 보편적으로 소개하려고 노력하였다. 또 차생활에 필요한 기본 소양과 안목에 대한 시원한 답을 주고 싶은 마음으로, 차문화에 관심이 있는 일반인들도 쉽게 이해할 수 있도록 평이하게 서술하였다.

차를 향한 깊은 애정으로 일찍부터 차문화의 발굴과 계승에 남다른 수고를 아끼지 않으신 많은 '차 애호가'들과 차와 더불어 사는 모습 자체로 이미 고품격 문화를 향유하고 있는 '차인'들의 노력과 요구에 부응하여 세계적으로도 손색없는 우수한 품질의 국산 차류 및 차도구들이 각 분야의 전문가들에 의해 개발되고 있다. 이제 차는 가정에서만이 아닌 일상생활 속으로 확대되어 사무실에서도 티백 등을 이용하여 쉽고 간편하게 차를 마실 수 있는 차생활 기반이 갖추어진 것이다.

이 책을 통해 건강효능이 탁월한 우리 녹차를 즐기는 차생활이 대중화되고 우리 전통문화의 계승과 예의가 일반화되어 편안한 행동과 정신의 함양으로 안정된 사회질서가 유지되고 고품격 문화예절을 향유하는 국민 정서가 널리 확산되기를 바라는 마음이 간절하다.

그럼에도 지면 관계상 축소된 부분이 있고, 출간의도가 충분히 반영되지 못하여 바로잡아야 할 것이 많다. 차문화의 높은 뜻이 혹 잘못 전달되지는 않았을까 하는 염려의 마음이 앞서기도 하며, 부족한 부분은 앞으로 계속 보완 증보하여 차생활 참고서의 훌륭한 교재로 발전시켜 나갈 수 있도록 독자 여러분의 기탄없는 질정叱正을 바란다.

끝으로 이 책을 출간하며, 부족한 동생을 최고의 차 전문가로 알고 항상 격려와 조언으로 무한한 힘을 실어 주었던 고 오미경 언니와 사랑하는 가족들에게 고마움을 전하며, 차생활의 발걸음을 내딛게 해 주신 채원화 선생님, 학문의 길로 이끌어 주신 홍병희 교수님, 차생활의 즐거움을 같이 해 주며 도움을 주신 차계의 선배님들, 차벗들, 꼼꼼하게 교정을 보아 주신 도서출판 미누의 박은정 편집장과 본문 디자인과 조판을 맡아 주신 김원영 님, 멋진 표지를 만들어 주신 공간42의 이용석 님을 비롯한 여러분에게 감사의 마음을 전한다.

茗智苑 오미정

목차

제4장 한국 차문화의 이해

제5장 차생활문화

제6장 차생활문화의 실제

녹차, 그리고 오미자로 색을 낸 검은콩정과, 땅콩정과, 말차 입힌 땅콩정과

茶生活文化

[제1장]

차나무의 이해

본 장에서는 우리가 매일 마시는 차를 생산하는 차나무의 기원과 차나무의 식물학적 특성에 관하여 이해한다.

1 차의 기원과 원산지

1. 차의 기원

차(*Camellia sinensis* (L.) O. Kuntze)는 기원전 2700년경부터 중국에서 염제신농炎帝神農에 의하여 이용되기 시작하였다고 한다. 초기에는 차의 약리적 효능을 목적으로 이용하였으나, 현대에 와서는 그 독특한 풍미로 인하여 전 세계 인구의 절반 이상이 음용하는 중요한 기호음료가 되었다.

차를 마셨다는 기록은 중국 전한前漢의 선제宣帝시대(기원전 59)부터 나타나며, 350년경부터는 차나무가 재배되기 시작하였던 것으로 보인다. 한국에서는 고대 4국시대에 가락을 통하여 도입되었다는 설(《삼국유사》)이 있으며, 이 설에 의하면 약 2,000년간의 역사를 추정할 수 있다. 현재는 주로 경상남도, 전라도, 제주도 등에서 재배되고 있다. 인도는 1788년 중국에서 차를 도입한 뒤, 1823년 영국인 브루스R. Bruce가 아삼종의 차나무를 발견하면서 본격적으로 재배하기 시작하였다. 스리랑카는 1875년, 자바는 1884년부터 재배를 시작하였다.

1) 염제신농설

육우는 《다경茶經》에 차의 연원을 신농(기원전 2700년경)씨라 적었다. 신농은 《식경食經》에서 "차를 오래 마시면 사람으로 하여금 힘이 나고 마음을 즐겁게 한다"고 했다. 그는 중국 삼황三皇의 한 명으로 동방이족◆이며, 그의 어머니가 용에 감응해 얼굴이 용과 같았다고 한다. 산시성陝西省 진창에서 제위에 올라 염제신농炎帝神農황제가 되었고, 음식을 불에 익혀먹는 법을 세상에 처음으로 전했으며, 농경을 시작해 오곡을 경작한 농경신으로 불렸고, 양잠과 의약을 가르쳤다.

신농은 수많은 초목을 맛보며 인간에게 이로운 약초를 찾아내었다. 이 과정에서 독초에 중독되었을 경우 찻잎을 씹어서 해독하여 차의 해독효능을 처음으로 알게 되었다고 한다. 풀 초艸와 나무 목木 사이에 사람 인人이 있는 차茶라는 글자가 이때 신농을 죽음에서 살려낸 데 기인하여 만들어진 것이라고 전한다. 말년에 산둥성山東省 곡부로 도읍을 옮긴 후 재위 120년에 타계하였고, 백성들은 신농에게 감사하고자 해마다 이른 봄이 되면 처음 딴 찻잎으로 제사를 올렸다고 한다.

저자나 제작 연대가 확인되지 않았으나, 남조량의 도홍경陶弘景(456~536)이 집주한 《신농본초경》이 전해지며, 365종의 약물이 상 · 중 · 하품으로 나뉘어 있다. 상품은 불로장생의 약물로 차나무〔고채苦菜가 차를 의미하는가에 대한 의문은 여전히 남아 있다〕 · 인삼 · 감초 · 구기자나무 · 사향 등 120종, 중품은 보약의 효용을 가진 갈근 · 마황 · 모란 · 녹용 등 120종, 하품은 치료약재로 대황 · 부자 · 도라지 · 거머리 등 125종이 소개되고 있다.

2) 편작설

편작扁鵲(기원전 5세기 전후)은 중국 전국시대戰國時代의 명의名醫로 성은 진秦, 이름은 월인越人이다. 그는 의학에 정통해 임상에 뛰어났으며, 특히 진맥診脈에 통달해 이 방면의 시조로 추앙받고 있다.

젊어서 객관의 일을 보다가, 장상군長桑君이라는 의술에 능한 노인을 만나 금방禁

◆ 동방이족東方夷族: 중국에서 동방은 우리나라이며, 이夷족은 활 궁弓에 큰 대大가 합쳐진 글로 활을 잘 쏘는 강인한 나라로 설명된다.

方의 구전과 의서를 물려받아 의술을 터득하였다고 한다. 무당의 주술과 미신을 반대하여 "치료할 수 없는 경우가 여섯 가지 있는데, 그중 무당을 믿으면서 의사를 믿지 않는 자는 치료할 수 없다"고 하였다 한다.

1

괵(또는 '호'라고도 함)나라 태자가 죽게 된 것을 살려내어 천하의 명의로 불리었는데, 뒤에 너무 유명해지자 진나라 태의령太醫令 이혜李醯의 흉계로 억울하게 죽임을 당했다. 편작은 8만 4천 가지 약방문을 알고 있었지만, 제자들에게는 4만 가지 약방문 정도밖에 전하지 못하였다고 한다. 죽임을 당한 후에 무덤에서 차나무가 올라와 제자들이 이리저리 관찰하니 여러 신비한 효능을 보여 나머지 4만 4천의 약방문을 얻었다고 하는데, 이때부터 차가 만병통치의 불로초로 회자되기 시작하였다고 한다. 저서로《편작내경扁鵲內經》과《편작외경扁鵲外經》이 있다고 하는데 모두 전해지지 않고 있다.

3) 보리달마설

중국 선종의 개조開祖인 보리달마菩提達磨(?~528)는 남인도 향지국의 왕자로 6세기 초 서역에서 당나라 화베이성河北省으로 건너와 낙양을 중심으로 활동하였으며, 소림사에서 9년 동안 벽만 보면서 참선 수행하였다고 한다. 참선 중 자꾸 졸음이 오자 '눈시울이 있어 잠을 불러들인다'고 하여 양 눈시울을 떼어 마당에 던져 버렸는데, 그 자리에 한 나무가 솟아 잎을 씹으니 금세 머리가 맑아지고 잠이 달아났다고 한다. 이때부터 차는 잠을 쫓는 탁월한 효능이 인정되어 참선하는 수행자와 학자들의 전용 기호품이 되었다고 한다.

위의 설은 모두 생몰 연대가 분명치 않은 전설적인 인물들의 이야기이지만 차의 뛰어난 효능을 이야기하고 있으며, 현대과학에 의해 실제적인 효능들이 밝혀지고 있어 결코 과장만은 아니었음이 증명되고 있다.

2. 차의 원산지와 분포

차나무의 원산지는 연중 서리가 없고, 겨울에도 매달 비가 내리는 지역인 중국의 서남부

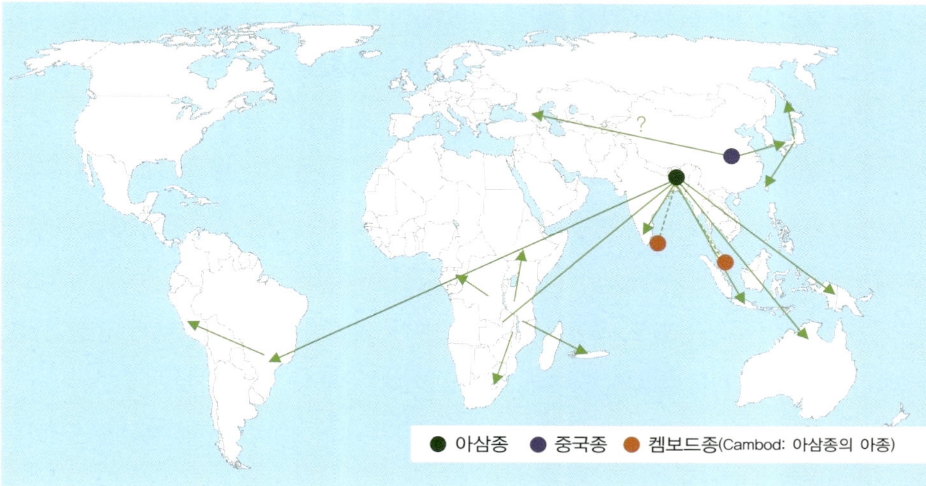

〈그림 1-1〉 차 재배의 전파경로

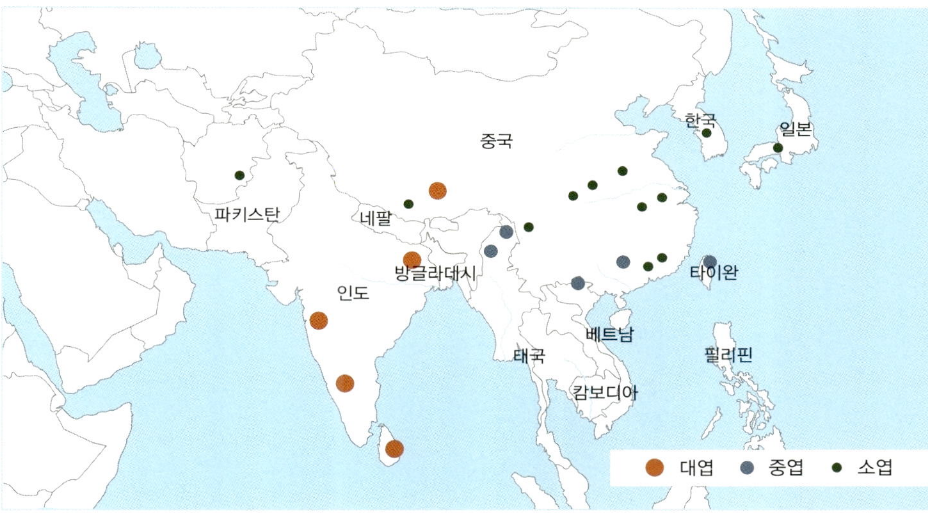

〈그림 1-2〉 한국과 아시아 지역의 차나무 분포

지대에 속하는 쓰촨성四川省 · 윈난성雲南省 일대와 아시아의 동남부 지역인 인도의 아삼 지방 또는 베트남 북부 산악지대로 확인되고 있다.

차나무는 열대 · 아열대 · 온대지방의 강우량이 많고 따뜻한 곳에서 생육이 왕성하며, 티베트와 쓰촨성의 경계를 이룬 산악지대(차나무의 원산지로 추정)에서 그 수원水源이 시작되는 양쯔강, 메콩강, 이라와디강 등의 연안지대에 자생으로 분포하고 있다. 지금은 남위 23도에서 북위 43도, 동경 150도에서 서경 60도에 속하는 한국, 중국, 일본을 비롯하여 동남아시아의 온난지역, 남아메리카, 아프리카 및 러시아 등지에 이르는 넓은 지역에서 재배하고 있다. 최북단의 재배지는 북위 42~43도 부근에 위치하는 코카서스 지방의 그루지야공화국이며, 최남단은 남회귀선(남위 23도 27분) 부근의 아프리카 남부 및 남아메리카의 브라질이다.

주요 차생산 국가는 인도, 중국, 스리랑카, 케냐, 러시아, 터키, 인도네시아, 일본, 방글라데시, 아르헨티나, 말라위, 타이완 등이며, 이 가운데 약 75% 이상이 홍차이다.

우리나라는 경남, 전남북, 제주도와 경북의 일부 지역 등 대부분이 북위 34도 이남에서 자생차나무가 분포하는데, 인도와 중국 전래설과 일부 자생설이 주장되고 있다.

〈그림 1-3〉 우리나라의 차나무 분포지역

참조

북한 지역의 강원도 고성군 삼일포 기슭에서도 차나무를 재배하고 있다고 한다. 수만 그루로 숲을 이루고 있으며 이 차나무를 북한의 서해안 지대인 배천, 장경, 옹진 지역으로도 이식하여 재배를 시도하고 있다고 한다. 이 기사로 보아 북한지역에서 냉해에 강한 차나무 품종을 개발하였다면, 우리나라의 차나무분포 지역은 훨씬 북쪽으로 확대될 수 있을 것이다. (경향신문 1988년 3월 10일 / 동아일보 1988년 3월 16일 / 노컷뉴스 2011년 6월 12일).

3. 차의 어원

1) 차의 다른 이름

차茶는 가檟, 설蔎, 명茗, 천荈 등으로도 불리었는데, 육우◆는 《다경》〈일지원一之源〉에 "주공周公은 '가'를 쓴 차[苦茶]라 하고, 양집극楊執戟은 말하기를 촉나라 서남 사람들이 차를 '설'이라 한다고 하며, 곽홍농郭弘農은 말하기를 일찍 딴 것을 '차'라 하고 늦게 딴 것을 '명'이라고 하며, 혹 전부를 '천'이라 한다고 하였다"고 기록하고 있다. 이 가운데 가장 일반적으로 쓰이고 있는 것은 '차'이고, 다음이 '명'과 '천'이며 다음이 '가'와 '설'이다.

2) 차의 어원

차의 이름은 광둥廣東성의 차Cha가 한국, 일본, 페르시아, 포르투갈, 인도 등으로 전해져서 차Cha로, 티베트, 아라비아, 러시아 등에서 차이Chai로 불리게 되었다. 또 푸젠福建성 아모이廈門의 데이Tay가 한국에서 다Ta, 영국에서 티Tea로 불리며, 말레이시아, 덴마크, 노르웨이, 스웨덴에서 테Te, 프랑스에서 떼The로 불리게 되었다. 이 외에는 불경佛經에 알가閼伽, 아가阿伽라는 말이 있는데, 이는 범어 알가Arghya의 한문 음역으로 "알가수는 즉 향기로운 물이다[閼伽水此卽香花之水(《大日經疏》권 11)]"라고 하여 차를 지칭하고 있다.

우리나라의 차는 '차'라는 뜻의 소리가 한문의 '다茶'로 음독되어 다소 혼동되지만, 대체로 '차'를 표현하고자 할 때는 순수한 우리말인 '차'로 발음하며, 한문으로 구성된 단어일 경우 '다'로 발음하고 있다. 일반적으로 관용어로 굳어져 '차'로 쓰이는 예는 차 마시기 · 차나무 · 찻그릇 · 찻집 · 차밭 · 차부뚜막 · 찻자리 · 햇차 · 떡차 · 잎차 · 찻물 · 찻잎 · 찻숟가락 · 차나물 · 차찌꺼기 등이며, '다'로 쓰이는 예는 다방 · 다과점 · 다식 · 다식판 · 다정 · 다원 · 다신계 · 다산 · 다반사 · 다게 · 끽다거 · 점다 · 음다 ·

◆ 육우陸羽(733~804): 당나라 복주復州(지금의 후베이성湖北省 경능竟陵(지금의 톈먼시天門市)) 사람으로 일생 동안 차를 즐겼다. 세계 최초의 차 경전인 《다경》을 저술하여 일부 상류층에서 즐기던 차풍속을 대중화, 생활화하는 데 기여하여 다성茶聖으로 추앙받고 있다.

팽다 · 헌다 등이다. 또 '차'와 '다'가 함께 쓰이는 예로는 다관-차관茶罐 · 다모-차모茶母 · 다반-차반茶盤 · 다담-차담茶談 · 다례-차례茶禮 · 동다송-동차송東茶頌 · 다신전-차신전茶神傳 등이 있다.

1

생각해 봅시다

우리가 일상에서 마시는 차의 기원과 '차'와 '다'로 불리고 있는 차 관련의 일반적인 명칭에 대하여 생각해 봅시다.

2 차나무의 식물학적 고찰

1. 차나무의 식물학적 고찰

1) 차나무의 식물학적 위치

차나무는 열대 · 아열대 · 온대지역에서 자라는 교목 또는 관목의 영년생 상록수이다. 식물학적 분류에 의한 차나무의 이름은 종자식물문Embryophyta–피자식물아문Angiospermae–쌍자엽식물강Dicotyledones–동백나무목Theales–동백나무과Theaceae–동백나무속Camellia–차나무종Camellia sinensis이다. 세계적으로 통용되고 있는 차나무의 공식적인 학명은 실리J.R. Sealy(1958)가 제안한 *Camellia sinensis* (L.) O. Kuntze로 불리고 있다.

차나무는 모양에 있어 다양한 차이를 보이나 차를 만들 수 있는 성질이 같으므로 같은 종의 변종(Variety, var.)으로 구분하고 있다. 그러나 잎과 나무의 크기나 형태 등에 관한 형질의 차이가 극히 심하므로 식물분류학상 종과 변종을 포함하여 많은 학명으로 분류되어 다소 혼란을 야기시키고 있다. 일반적으로 차의 가공에 이용하는 변종은 크게 중국의 남동부를 중심으로 한 잎이 작은 중국종(var. sinensis)과 인도 아삼 지방의 잎이 크고 넓은 인도종(var. assamica), 그리고 이들의 중간적인 성질을 지니는 중엽종(중간종)으로 나눌 수 있다.

재배품종은 별도의 품종명(Cultivar, Forma)을 가지며, 한국의 보향차 품종은 *Camellia sinensis* var. sinensis, bohyang, 중국의 C12 품종은 *Camellia sinensis* var. sinensis, C12, 일본의 야부기다품종은 *Camellia sinensis* var. sinensis, yabukida와 같이 표기한다.

〈표 1-1〉 차나무의 종류와 특징

종류	학명	특징
중국종	*Camellia sinensis* var. sinensis	중국 동남부와 한국, 일본 등지의 온대에 분포하는 소엽으로, 자연 상태에서도 높이가 2~3m로 수형이 작으며 내한성이 강하며 녹차용으로 가공된다.
인도종	*Camellia sinensis* var. assamica	인도 아삼지방과 미얀마 등에서 발견된 열대, 아열대 분포종으로 높이가 15m에 이를 정도로 잎과 수형이 크며, 홍차 등으로 가공되는데 내한성이 약하여 한국에서는 재배하기 힘들다.
중엽종	*Camellia sinensis* f. macrophylla, *Camellia sinensis* f. parvifolia	Assamica나 Sinensis에서 유래된 변종으로 두 종의 중간적인 성질을 지닌다.

(Sealy, 1958)

〈표 1-2〉 아종亞種과 변종變種, 품종品種의 차이

	특징
아종 (Subspecies)	종을 다시 세분하여 종의 아래이고 변종의 위이다. 아종은 종으로 독립할 만큼 크지는 않지만 변종으로 하기에는 서로 다른 점이 많다. 흔히 번식 능력이 있으나 서로 다른 종 사이의 잡종은 번식 능력이 없다.
변종 (Variety)	같은 종류 가운데 변이가 생겨서 성질과 형태가 달라진 종류로, 종의 형태는 거의 같으나 생리적 성질이나 지리적 분포 따위가 기준 표본을 포함하는 집단과 확실히 구별된다. 변이형이나 이상형異常型의 개체변이 등이 포함되어 있으며, 국제식물명명규약(ICBN)에 변종은 품종과 함께 인정되고 있다.
품종 (Forma)	분류의 최하위 단계로, 식물에서 유전적 개량을 통하여 생긴 새로운 개체군이다. 외부적으로 형질 또는 특성이 같고, 유전 형질의 조성이 같은 개체의 집단으로 인간이 이용하기 위하여 오랫동안 재배하면서 육성시킨 계통이다. 새로운 품종을 육성하고 개량하는 것을 육종育種이라 하며, 순계분리純系分離 · 계통분리系統分離 · 교잡交雜 · 돌연변이突然變異 등의 방법이 이용되고 있다.

참조

학명의 표기

린네Carl von Linne(1707~1778)의 《Systema Naturae》에 의한 '이명법二名法'으로, 속명과 종명을 이탤릭체로 표시하며, 아종이나 변종인 경우 속명, 종명과 함께 '삼명법三名法'으로 표시한다.

종種의 개념

드 캔돌Augustin Pyramus de Candolle(1778~1841)은 종Species을 '①다른 어떤 개체보다도 서로 유사한 개체군으로 상호간에 교배가 가능하다. ②개체군내에서는 상호간에 현저한 변이가 있더라도 그 정도가 다른 개체군에 비해 훨씬 적다. ③그 개체군의 고유한 형질이 자손에 유전한다'고 정의하고 있다. 같은 종은 구조, 생리, 행동상의 특징이 같고 유전자의 교환이 가능한 것으로 규정하고 있다.

1

2) 차나무의 특성

(1) 잎

차의 품질은 잎의 빛깔 · 모양 및 크기와 밀접한 관계가 있는데, 잎의 빛깔은 녹색Green과 붉은 색Coppery-yellow, Pinkish red으로 크게 구별할 수 있다. 잎은 품종이나 위치에 따라 변이가 크지만, 엇갈려서 잎이 나고 길이 6~20cm, 폭 3~4cm의 긴 타원 모양이며, 가장자리에 둔한 톱니가 있고 끝과 밑 부분이 뾰족하다. 잎의 질은 단단하고 약간 두꺼우며 표면에 광택이 있다. 품종에 따라 잎 빛깔의 진하고 엷음에 차이가 있고 주름

〈그림 1-4〉 차나무의 새순과 잎

① 차나무의 새순(소엽종)

② 차나무의 잎(대엽종)

③ 차나무의 잎(한국 자생종의 제3엽)

④ 조직배양한 차나무

에도 변화가 있으며, 빛깔도 녹색 · 자주색 · 황색 · 갈색 등이 있다. 어린잎이나 어린싹의 뒷면에는 부드러운 솜털이 있다.

(2) 꽃

꽃은 10~11월에 흰색 또는 연분홍색으로 피고, 잎겨드랑이 또는 가지 끝에 1~3개가 달린다. 꽃받침조각은 5개이고 둥글며 길이가 1~2cm이고, 꽃잎은 보통 6~8개이지만 한국 자생종에서는 9~11개(오미정, 「한국자생차나무의 유전적 유연관계 및 녹차의 이화학적 특성에 관한 연구」, 고려대학교 박사학위논문, 1994)까지 발견된다.

〈표 1-3〉 한국 자생종 재배 차나무의 생육기 및 생육장소에 따른 새순의 생육상태

Stage	LL		LW		NLV		NL		LA		FW		DW		DW/FW		DW/LA	
	B	H	B	H	B	H	B	H	B	H	B	H	B	H	B	H	B	H
1	1.91	2.70	0.90	1.11	13.3	14.3	34.5	42.7	1.59	2.10	3.05	4.32	0.79	1.22	26.1	28.3	0.50	0.58
2	3.05	3.59	1.36	1.57	14.7	15.3	35.5	45.6	2.74	3.10	5.08	8.66	1.49	2.16	29.3	24.9	0.54	0.70
3	5.11	5.36	2.13	1.99	15.0	16.2	38.3	47.6	7.98	8.23	18.12	15.11	3.97	3.78	21.9	25.0	0.50	0.46
4	5.95	5.96	2.28	2.35	15.9	17.3	46.6	47.8	9.85	10.16	20.50	22.13	5.06	5.56	24.7	25.1	0.51	0.55
5	6.81	6.70	2.77	2.92	16.1	18.6	48.0	48.0	12.49	12.57	20.34	22.60	6.61	6.71	29.5	29.7	0.53	0.53
평균	4.57	4.86	1.89	1.99	15.0	16.4	40.6	46.3	6.93	7.23	13.42	14.57	3.59	3.89	26.3	26.6	0.52	0.5
Site	LSD		(0.05)		0.19		0.09		0.9		2.2		0.36		1.3			
Stage	LSD		(0.05)		0.30		0.14		1.4		3.4		0.57		2.0			

LL: 엽장(cm); LW: 엽폭(cm); NLV: 측맥수; NL: 엽설수; LA: 엽면적(cm2); FW: 생엽중(g/100); DW: 건물중(g/100); DW/LA: 건물중/엽면적(g/cm2) B: 보성에 위치한 공시지역 ; H: 화개에 위치한 공시지역; stage1(채엽시기 : 보성, 화개 각각): 4월 26일, 4월 21일; stage2: 5월 5일; stage3: 5월 18일; stage4: 6월1일; stage5: 6월15일.(오미정, 「한국 자생차나무의 유전적 유연관계 및 녹차의 이화학적 특성에 관한연구」 고려대학교 박사학위 논문, 1994)

〈그림 1-5〉 차나무의 잎과 꽃

〈그림 1-6〉 차꽃과 씨앗

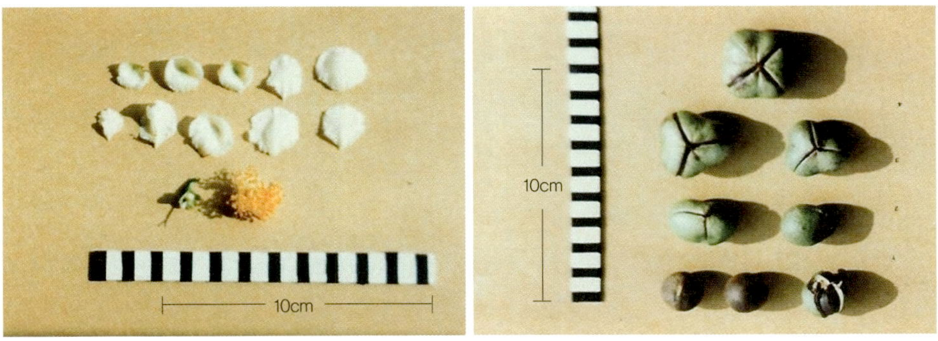

① 차꽃의 펼쳐진 모습과 암술, 수술　　② 차나무의 씨앗(씨방의 수가 1~4개)

수술은 180~240개이고, 수술대는 길이가 5~10mm이며, 꽃밥은 노란색이다. 암술은 1개이고, 암술대는 3개이며, 흰색 털이 빽빽이 있고, 씨방은 상위上位이며 3실이다. 열매는 삭과이고 둥글며 모가 났고, 다음 해 봄부터 자라기 시작하여 가을에 익기 때문에 꽃과 열매를 같은 시기에 볼 수 있는 화실상봉수花實相逢樹이다. 열매가 익으면 터져서 갈색의 단단한 종자가 나온다.

(3) 뿌리

뿌리는 아래로 곧게 뻗는 직근이고, 심근성으로 깊이가 2~4m이며, 곁뿌리와 가는 뿌리가 많다.

1

3) 차나무의 재배

차나무는 상록수로 비교적 따뜻하고 강우량이 많은 지역에서 잘 자란다. 차나무는 종자에 의한 실생번식과 영양체를 이용한 영양번식을 통해 재배가 이루어지고 있다. 새 품종을 육성할 때에는 유전적으로 균일한 묘목을 양성하기 위하여 영양번식이 유리하지만, 종자번식에 비해 노력과 경비가 많이 소요된다.

(1) 종자번식

종자번식은 육묘를 따로 할 필요가 없어 쉽게 다수의 개체를 얻을 수 있으며 뿌리가 직근으로 땅 속 깊이 들어가기 때문에 건조나 한해 등 기상적응에 강하다. 또한 유전적으로 변이가 크기 때문에 불량환경이나 병충해에 대해 적응성이 높으며 재배수령이 길다. 그러나 동일한 유전자 개체를 얻기 힘들며 종자결실이 낮은 품종에서는 이용이 어렵다.

파종할 종자는 순도가 높고 수세가 좋은 차나무를 선택하여 종자완숙기인 10월 상순에서 하순경 과피가 열개하기 직전에 채종하는 것이 좋다. 종자의 발아력은 채종시가 가장 강하며 채종 후 7~10일 사이에 발아력이 급감한다. 기후가 따뜻한 지역에서는 채종 직후인 11월에 파종을 하기도 하지만, 일반적으로는 종자가 얼지 않도록 저온저장하거나 땅 속에 노천매장하였다가 이듬해 3월이나 4월경 봄파종을 한다. 물에 뜨는 종자는 제거하고 파종하며, 파종량은 지역이나 장소에 따라 달라지는데 우수한 종자의 경우 10a당 18~20L(종자 1L는 450~800립, 무게는 620~730g)가 표준이다. 10a당 재식밀도가 이랑나비 180cm와 포기사이 30cm이면 약 9,000립의 종자가 필요하며, 기후와 다원의 입지조건에 따라 이랑나비는 150~180cm로 하여 포기사이 30~60cm에 3~5립씩 점파한다.

파종 전에 토양을 깊이 갈아엎으며, 30cm 정도의 홈에 퇴비 등을 충분히 넣고 흙을 덮은 후 종자를 파종한다. 가을 파종에는 5cm 내외, 봄 파종에는 3cm 내외로 흙을 덮어주며, 발아를 균일하게 하기 위하여 피복을 한다. 발아에 적당한 온도는 20~25℃이며 최고온도는 30~35℃, 최저온도는 5~10℃이다. 묘를 집중적으로 관리하기 위하여 폿트에 파종한 후 이식을 하기도 한다.

종자가 발아한 실생묘는 1~3년에 걸쳐 수형이나 잎 등이 불균일하여 수세가 불량한 개체나 맹아기가 특별히 다르거나 눈 발생이 불규칙하여 높낮이가 일정치 않은 개

〈그림 1-7〉 차밭

① 기계채엽 후의 차밭(보성)

② 방상펜이 설치된 차밭(제주도)

③ 부분적으로 감정지된 차밭(일본 시즈오카)

체, 내한성, 내병성이 약한 개체 등의 불량개체를 제거한다. 또한 1년생 차나무는 한해에 약하므로 볏짚 등으로 방한하여 월동준비를 철저히 하며, 관수를 효과적으로 실시하여 관리한다.

1

(2) 영양번식

영양번식은 다원을 조성할 때에 미리 육묘를 해야 하므로 묘목의 비용이 많이 소요되며, 묘목의 뿌리가 짧아 초기에는 건조나 한해 등 기상적응성이 약하며 정식한 후의 관리에 노력이 많이 든다. 또한 유전적 변이가 적어 병충해에 대한 적응성이 낮으며 종자 번식에 비해 뿌리가 얕게 분포하는 천근성이어서 재배 수령이 짧다. 그러나 증식하고 싶은 동일 품종의 개체를 일시에 얻을 수 있으므로 균일하게 일정규격의 다원을 조성할 수 있어 재배관리가 쉽고 균일한 생엽을 생산할 수 있다.

영양번식은 가지를 이랑에 굽혀서 묻는 방법으로 번식하는 취목과 뿌리나 잎을 이용하는 근삽, 삽엽 등의 방법이 있으나 차나무는 주로 삽목에 의해 이루어지고 있다. 삽목한 묘는 뿌리가 충분히 발근된 후 겨울을 지내는 것이 활착율이 좋으므로 겨울철 온도가 낮은 지역이나 추위에 약한 품종의 경우는 비닐을 피복하여 삽목을 한다. 우리나라의 경우 묵은 줄기를 이용하는 숙지삽은 5월경에 하며 새로 돋은 줄기를 이용하는 녹지삽의 경우는 6월경이 적당하다.

삽목에 이용할 묘는 3년 이상 된 생장이 왕성한 나무에서 발근이나 생장이 양호한 새 가지의 첫째 마디 사이를 채취하는데, 건조하면 활착율이 떨어지므로 절단 후 삽수가 건조하지 않도록 주의한다. 절단면은 토양과의 접촉면을 크게 하기 위하여 약 45도로 하여, 약한 상단의 신초부위는 잘라내고 6~7cm 길이로 옆을 2개(대엽종은 1개) 남기고 자른다. 눈 부위의 손상 방지와 수분 증발을 방지하기 위하여 상단 잎에서 0.5cm 정도 위를 평면으로 자른다(그림 1-8).

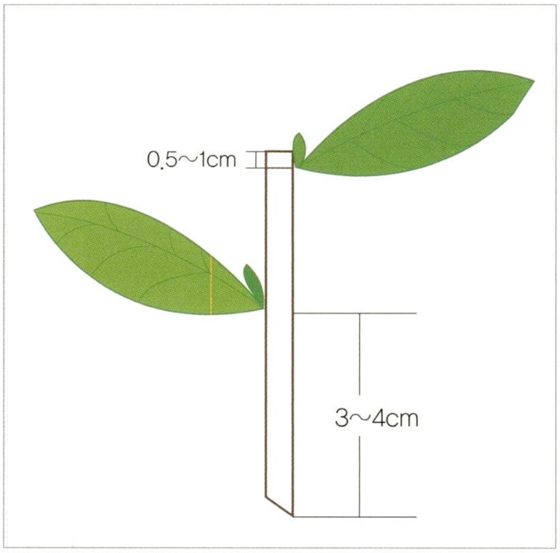

〈그림 1-8〉 삽목 묘의 예

삽목은 지세가 평탄하고 바람이 없고 습도가 높으며, 수원이 가깝고 배수와 통기가 양호하며, 토양상이 양호하고 비옥하며 심토에 유기질이 풍부히 있는 곳에 묘상을 설치하여 깊게 갈아엎은 후 토양을 소독하고 실시한다. 묘상은 일반적으로 폭 1m의 밭고랑을 만들어서 줄 사이를 15~20cm로 하고 묘간 거리를 3~5cm로 하며, 통로는 묘상보다 낮게, 폭 40~50cm로 설치한다. 작은 돌이나 흙덩이가 묘 하단부에 상처를 주지 않도록 골라내고, 삽목 전 묘상에 충분히 물을 뿌려 포화상태로 한다. 묘를 심은 후에는 다시 관수하여 토양과 묘 절단면의 접촉이 밀접하게 한다. 발근촉진제인 IBAIndole-3-butylic acid 1g을 소량의 알콜에 녹인 후 물로 1L를 만들어 삽수의 끝 부분이 약 2cm 정도 닿도록 하여 10~20분 침지하면 발근이 촉진된다.

삽목상은 물을 충분히 관수하고 묘가 흔들리지 않게 물줄기를 가늘게 주의하며 관리한다. 15℃ 이하의 기온에서는 비닐과 해가림 망을, 15℃ 이상에서는 해가림 망만을 설치한다. 50일 정도 후 싹이 돋고 발근을 시작하여 3개월 정도면 대부분이 발근한다. 3~5개월부터 생육시기에 따라 적정량의 비료를 주기 시작하는데, 뿌리의 발육을 촉진하기 위해 인산비료의 함량을 높이며, 9월경에는 추위에 대한 저항성을 높이기 위하여 칼리비료의 시용을 높인다. 11월 하순경 볏짚을 3cm 정도 깔아 주면 묘상의 건조 또는 동결을 경감할 수 있다. 해가림 망이나 비닐은 단계적으로 서서히 제거한다.

묘상에서 자란 삽목묘는 2년생이 일반적이나 초기생육에 지장을 주는 토양이나 기상조건에서는 3~4년생이 안정적이다. 충분한 강우량이 확보되는 조건에서 3~4월경, 본 밭에 이랑 넓이 150~180cm와 나무 간 30~35cm로 정식을 한다. 급경사지는 어느 정도 밀식하여야 결주 방지와 개체상호 간의 보호효과를 기대할 수 있다. 6~9월에 하는 정식은 여름의 배수관리와 겨울의 방한대책이 필요하여 우리나라에서는 부적당하다. 이식할 때에 지상부 1/2 절단과 지하부 1/2을 절단할 경우 활착률은 88%이며, 사질토양은 건조되기 쉬우므로 약간 깊게, 점질토양은 뿌리가 덮일 정도로 얕게 복토하는 것이 유리하다. 정식의 방향은 입지조건과 지형, 구획에 따라 작업도로와 관리도로 등의 활용가치를 고려하여 결정하는데, 남북향은 동상해를 방지할 수 있고 채광조건이 좋아 수확량에 유리하다. 정식 후에 15~20cm로 가지를 정리해 주고, 4~5년에 걸쳐 수세를 정지하며 다원을 조성한다(그림 1-9). 어린뿌리의 발육을 확장시키기 위하여 토양의 통기성, 투수성을 좋게 하고 공기 중의 산소가 토양 중에 들어 갈 수 있는 환경을 조성해 준다.

〈그림 1-9〉 연차별 차나무 수형의 관리

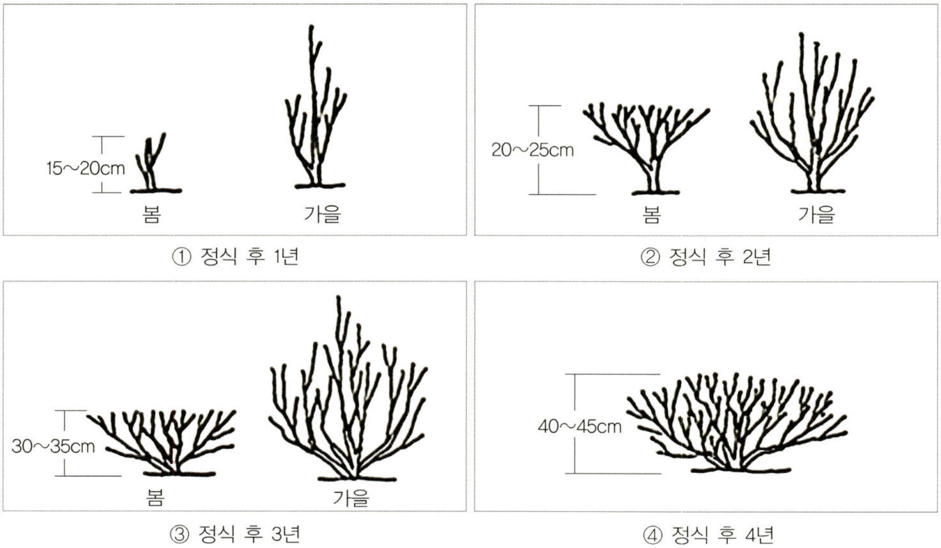

(3) 정지

정지는 채엽면을 균일하게 하고 채엽을 할 때에 묵은 잎이나 나무줄기, 남아있는 잎 등의 혼입으로 품질의 저하를 막기 위한 가지치기 관리로, 정지 기술에 따라 생산량이 크게 좌우된다. 수세에 따라 강정지, 중정지, 약정지를 한다(그림 1-10).

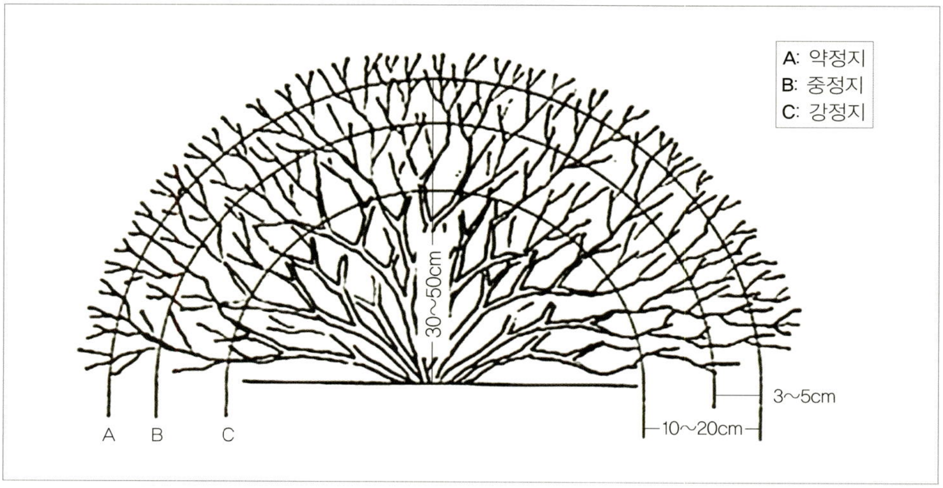

〈그림 1-10〉 차나무의 정지

① 춘정지

평지에서는 2월 하순경에서 3월 상순경에 실시하며 산간지에서는 3월 상순에서 중순경에 실시한다. 깊이 정지하지 않도록 주의를 해야 하며 추정지보다는 새싹이 적게 난다. 채엽기가 추정지보다 다소 늦어질 수 있으므로 시장사정을 생각해 보면 불리한 기간이다.

② 추정지

10월 상순에서 중순경 평균기온 18~19℃ 이상일 때가 안전하며 너무 늦으면 1번차의 수량 감소를 초래할 수 있다. 춘정지에 비해 순의 생육이 균일하다. 싹의 수는 추정지가 많지만 싹의 무게는 가볍다. 또한 한해나 동상해에 노출되기 쉽다.

③ 화장정지

추정지가 빠를 경우는 늦게 자란 잎이나 남아 있던 순이 채엽할 때 혼입되어 품질이 저하될 수 있으므로 약하게 정지한다. 대체로 2월 하순에서 3월 상순경에 시행한다.

4) 차나무의 재배조건

(1) 온도

0~40℃에서 어느 정도까지는 온도가 높을수록 차나무의 수량도 늘어나고 품질이 높아지나, 연평균 기온 13℃이상이면 대체로 안전하게 재배된다. 생육에 적당한 온도는 18~25℃이며, -10℃ 이하가 수일간 계속되는 곳에서는 잎, 가지, 뿌리 등에 장애가 발생한다.

(2) 강우량

차나무는 연간 1,300~1,500mm 이상의 강우량이 필요하다. 이 가운데 차나무의 주생장기에 2/3정도가 오는 것이 이상적이다.

(3) 습도

전체 생육기간 동안 습도가 높은 곳이 유리하다. 세계의 주요 차산지는 안개 및 해면인접 지역이 많다.

1

(4) 일조

일조량은 특별히 고려해야 할 문제는 아니지만, 홍차 품종은 강한 일조가 유리하다. 부드러운 맛의 녹차를 원할 경우에는 차광遮光(해가림)재배를 하기도 한다.

(5) 토양

부식질이 많은 식양토나 자갈이 많이 섞여 있는 토양에서 재배하는 것이 좋고, 표토가 깊고 양분이 풍부하며 토양 하부층에서 배수가 잘 되면서도 물을 머금고 있을 수 있는 능력(보수력)이 뛰어난 산중턱의 경사지가 적당하다. 5.5 내외의 약산성인 토양이 적당하다.

(6) 번식과 품종

수확한 종자를 파종하는 종자번식법과 휘묻이 또는 꺾꽂이 등으로 묘목을 만든 후에 정식하는 영양번식법이 있다. 품종의 선택은 재배법과 풍토 등에 따라서 수확량과 품질에 관한 특성이 중요하다. 좋은 품종은 수세가 강건하고 재배가 용이하며 차의 품질이 좋아야 하며 병충해와 추위에 강해야 한다.

(7) 관리와 채엽

차나무를 재배할 때는 균일한 새싹을 일시에 나오게 하고, 잎을 딸 때의 능률을 높이기 위하여 적절한 정지작업을 한다. 채엽은 기후조건과 경영방법 등에 따라 다르다. 1년 내내 새순이 올라오는 열대지방에서는 10회 이상 채엽하며, 한국에서는 봄부터 가을에 걸쳐 3~4회 채엽한다. 채엽의 시기판정은 품질과 수량 측면에서 중요한 부분이다. 어린잎의 채엽은 품질은 좋으나 수확량이 적고, 성엽의 채엽은 수확량은 많으나 품질이 저하될 수 있다.

(8) 시비

차나무는 다른 작물에 비해 많은 비료가 필요한데, 한꺼번에 많은 양을 주지 않고 자라는 상태에 따라 적절히 나누어 준다. 1년 동안 차나무 밭 10a에 필요한 적당한 비료의 양은 대체로 질소 30kg, 인산 12kg, 칼리 12kg 정도이다.

2. 우리나라 차 산업의 현안문제

주요 차생산국의 다원은 15도 이내의 경사지에 생성되어 있으나 30도 내외의 경사지도 다원으로 조성할 수 있다. 우리나라는 약 200만ha의 경사지를 갖고 있어 차재배지 확대에 무한한 잠재력을 지니고 있다. 그러나 외국의 차산지에 비해 강우량이 적은 편이고 겨울의 기온이 낮아 차나무 생육에 영향을 주므로 찻잎을 수확하는 채엽 횟수가 연간 3회 이내이며, 수세가 좋고 기온이 따뜻한 곳에서만 4회가 가능하다.

따라서 전반적으로 찻잎의 단위면적당 생산량이 적으므로 생산가격이 높아지게 되어 가격 경쟁력이 떨어져 경영상 어려움이 있다. 때문에 적정 수준의 품질을 유지시키면서 단위면적당의 생산량을 최대한으로 높이는 재배법의 향상이 절실하며, 이를 위한 품종의 선택이나 병충해방제, 시비, 채엽 등의 재배과정에 대한 과학적이고 체계적인 연구가 시급하다.

우리나라의 차 산업은 경남과 전라도, 제주도 등 차 재배 가능지에서 대체로 도입품종 또는 자생지 차나무의 실생묘로 육성된 다원에서 이루어지고 있다. 도입품종들은 냉해나 내병성 등에 있어 우리나라 풍토에 잘 적응하지 못하여 수량이나 품질의 저하가 심하며, 자생종은 아직까지 품질의 균일화가 이루어지지 못하고 있는 문제점을 안고 있다. 차나무는 30~50년 간격으로 개식을 하므로 다원을 조성할 때 품종의 선택이 중요하다. 내병성 및 내한성 등의 약화나 품질의 저하가 일어나지 않는 통일된 우량품종의 기준과 국내 풍토에 적합한 우량품종의 육성이 요구되고 있다.

국내 자생지에 분포하는 차나무는 적어도 조선시대 또는 그 이전에 재배되다가 오랜 기간 방치되어 자생하면서, 여러 계통들이 서로 혼합되고 퇴화되면서 많은 변이를 거

〈그림 1-11〉 새로 조성 중인 차밭

쳐 왔기 때문에 품종을 구별하기가 쉽지 않다. 그러나 우리나라의 자생 차나무 분포지는 차 산업 확대에 무한한 잠재력을 지니고 있는 지역이므로, 이들 지역에 분포하는 계통들을 세밀하고 체계적으로 연구하여 우량품종 육성의 유용한 유전자원으로 활용하여야 할 것이다.

참조 우리나라 자생지 차나무의 유전적 유연관계

〈표 1-5〉(40~41쪽)은 우리나라 자생지 차나무의 유전적 유연관계를 수치Genetic distance로 나타낸 것이며, 〈표 1-4〉(39쪽)는 〈표 1-5〉에 공시된 자생차나무 계통을 명시한 것이다(오미정, 홍병희, 「한국 자생 차나무의 RAPDMarker에 의한 유연관계」, 한국육종학회지27(2): 140~147, 1995). 유전적 유연관계의 수치는 0.070에서 0.367로 아주 다양한 차이를 보였는데, 수치가 낮은 계통끼리가 근연近緣의 관계이다. 동일 지역에 분포하는 계통 사이에서도 비교적 높은 수치가 나온 것으로 보아 같은 지역이라도 유전적 변이가 비교적 크게 분포하고 있음을 알 수 있다. 본 실험은 종자의 실생묘에 의해 번식되고 있는 국내 자생지 차나무의 종자에서 DNA를 추출하여 Polymerase Chain Reaction(PCR)에 의한 DNA의 증폭으로 개체간의 차이를 구분할 수 있는, Random Amplified Polymorphic DNA(RAPD)법에 의한 일련의 방법으로 수행하였다.

〈표 1-4〉 한국 자생지 차나무 계통의 특징

번호	자생지	환경	잎크기	꽃크기	꽃잎수
1	전북 고창군 아산면 선운사계통1	산림	M	M	6
2	전북 고창군 아산면 선운사계통2	산림	S	L	6
3	전북 고창군 아산면 선운사계통3	산림	M	L	9
4	전북 고창군 아산면 선운사계통4	산림	L	L	8
5	전북 정읍시 내장면 백련암계통1	대나무숲	M	S	6
6	전북 정읍시 내장면 백련암계통2	대나무숲	L	S	6
7	전북 정읍시 내장면 백련암계통3	대나무숲	M	S	8
8	전북 정읍시 내장면 백련암계통4	대나무숲	M	S	7
9	전남 장성군 북하면 백양사계통1	산림	S	M	8
10	전남 장성군 북하면 백양사계통2	산림	M	M	10
11	전남 장성군 북하면 백양사계통3	산림	L	M	9
12	전남 장성군 북하면 백양사계통4	산림	L	L	9
13	전북 김제군 금산면 금산사계통1	산림	M	M	8
14	전북 김제군 금산면 금산사계통2	산림	S	M	7
15	전북 김제군 금산면 금산사계통3	산림	L	M	8
16	전북 김제군 금산면 금산사계통4	산림	M	L	7
17	전남 구례군 피아골계통1	산림	M	–	–
18	전남 구례군 피아골계통2	산림	L	–	–
19	경남 양산군 하북면 통도사계통	대나무숲	M	L	6
20	경남 사천군 곤양면 다솔사계통	산림	M	–	–
21	경남 하동군 화개면 신흥리계통	다원	S	S	6
22	경남 하동군 화개면 부춘리계통	다원	S	S	8
23	전남 구례군 마산면 화엄사계통	대나무숲	M	S	10
24	전남 곡성군 죽곡면 태안사계통	산림	L	L	6~7
25	전남 승주군 상암면 선암사계통	산림	M	L	6~7
26	전남 승주군 송광면 송광사계통	산림	L	L	7
27	전남 강진군 도암면 백련사계통	산림	M	L	6~8
28	전남 해남군 삼산면 대흥사계통	산림	M	M	7~8
29	전남 보성군 다전리계통	산림	L	M	8
30	전남 보성군 보성읍 봉산리계통	다원	M	M	7~8
31	전남 보성군 보성읍 봉산리 야부기다1	다원	S	L	8~11
32	전남 보성군 보성읍 봉산리 야부기다2	다원	S	L	8~11
33	전남 보성군 보성읍 봉산리계통	산림	M	L	8
34	전남 영암군 군서면 도갑사계통	산림	M	M	7~10
35	전남 나주시 다도면 불회사계통	산림	M	M	7~9

* 잎의 크기 10cm 이상: L, 7~10cm: M, 7cm이하: S / 꽃의 크기 4cm 이상: L, 3~4cm: M, 3cm이하: S

〈표 1-5〉 〈표1-4〉에서 조사된 한국 자생지 차나무의 유전적 유연관계

번호	1	2	3	4	5	6	7	8	9	10	11	12	13	14	15	16
2	0.126															
3	0.244	0.228														
4	0.197	0.239	0.298													
5	0.246	0.264	0.254	0.210												
6	0.138	0.184	0.193	0.190	0.167											
7	0.179	0.200	0.209	0.187	0.123	0.109										
8	0.223	0.227	0.237	0.181	0.123	0.129	0.079									
9	0.174	0.128	0.227	0.203	0.181	0.128	0.156	0.148								
10	0.200	0.153	0.230	0.231	0.211	0.175	0.157	0.162	0.088							
11	0.186	0.151	0.159	0.203	0.208	0.117	0.156	0.126	0.130	0.154						
12	0.297	0.325	0.243	0.267	0.209	0.258	0.229	0.224	0.248	0.265	0.239					
13	0.242	0.243	0.269	0.227	0.164	0.206	0.194	0.186	0.208	0.245	0.191	0.206				
14	0.240	0.290	0.280	0.221	0.172	0.213	0.213	0.222	0.246	0.266	0.256	0.294	0.196			
15	0.179	0.154	0.186	0.234	0.181	0.131	0.136	0.159	0.122	0.157	0.133	0.250	0.203	0.200		
16	0.224	0.273	0.181	0.215	0.160	0.150	0.163	0.172	0.203	0.231	0.185	0.209	0.207	0.240	0.229	
17	0.179	0.143	0.174	0.208	0.208	0.120	0.148	0.171	0.100	0.124	0.111	0.224	0.226	0.232	0.114	0.182
18	0.175	0.145	0.239	0.233	0.197	0.120	0.167	0.186	0.070	0.129	0.141	0.277	0.220	0.209	0.102	0.203
19	0.226	0.222	0.195	0.231	0.179	0.123	0.166	0.197	0.162	0.224	0.162	0.257	0.203	0.262	0.190	0.127
20	0.266	0.274	0.224	0.252	0.279	0.270	0.265	0.293	0.265	0.270	0.261	0.271	0.308	0.327	0.327	0.250
21	0.192	0.165	0.208	0.200	0.182	0.146	0.177	0.181	0.148	0.143	0.173	0.270	0.159	0.217	0.127	0.208
22	0.167	0.160	0.220	0.194	0.189	0.148	0.159	0.141	0.143	0.169	0.169	0.258	0.186	0.238	0.129	0.228
23	0.185	0.195	0.255	0.214	0.182	0.183	0.164	0.161	0.183	0.234	0.207	0.217	0.182	0.227	0.176	0.231
24	0.133	0.121	0.200	0.229	0.203	0.121	0.149	0.185	0.124	0.148	0.112	0.293	0.235	0.216	0.103	0.229
25	0.171	0.177	0.252	0.203	0.151	0.127	0.150	0.195	0.110	0.148	0.160	0.238	0.194	0.213	0.132	0.183
26	0.152	0.152	0.210	0.205	0.221	0.152	0.169	0.187	0.141	0.190	0.153	0.273	0.206	0.248	0.145	0.194
27	0.241	0.245	0.203	0.288	0.212	0.219	0.203	0.224	0.210	0.226	0.252	0.200	0.250	0.273	0.197	0.200
28	0.241	0.236	0.210	0.274	0.254	0.261	0.277	0.286	0.224	0.238	0.224	0.239	0.288	0.367	0.217	0.264
29	0.148	0.170	0.214	0.231	0.145	0.114	0.119	0.122	0.127	0.162	0.149	0.224	0.171	0.213	0.107	0.195
30	0.170	0.188	0.173	0.178	0.135	0.127	0.138	0.145	0.111	0.160	0.136	0.195	0.127	0.194	0.120	0.156
31	0.181	0.187	0.229	0.250	0.194	0.128	0.165	0.176	0.136	0.175	0.168	0.226	0.236	0.274	0.139	0.176
32	0.174	0.195	0.205	0.229	0.147	0.149	0.166	0.153	0.140	0.164	0.151	0.179	0.180	0.209	0.131	0.200
33	0.179	0.156	0.198	0.213	0.168	0.100	0.127	0.136	0.124	0.180	0.135	0.248	0.189	0.242	0.116	0.213
34	0.263	0.245	0.269	0.229	0.176	0.182	0.175	0.195	0.220	0.247	0.183	0.270	0.248	0.233	0.225	0.220
35	0.205	0.167	0.236	0.257	0.182	0.143	0.183	0.210	0.133	0.181	0.168	0.297	0.248	0.216	0.136	0.230

17	18	19	20	21	22	23	24	25	26	27	28	29	30	31	32	33	34
0.102																	
0.153	0.174																
0.250	0.310	0.286															
0.139	0.152	0.151	0.314														
0.153	0.169	0.192	0.281	0.122													
0.188	0.215	0.224	0.273	0.184	0.143												
0.092	0.103	0.168	0.292	0.146	0.168	0.178											
0.157	0.111	0.170	0.268	0.145	0.190	0.187	0.134										
0.096	0.152	0.150	0.271	0.135	0.117	0.135	0.122	0.187									
0.211	0.252	0.214	0.252	0.188	0.152	0.203	0.267	0.224	0.203								
0.229	0.248	0.255	0.266	0.216	0.229	0.265	0.244	0.248	0.231	0.225							
0.164	0.138	0.183	0.282	0.182	0.153	0.145	0.131	0.107	0.150	0.211	0.222						
0.145	0.148	0.143	0.227	0.147	0.103	0.146	0.159	0.155	0.134	0.169	0.205	0.120					
0.139	0.166	0.159	0.340	0.143	0.164	0.184	0.174	0.133	0.176	0.162	0.257	0.157	0.154				
0.143	0.133	0.185	0.298	0.157	0.136	0.183	0.168	0.152	0.176	0.139	0.200	0.125	0.115	0.115			
0.116	0.105	0.155	0.311	0.159	0.095	0.176	0.106	0.134	0.123	0.210	0.240	0.088	0.135	0.153	0.144		
0.200	0.237	0.170	0.222	0.214	0.203	0.208	0.203	0.181	0.200	0.212	0.307	0.193	0.179	0.220	0.233	0.200	
0.136	0.112	0.167	0.321	0.171	0.179	0.190	0.150	0.118	0.157	0.200	0.270	0.141	0.170	0.166	0.167	0.126	0.190

* 공시된 번호는 〈표 1-4〉에 표시된 번호와 동일

3. 차의 성분과 건강효능

1) 차의 이화학적 성분

1

(1) 차의 성분

차의 생엽은 약 75~80% 정도가 수분이며, 나머지가 고형분이다. 고형분의 약 40% 정도는 물에 녹는 수용성 성분이며, 나머지는 불용성 물질로 이루어져 있다. 이들 성분이 어우러져 차 특유의 독특한 맛과 향을 나타내며, 다양한 보건적 효능을 갖는다. 발효차류는 생엽의 폴리페놀 성분이 발효과정에서 일어나는 변화로 인해 감소하므로 녹차보다 카테친의 함량이 적게 들어 있다.

〈표 1-6〉 차의 성분

특징	종류
수용성 성분	카테친류, 아미노산류, 카페인, 당류, 사포닌, 유기산류, 무기성분, 비타민 B군, 비타민 C, 수용성 식이섬유 등
불용성 성분	지용성 물질로 각종 향기 성분과 엽록소, 비타민 A, 비타민 E, 소량의 지방산과 지질, 불용성 식이섬유 등
기타	조직구성 물질, 저장물질(전분) 등

(2) 녹차의 성분

차는 다른 식물에 비하여 데아닌 등의 유리아미노산, 카페인, 탄닌(폴리페놀), 무기성분과 비타민류가 다량 함유되어 있어 여러 약리적 효능이 있다. 녹차의 이화학적 성분은 생육지역의 지리적 특성, 채엽시기, 생육토양의 유기물 함량이나 총질소량 등에 의한 토양 비옥도 및 토양의 성질, 시비 및 관리정도 등에 따라 함유량의 차이를 보인다. 채엽시기가 빠른 어린잎일수록 총질소량(녹차 성분 중 단백질, 유리아미노산, 카페인 등에 함유된 질소의 총량)과 카페인, 유리아미노산의 함량이 많으며 늦게 딴 잎일수록 카테친 성분이 많다.

녹차의 성분은 음용 시 추출하는 물의 온도와 추출시간 등의 음용방법에 따라 용출되는 함량이 달라져 맛에 영향을 주므로 음용 시 적정한 온도와 시간이 중요하다. 차를 음용할 때에 용출시킨 차의 맛을 '차의 간'이라 하여 온도와 농도를 적절히 하여 간을 맞추는 데에 주의를 기울이고 있다. 또 잎차는 수용성 성분만 우러나므로 음용 후 잎의 상태에 따라 남은 찻잎 찌꺼기를 요리에 응용하는 것도 바람직한 방법이며, 말차Powdered green tea는 찻잎 전체를 이용하므로 보다 효과적인 이용방법이 된다.

〈표 1-7〉 한국 녹차의 성분 함량 변이

공시재료 시기	종류	수분 (%)	가용성 고형분(%)	무기성분 (%)	총질소 (%)	유리아미노산 (mg/g)	총엽력소 (mg%)	수용성펙틴 (%)	카테친 (%)	카페인 (%)	탄닌 (%)
1	B	5.5	35.0	2.802	5.9	27.81	233	1.73	13.11	2.23	14.5
	H	5.4	35.0	2.309	6.6	19.80	1198	1.77	12.63	2.25	16.4
2	B	5.4	36.4	2.692	5.4	23.46	286	1.89	12.20	2.21	14.5
	H	6.2	35.4	2.000	6.2	17.07	244	1.78	14.56	2.62	18.6
3	B	6.2	33.3	2.439	5.1	23.19	293	2.06	13.71	1.92	15.0
	H	6.0	35.4	2.496	5.8	19.22	315	1.84	13.18	2.86	16.3
4	B	5.8	30.8	2.419	4.7	20.45	318	2.32	9.91	1.85	11.5
	H	6.7	35.1	2.392	5.5	16.68	331	1.92	14.66	2.68	17.9
5	B	5.3	29.8	2.435	4.3	12.91	334	2.26	10.58	1.95	13.0
	H	6.9	35.1	2.495	4.5	13.38	286	1.90	15.24	2.42	17.6
평균	B	5.6	33.1	2.557	5.1	21.56	293	2.05	11.90	2.03	13.7
	H	6.2	35.2	2.338	5.7	17.23	275	1.84	14.05	2.62	17.4

채엽시기1(보성 4월 26일, 화개 4월 21일), 2(5월 5일), 3(5월 18일), 4(6월1일), 5(6월15일), 종류 B(보성지역 생산 찐차), H(화개지역 생산 덖음차)(오미정, 홍병희 「한국작물학회지」 40(4):518~524, 40(6): 775~781, 1995)

〈표 1-8〉 한국 녹차의 비타민 A와 비타민 C(Ascorbic acid), 비타민 E(α-tocopherol)의 함량 변이

공시재료 시기	종류	Ascorbic acid(mg%)	α-tocopherol(mg%)	Vitamin A(IU)
1	B	302	59.3	30.80
	H	208	42.5	14.67
2	B	358	52.2	20.85
	H	247	31.2	47.99
3	B	413	75.1	39.51
	H	304	67.1	24.69
4	B	532	80.4	49.59
	H	417	59.7	19.10
5	B	462	91.9	20.02
	H	380	60.2	21.97
평균	B	413	71.8	32.15
	H	311	52.3	25.68

공시재료 채엽시기 및 종류 : 〈표 1-7〉과 동일. (오미정, 홍병희 「한국작물학회지」 40(4):518~524, 1995)

〈표 1-9〉 일본차와 중국차의 일반성분 함유량

차의 종류	등급	총질소(%)	아미노산(mg/g)	탄닌(%)	카페인(%)
옥로(玉茶)	상급	6.3	53.60	10.8	4.0
	중급	5.5	27.30	13.4	3.1
	하급	5.2	26.40	14.1	2.9
전차(煎茶)◆	특상급	6.0	35.30	12.9	3.5
	상급	5.5	27.00	14.7	2.9
	중급	5.4	21.80	13.3	2.8
	하급	4.5	14.60	14.5	2.8
번차(番茶)◆	중급	3.8	7.70	12.5	2.0
볶은 차(ほうじ茶)	중급	3.5	2.00	10.4	1.9
가루차	상급	6.4	58.00	6.5	3.9
	중급	5.9	46.10	6.2	3.5
	하급	5.4	34.00	6.5	3.2
중국차	백차 상급	4.2	18.30	12.6	4.0
	황차 상급	5.7	34.00	19.0	4.0
	우롱차 상급	3.4	9.93	16.0	2.3
	보이차상급	4.4	0.48	5.9	3.4
	보이떡차 상급	2.6	0.16	3.3	1.3

(村松敬一郎. 茶의 科學: 東京. 朝倉書店. 1991)

(3) 녹차의 맛 성분

녹차에는 여러 가지 이화학적 성분의 구성 특성에 따라 쓴맛과 떫은맛을 기본으로 하여 감칠맛과 단맛, 신맛 등이 있다. 한방에서는 신맛은 간에, 단맛은 비장이나 위장, 짠맛은 신장에, 쓴맛은 심장에 각각 작용한다고 설명하고 있다. 맛으로 구분하는 차의 성분들은 간의 해독작용과 당뇨의 원인인 비장의 대사, 신장과 심장 대사 등에 고루 작용한다.

〈표 1-10〉 녹차의 색과 향기, 맛 성분

분류	성분
색	플라보놀, 엽록소, 데아플라빈, 데아루비긴 등
향기	테르펜, 카보닐, 알콜류, 에스테르류 등
맛	유리아미노산류(데아닌 등), 카테친류, 카페인, 유기산류, 유리당류, 사포닌 등

◆ 전차는 우려마시는 일반적인 잎차, 번차는 하급의 잎차를 말한다.

〈표 1-11〉 녹차의 성분과 맛

성분	맛
카테친류	떫은맛(에스테르형)과 온화한 쓴맛(유리형)
카페인과 사포닌	쓴맛
아미노산류	감칠맛, 부드러운 맛
유리당류	단맛, 부드러운 맛
유기산류	신맛
수용성 펙틴, 단백질	그 자체는 맛이 없지만 점성을 갖고 있어 맛에 영향을 준다.

2) 차의 성분과 보건적 효능

찻잎에 함유된 다양한 보건 · 의학적 성분은 생체에 대하여 항암작용, 돌연변이 억제효과, 콜레스테롤 제거효과, 혈중 지질농도 감소효과, 동맥경화 억제작용, 혈압상승 억제작용(고혈압), 혈소판응집 억제작용, 지방간 예방효과, 당뇨병 등의 성인병 예방효과, 항알레르기 효과, 에이즈 바이러스 역전사효소에 대한 억제효과, 항노화작용, 방사능 방어효과, 중금속 해독작용, 담배 해독효과, 살균작용(식중독), 충치예방 및 구취 제거효과, 방취 및 탈취효과, 숙취 제거효과, 감기 예방효과, 변비 개선효과, 비만 억제효과, 면역력 증강효과, 피부 미용효과, 기분전환과 흥분작용, 이뇨작용, 스트레스 해소효과, 피로회복 효과, 기억력 및 판단력 증진효과, 알칼리성체질 개선효과 등 다양한 건강적 효능을 보여, 신체조절기능과 질병예방에 탁월한 효과를 나타낸다.

(1) 카테친류

카테친류Catechins◆는 녹차의 대표적 성분으로, 15% 내외로 함유되어 있어 가용성 성분 중 가장 많이 들어 있다. 카테친류는 채엽시기가 늦은 큰 잎일수록 함량이 높아지며, 음용 시 비교적 고온(약 80℃ 이상)에서 용출률이 높다(표 1-12).

◆ Catechin은 영어식으로 읽는 그대로 '카테친'이라 하는 것이 옳다. 요즘 많이 쓰이고 있는 카테킨カテキン은 Catechin의 일본식 발음이 잘못 전해진 것이다. 순수 우리말인 '김치'도 '기무치キムチ'가 되고 있는 지금 굳이 일본식의 발음으로 호칭할 필요가 있을까?

〈표 1-12〉 한국녹차의 침출 온도와 시간에 따른 카테킨 용출량 변이 (%)

T	Stage / Time	1	%	2	%	3	%	4	%	5	%
65℃	3min	7.342	56.0	7.512	61.6	8.699	63.2	7.301	73.7	8.407	79.5
	6min	8.040	61.3	7.621	62.5	9.531	69.5	7.632	77.0	8.598	81.3
	9min	8.771	66.9	7.966	65.3	9.701	70.8	8.257	83.3	8.700	82.2
75℃	3min	7.704	58.8	7.575	62.1	9.115	66.5	7.810	78.8	8.417	79.6
	6min	8.717	66.5	8.894	72.9	10.172	74.2	7.900	79.7	9.204	87.0
	9min	9.043	69.0	9.602	78.7	10.452	76.3	8.888	89.7	9.596	90.7
85℃	3min	9.724	74.2	8.700	71.3	9.776	71.3	7.716	77.8	8.668	81.9
	6min	12.140	92.6	9.241	75.8	10.124	73.9	7.855	79.2	9.645	91.2
	9min	12.237	93.3	10.294	84.4	11.854	86.5	8.850	89.3	9.855	93.2
Total		13.110		12.197		13.706		9.913		10.578	

T : 침출온도 ; Time : 침출시간; Stage : 채엽시기(표 1-7과 동일) ; min : 분; % : 전체 양에 대한 침출비율 ; Total : 30분에서 용출된 총량 (오미정, 「한국 자생 차나무의 유전적 유연 관계 및 녹차의 이화학적 특성에 관한 연구」, 고려대학교 박사학위논문, 1994)

차를 우려서 오래 두면 카테킨류가 산화되어 찻물이 붉은 빛을 띤다. 카테킨류는 황차에 18% 내외, 우롱차에 16% 내외, 보이차에 6% 내외, 홍차에 3% 내외로 함유되어 있다. 녹차의 탁월한 해독력의 주체인 카테킨류는 수렴, 해독, 살균, 방부작용 등의 생리작용이 있으며, 최근에는 암 및 성인병 예방과 관련된 항산화성, 항돌연변이, 콜레스테롤 저하, 지방흡수 억제, 항균작용, 혈압상승 억제, 혈액응고 억제로 인하여 혈전예방, 항알레르기, 갑상선기능항진억제, 혈중 콜레스테롤 저하작용, 비만예방 등의 생리활성이 밝혀지고 있어 건강 기능성 물질로 다양하게 이용되고 있다.

또 식품의 퇴색방지와 식용유지나 과자의 산화방지 및 냄새제거, 화장품, 소취제, 치약 등의 공산품에도 천연 추출의 화합물로 다양하게 이용되고 있다. 녹차의 카테킨류는 비타민류와 더불어 항산화작용의 주체로, 많은 세포로 이루어진 인체를 각종 유해물질로부터 보호하여 건강한 생명력을 유지할 수 있도록 도와주는 역할을 한다.

카테킨류는 지금까지 녹차의 부드러운 맛과 반대되는 것으로 여겨져 왔으나, 에스테르형의 카테킨(ECG, EGCG)이 적으면 부드러운 맛을 내며, 특히 좋은 맛을 내는 차에는 유리형의 카테킨(EC, EGC)이 아미노산, 카페인과 함께 많이 함유되어 있다. 카테킨류가 많으면 떫은맛이 강해 품질을 저하시키지만, 최근의 연구들에서는 함량이 품질에 전반적으로 일정한 경향을 띠고 영향을 미치지는 않는 것으로 보고 있다.

〈표 1-13〉 한국 녹차의 카테친류 함량 변이 (%)

Stage	보 성						화 개					
%	EGCG	C	EC	EGC	ECG	Total	EGCG	C	EC	EGC	ECG	Total
1	6.37	0.34	1.84	3.14	1.42	**13.11**	5.42	0.33	1.07	4.17	1.64	**12.63**
%	48.61	2.59	14.01	23.97	10.82		42.95	2.62	8.50	32.98	12.96	
2	5.77	0.21	1.70	3.11	1.40	**12.20**	6.84	0.39	1.15	4.41	1.76	**14.56**
%	47.34	1.73	13.95	25.47	11.50	**47.00**	2.68	7.91	30.32	12.09		
3	6.71	0.43	1.90	3.45	1.23	**13.71**	5.39	0.36	1.52	4.28	1.62	**13.18**
%	48.92	3.12	13.85	25.13	8.98		40.91	2.72	11.59	32.48	12.31	
4	4.62	0.23	1.36	2.66	1.05	**9.91**	5.93	0.45	1.74	4.81	1.73	**14.66**
5	4.18	0.15	1.73	3.48	1.04	**10.58**	6.12	0.43	1.78	5.09	1.82	**15.24**
%	39.50	1.37	16.35	32.91	9.87	**40.14**	2.85	11.66	33.39	11.97		
평균	5.45	0.27	1.62	2.95	1.25	**11.90**	5.94	0.39	1.45	4.55	1.72	**14.05**
%	47.27	2.33	14.02	25.57	10.82	**42.27**	2.80	10.35	32.38	12.20		

EGCG:(−)−Epigallocatechingallate ; C:(±)−Catechin ; EC:(−)−Epicatechin ; EGC:(−)−Epigallocatechin ; ECG:(−)Epicatech−ingallate; Stage: 채엽시기(표 1-7과 동일) ; (오미정, 「한국 자생 차나무의 유전적 유연 관계 및 녹차의 이화학적 특성에 관한 연구」, 고려대학교 박사학위논문, 1994)

참조

카테친류는 온화한 쓴맛을 지니는 유리형으로 에피카테친(EC: Epicatechin), 에피갈로카테친(EGC: Epigallocatechin)이 있고, 강한 쓴맛과 떫은맛을 보이는 에스테르(Ester)형의 에피카테친갈레이트(ECG : Epicatechingallate), 에피갈로카테친갈레이트(EGCG: Epigallo−catechingallate) 등이 있다.

(2) 카페인

녹차에는 쓴맛의 주체인 카페인Caffeine이 2% 내외로 들어 있는데, 어린잎일수록 함유량이 높다. 또한 유사한 작용을 하는 데오브로마인Theobromine과 데오필린Theophylline 등도 소량 함유되어 있어 카페인만 함유되어 있는 커피를 섭취하였을 때보다 그 작용이 완만하게 일어나므로 비교적 안전하게 카페인을 섭취할 수 있다. 특히 차의 카페인은 커피 등에는 함유되지 않은 카테친, 데아닌, 비타민 C 등과 함께 들어 있으므로 이들에 의하여 흡수작용이 서서히 진행되어 순수한 카페인을 과잉 섭취하였을 때 일어나는 정신불안이나 불쾌감 등의 부작용을 일으키지 않으며 그 작용이 훨씬 완만하게 일어난다. 카페인은 높은 온도에서 대부분이 용출되므로, 카페인에 예민한 경우는 낮은 온도의 물을 이용하거나 비교적 큰 잎의 녹차를 이용하는 것이 좋다(표 1-14).

카페인의 생리작용은 대뇌 중추신경계의 흥분과 강심, 이뇨작용 및 혈관확대 작용 등인데, 이로 인해 생체 내에서 각성, 이뇨, 강심, 기억력 증진, 편두통 해소, 위액분비촉진 등의 작용을 한다. 카페인은 빠르게 흡수되어 간장에서 산화 분해되어 신장을 통해서 24시간 이내에 배출된다. 그러나 카페인 과잉 섭취시 500mg(녹차에 2% 내외 함유되어 있으므로, 녹차 약 25g 이상에 해당하는 양으로 일반적으로 단시간에 섭취할 수 있는 양은 아니다.) 이상인 경우 현기증이나 불면증, 구토감, 귀울림 등의 증상이 일어날 수 있지만, 대개 6시간 정도면 증상이 회복된다. 또 1회에 200mg(녹차 약 10g 내외) 정도의 섭취는 몸에 큰 변화를 주지 않는 것으로 보고되어 있다.

〈표 1-14〉 한국녹차의 침출 온도와 시간에 따른 카페인 용출량 변이

T	Stage / Time	1	%	2	%	3	%	4	%	5	%
65℃	3min	1.721	73.0	1.811	79.9	1.345	70.1	1.366	73.7	1.533	75.8
	6min	1.890	80.2	2.102	92.7	1.473	76.8	1.445	77.9	1.651	81.7
	9min	1.975	83.8	2.117	93.4	1.518	79.1	1.611	86.9	1.809	89.5
75℃	3min	1.789	75.9	1.885	83.1	1.458	76.0	1.367	73.7	1.622	80.2
	6min	1.921	81.5	1.993	87.9	1.683	87.7	1.481	79.9	1.689	83.5
	9min	2.012	85.4	2.001	88.3	1.713	89.3	1.652	89.1	1.866	92.3
85℃	3min	1.920	81.5	1.976	87.2	1.405	73.2	1.371	73.9	1.679	83.0
	6min	2.231	94.7	2.207	97.4	1.865	93.7	1.735	93.6	1.948	96.3
	9min	2.327	98.7	2.211	97.5	1.874	97.7	1.752	94.5	1.988	98.3
Total		2.357		2.267		1.919		1.854		2.022	

T : 침출온도 ; Time : 침출시간; Stage : 채엽시기(표 1-7과 동일) ; min : 분; % : 전체 양에 대한 침출비율 ; Total : 30분에서 용출된 총량 (오미정, 「한국 자생 차나무의 유전적 유연 관계 및 녹차의 이화학적 특성에 관한 연구」, 고려대학교 박사학위논문, 1994)

(3) 비타민류Vitamins

녹차에는 비타민 A, 비타민 B1, 비타민 B2, 비타민 C, 비타민 E, 비타민 P 등 여러 가지 비타민이 풍부하게 함유되어 있다. 특히 비타민 A, B, C, E가 다른 식물에 비해 월등히 많다. 비타민 C는 녹차에 400mg% 내외, 옥로차(일본산 차광재배녹차)에 110mg% 내외로 들어 있다. 비타민 A, C, E는 건강하고 활력 있는 생활을 유지시켜 주는 항산화 비타민으로 생체 내에서 유해산소가 세포와 결합하기 전에 미리 결합하여 세포 손상을 유발하는 유해산소의 활성을 억제하여 신체를 보호하는 작용을 한다. 특히 녹차에 함유된 비타민 C는 90% 정도가 괴혈병 등에 효력이 큰 환원형이며, 눈의 건강을 지켜주는 비타민 A와 세포막의 구성성분인 불포화지방산이 파괴되는 것을 막아 세포의 손상을 예방하는 비타민 E를 보호해 주는 역할을 한다. 또 백내장의 예방과 면역능력의 유지에도 효과가 인정되고 있다.

1

비타민 C는 낮은 온도에서도 용출이 잘 되므로 녹차 음용 시 찻잔의 온도를 낮추어 이용하는 것은 아미노산의 부드러운 맛과 더불어 비타민 C의 효과적 섭취를 도모할 수 있는 좋은 음용 방법이다. 비타민 B1은 당류 활동을 원활하게 하여 정신 건강에 중요한 작용을 하며, 비타민 P는 비타민 C와 같이 혈관벽을 강화하는 작용을 하여 모세혈관벽의 탄력성을 증가시키며, 고혈압에 효과가 인정되고 있다.

〈표 1-15〉 기호식품 한 잔에 포함된 카페인의 함량

구분	카페인 함량
인스턴트커피(12g 커피믹스 1봉)	69mg/잔
캔 커피(175ml)	74mg/캔
차(녹차 티백 1개)	15mg/잔
코코아	5mg/잔
콜라(250ml 기준)	23mg/캔
초콜릿	16mg/30g

(2007 식약청 용역연구사업, 한국식품영양재단)

참조 차와 커피의 카페인

차는 카페인의 작용을 조절해 주는 카테친류와 데아닌 등을 같이 함유하고 있으므로 카페인에 민감한 사람에게도 비교적 안정적이다. 차의 카테친류는 알칼로이드Alkaloid인 카페인과 잘 결합하므로 침전되어 아주 적은 양만이 체내에 흡수된다. 또 차의 주요 아미노산인 데아닌Theanine은 카페인의 생리작용을 완만히 조절하며, 카페인에 의한 수면저해작용도 억제하는 것으로 알려져 있다. 그러나 카페인은 차나 커피뿐만 아니라 콜라, 초콜릿 및 의약품에도 들어 있기 때문에 경우에 따라서는 하루 중 실제 섭취하는 카페인의 양은 많아질 수 있다.

특히 콜라나 초콜릿, 커피가 첨가된 빙과류나 우유 등을 섭취하는 어린이의 경우 카페인 1일 섭취 기준을 넘을 수 있으며, 졸음을 쫓기 위해 커피를 즐겨 마시는 중고생의 경우에도 주의가 필요하다.

식품의약품안전청에서 제시하는 안전한 카페인 1일 섭취기준량은 성인 400mg 이하, 임산부 300mg 이하, 어린이는 체중 1kg당 카페인 2.5mg 이하이다.

1

(4) 유리아미노산

녹차에 2% 내외로 함유되어 있는 유리아미노산Free amino acids은 녹차의 독특한 감칠맛과 향미 성분의 주체로 저온에서도 잘 용출된다. 음용 시 물의 온도가 높으면 카페인이나 카테친류 등이 많이 용출되어 상대적으로 부드러운 맛을 지닌 아미노산의 감칠맛을 즐기기 어렵게 된다. 따라서 아미노산이 많이 함유되어 있는 고급 차일수록 낮은 온도로 이용하는 것이 좋다.

총 유리아미노산의 40~50%를 차지하고 있는 데아닌은 체내에서 카페인이 흡수될 때 카페인의 농도에 따라 선택적으로 작용하여 활성을 원만히 조절하며, 카페인에 의한 중추신경의 자극을 약화시키는 작용을 하는 것으로 알려져 있다. 아미노산 성분은 뇌세포의 활성화와 정신적 안정에도 효과가 인정되고 있으며, 최근에는 인체의 면역세포 기능을 강화시킨다는 연구가 발표되어 중국에서는 사스가 발생하였을 때 예방을 위해 전 국민에게 차 마시기를 의무화하기도 하였다. 아미노산의 함량은 해가림재배로 빛의 강도를 줄여주면 증가한다.

(5) 무기성분

차에는 칼륨과 인이 풍부하게 함유되어 있으며 칼슘, 철 등 여러 가지 무기성분Inorganic matters이 5~6% 포함되어 있다. 생체에 필요한 미량원소인 망간, 구리, 아연, 니켈 등도 다른 식물에 비해서 다량 들어 있다. 이 가운데 60~70%가 물에 용해되어 차의 맛을 상큼하게 한다. 무기성분은 높은 온도에서 잘 용출되며 일반적으로 체내의 대사활동을 원활하게 하여 신진대사에 도움을 준다.

불소 성분은 수용성 형태로 포함되어 치아의 부식 예방에 효과적이며, 묵은 잎에 500~1,000ppm, 어린잎에 20~40ppm 정도 함유되어 있다. 아연, 구리, 망간 등은 체내의 유해활성산소의 무독화에 관여하는 물질(Superoxide dismutase)의 구성성분이며,

셀렌은 유해 과산화 지질의 분해에 관여하는 물질(Glutathione peroxidase)의 구성성분으로 심근장애, 암 예방 등의 효과가 인정되고 있다.

1

(6) 다당류 및 유기산

차에 함유된 복합다당류Polysaccharide는 카테친류의 혈당상승 억제작용을 효과적으로 활성화시켜 당뇨병에 효과가 인정되고 있다. 유기산류Organic acids는 카테친의 항산화 작용을 상승시키는 효과가 인정되고 있으며, 항산화 비타민류의 작용을 보조하여 항산화성을 높여 주는 것이 알려져 있다.

(7) 사포닌

찻잎에 0.1% 정도 함유되어 있는 사포닌Saponin은 쓴맛과 떫은맛을 나타내며 항암 및 항염증, 거담작용이 있어 무좀, 비듬, 식중독 등의 증상에 효과가 있는 것으로 인정되고 있다.

(8) 엽록소

엽록소Chlorophyll는 식물체 내에서 광합성을 수행하는 녹색의 색소로, 녹차의 색도 결정에 중요한 역할을 하며 빈혈치료에 그 효과가 인정되고 있다. 엽록소는 녹차에 277~512mg% 함유되어 있으며, 조혈작용과 적혈구를 증진시켜 피를 맑게 하며, 미생물 번식을 제거하는 등의 작용이 인정되고 있다.

(9) 가바

가바GABA 성분은 뇌의 기능을 촉진시키고, 연골의 혈관 중추에 작용하여 혈압상승을 억제하는 작용이 알려져 고혈압에 효과가 인정되고 있다. 찻잎을 질소가스로 충진시켜 수 시간 방치하면 차에 함유된 글루탐산Glutamic acid이 혐기적 조건에서 비단백질 구성 아미노산인 감마아미노부틸릭산γ-aminobutylic acid으로 변하여 생성을 대폭 증대시킨다. 이 특성을 이용하여 혈압상승에 억제 효과가 있는 가능성 가바차로 생산되고 있다.

참조 차 마시기가 걱정스럽다?

녹차는 발효차류에 비하여 각종 성인병예방이나 항암작용 등에 탁월한 효능을 지니므로 현대의 건강음료로 각광을 받고 있다. 그러나 간혹 '차는 냉하므로 몸이 찬 사람에게는 맞지 않다'거나 '카페인 때문에 좋지 않다' 또는 '치아의 착색을 유발한다'는 등의 문제로 차에 선뜻 다가가지 못하는 경우가 있다. 카페인에 대한 걱정은 본문의 내용으로 이미 이해가 되었으리라 생각된다.

체질적으로 몸이 차기 때문에 차가 맞지 않다는 이유로 차를 피하는 것은 차의 음용으로 누릴 수 있는 신체의 다양한 건강 혜택을 피하는 것이 된다. 차는 한방적 분류에서 찬 성질을 지닌 것으로 판단하고는 있지만, 신체의 활성을 원활하게 하여 몸을 정상화시키는 작용을 하는 것으로도 알려져 있다. 몸이 차다는 것은 신체의 대사가 원활하지 않다는 증거일 것이므로 차를 이용하면 오히려 건강상에 도움을 받을 수 있다. '오이는 찬 성질이므로 절대 먹지 않는다' 또는 '부추는 따뜻한 성질을 지니므로 즐겨 먹는다'고 하지 않는 것처럼 실생활에서 다양한 음식을 섭취하면서 그 성질의 차고 따뜻함을 가려내며 이용하는 경우는 드물다.

건강상 특별한 이유가 있다면 한방적 의견을 신중히 참고하여 조절하는 것도 좋은 방법이겠지만, 중요한 것은 차는 약이 아니라 건강에 많은 도움을 주는 하나의 식품이라는 사실이다. 무엇이든 지나친 것보다는 적절하게 이용하는 편이 바람직하듯이, 차는 편안한 마음으로 적당한 양을 때때로 즐기며 건강 증진에도 탁월한 효과를 누릴 수 있는 건강 식품이다.

또 요즘처럼 미적 관심이 높을 때에는 차로 인해 치아의 착색을 염려하기도 한다. 그러나 커피나

콜라 등도 역시 치아를 착색하는 성분이 들어 있다. 치아 변색이 염려스러워 음식을 기피하는 경우가 드문 것처럼 이 역시 큰 문제는 아닌 것으로 생각된다. 차는 치아와 관련하여 충치발생을 억제하거나 구취예방에 탁월한 효능이 있다. 요즘 여러 실험발표에서, 특히 치아청결에 소극적인 초등학생들을 중심으로 식후 또는 식간에 정기적으로 한 잔의 차를 마시게 함으로써 충치 등의 잇몸질환이 월등히 감소된다는 것이 보고되고 있다. 착색이 걱정된다면 차를 마신 뒤에 맑은 물로 입안을 깨끗이 헹구어 준다거나 이를 닦으면 충분히 예방할 수 있다.

차에 한발 다가서기 망설여지는 착색이나 카페인 민감성 등에 관한 걱정보다는 차를 마신 뒤에 누릴 수 있는 다양한 건강적 효능을 비교 검토해 어느 쪽이 더 이로운가를 생각하는 것이 중요하다.

1

생각해 봅시다

한 잔의 차를 마시면서 단지 기호를 충족시킨다는 점 외에 이 한 잔에 포함된 차의 성분들이 우리 몸에 어떠한 작용을 하는지 생각해 봅시다.

녹차, 그리고 오미자, 치자, 말차로 색을 낸 작은 떡(고깔떡, 옥춘떡)

茶生活文化

[제2장]

차의 이해

본 장에서는 우리나라의 녹차를 중심으로
요즘 차문화와 더불어 회자되고 있는 다양한 차의 종류와
세계의 주요 기호차류에 관하여 이해한다.

1 차의 종류

1. 차와 대용차류

1) 차

차는 차나무*Camellia sinensis* L.의 어린잎을 채취하여 덖고 비비는 과정을 반복하면서 수분을 제거하여, 보관 및 운반이 용이하도록 제조한 것이다(표 2-1). 차는 약리적 효능에 의한 보건 의학적 의미와 마음을 수양하고 덕을 쌓는 수신修身의 의미로서 다도, 다례, 차문화 등의 의미를 포함하고 있다.

2) 대용차류

차와 더불어 우리 생활문화 속에서 전승되고 있는 대용차류(유사차류)는 모과차, 생강차, 유자차 등 한방적 효능을 지닌 약용식물의 열매, 종자, 뿌리, 줄기 등을 이용하여 만든 기호음료이다. 약차, 건강차, 민속차, 전통차 등으로도 분류된다.

2. 차의 분류

차는 제다 시 가공특성에 따라 폴리페놀Polyphenol 성분이 산화효소에 의해 황색이나 홍색을 띠는 데아플라빈Theaflavin 또는 데아루비긴Thearubigin으로 바뀌면서 수색水色과 맛, 향 등이 변화되며, 그 정도에 따라 녹차류, 우롱차류(청차류: 포종차, 백차 등), 홍차류, 후발효차류(황차, 보이차 등) 등으로 구분한다.

차의 발효Fermentation라는 말은 1835년경 영국이 인도에서 홍차제조를 시작하던 무렵, 찻잎이 산화에 의하여 적갈색으로 변하는 것을 미생물의 작용에 의한 변화로 생각하여 유럽에서부터 사용하게 되었다. 그러나 실제 미생물에 의한 발효차인 후발효차류(보이차 등)와의 구별이 필요하다.

기타 차에 함유된 글루탐산이 혐기적 조건하에서 감마아미노부틸릭산γ-aminobutylic acid: GABA으로 변하여 혈압상승억제효과가 있는 등의 기능성을 이용한 기능성 가바차와 기호도에 따라 꽃이나 과일의 향을 흡착시킨 착향차류 등이 있다.

〈표 2-1〉 차의 종류

종류	내용
잎차	녹차, 우롱차(청차), 홍차, 백차, 흑차, 황차 등의 잎차
말차	녹차를 가루로 만든 가루녹차
덩이차	차의 모양을 일정한 틀에 찍어 만든 떡차, 돈차, 벽돌차 등
가공차	과립차, 혼합차(현미, 율무, 메밀, 라테 등), 티백, 인스턴트 차(캔 또는 페트 가공차), 차환, 가향차 등
기능성차	카테킨 강화차, 가바차 등

2

2 녹차

녹차Green tea는 발효도가 10% 이내인 불발효차Unfermented tea로 분류되는데, 차의 생엽에 포함되어 있는 천연의 건강성분이 가장 효과적으로 보전되어 있는 최고의 건강차이다. 차의 생엽을 바로 솥에서 덖거나 증기로 쪄서 고온으로 단기간에 산화효소Polyphenoloxidase의 활성을 파괴시켜 제조하므로, 찻잎의 색이 그대로 유지되며 함유성분이 생엽과 가장 유사하게 보존되어 있다. 녹차는 한국, 중국, 일본 등지에서 생산되고 있다.

우리나라는 예전에는 덖음차〔釜炒茶〕방식이 주류를 이루었으나, 지금은 찐차의 생산이 상당 부분 차지하고 있다. 최근에는 찐차〔蒸茶〕의 생산과정 중에서 마지막에 덖음처리식을 절충하여 찐차의 산뜻한 맛과 덖음차의 구수한 맛이 조화된 새로운 형태의 녹차도 생산되고 있다.

〈표 2-2〉 한국 녹차의 제다방법에 따른 분류

분류	특징
덖음차 [釜炒茶]	생엽을 300℃ 내외의 솥에 직접 넣어 단기간에 효소의 활성을 억제시켜 제다한다. 맛은 구수하며 풋내가 적은 것이 특징이다. 수색은 황록색이며 한국과 중국에서 주로 생산한다.
찐차 [蒸茶]	차의 생엽을 100℃ 내외의 수증기로 쪄서 찻잎 중의 산화효소를 파괴하여 제다한다. 맛이 담백하고 신선하며 녹색이 강하다. 근래 국내의 중·대규모의 생산에 많이 이용하고 있다.

자비차 煮沸茶	끓는 물에 차의 생엽을 데쳐서 그대로 말리거나 식힌 뒤에 솥에 넣어 다시 덖어서 제다하는 전통 방법이다.
일쇄차 煮沸茶	차의 생엽을 그대로 햇볕에 말려 보관하였다가 이용하는 방법으로 민간요법 등으로 간단히 이용할 수 있다.

〈표 2-3〉 한국 녹차(잎차)의 종류

분류	내용
절기	① 우전차: 곡우(4월 20일) 이전에 수확하여 제조한 차로 찻잎이 작으며 가장 연하고 맛이 부드러우며 감칠맛과 향이 뛰어나다. ② 곡우차: 곡우를 전후하여 제조한 차로 맛이 부드럽고 잎의 크기가 작다. ③ 입하차: 입하(5월 5일) 전후로 제다한 차로 비타민C와 엽록소, 카테친류, 무기성분 등이 비교적 풍부하게 함유되어 있다.
잎의 크기	녹차 잎의 크기에 따라 (극)세작, 중작, 대작 등으로 분류된다.
차의 이름	우리나라에서 생산된 녹차의 이름은 상품에 따라 다양한 제품명이 있으며, 차를 지칭하는 다른 이름으로 전래되고 있는 작설차, 설록차, 반야차, 죽로차 등도 제품명으로 이용되고 있다.

1. 한국 녹차의 제조시기에 따른 분류

1) 1번차(첫물차)

4월 초 · 중순에서 5월 하순에 걸쳐 생산되며, 대부분의 잎차 상태의 녹차(티백용이 아닌)는 이 시기에 생산되고 있다. 절기에 따라 우전차雨前茶, 곡우차穀雨茶, 입하차立夏茶 등으로 구분하거나 잎의 크기에 따라 (극)세작細雀, 중작中雀, 대작大雀 등으로 분류하기도 한다.

2) 2번차, 3번차, 4번차

6월 중순에서 하순에 걸쳐 생산되는 차를 2번차(두물차)라 하며, 8월 초순에서 중순에 걸쳐 생산되는 차를 3번차(세물차), 9월 하순에서 10월 초순에 걸쳐 생산되는 차를 4번차(네물차)라고 하는데, 지역적인 기후의 영향으로 채엽시기가 다소 차이가 날 수 있다.

1번차는 맛과 향이 뛰어나 품질이 우수하므로 고급차에 속하고, 2번차와 3번차는 채엽 시기의 기온이 높아 차의 떫은맛이 강해 품질이 다소 떨어진다. 4번차는 섬유질이 많아 형상이 거칠고 아미노산 함량이 적어 주로 티백용이나 식품첨가물 등으로 이용하고 있다.

참조 재미로 보는 차 이름의 유래

- 작설차雀舌茶: 초봄에 올라오는 여린 움의 찻잎이 미처 전개되지 않고 말려있는 모습이 마치 참새의 혀와 같다고 하여 부르는 이름으로, 지역에 따라 차를 지칭하는 다른 이름으로 불리기도 한다.
- 설록차雪綠茶: 사철 푸른 상록수인 차나무가 겨울의 흰 눈 속에서도 푸르름을 잃지 않고 생생함을 간직하고 있는 모습을 표현하는 이름이다. 혹한의 추위 속에서 버티는 기상은 역경을 이기는 군자의 꿋꿋함에 비유하기도 한다.
- 반야차般若茶: 반야는 지혜를 뜻하므로, 차를 마시며 즐기는 차생활을 통한 정신적인 체험이 궁극에는 도道에 이르는 것이므로 차를 곧 지혜와 견주어 불리어지고 있다.
- 죽로차竹露茶: 반음반양의 차나무가 대숲에서 생장하며 대나무 잎의 이슬을 머금고 자랐다고 하여 부르는 이름으로, 재배 시 해가림으로 생산된 차처럼 아미노산이 풍부하여 부드러운 맛을 지닌다.

〈그림 2-1〉 국내 생산 녹차의 모습과 찻물

찻물: 2g의 녹차에 80℃ 물 100ml을 부어 3분간 침출 / 용기: 100ml 용량의 유백자 찻잔

① 우전 (찐차) ② 세작 (찐차)

③ 중작 (찐차)

④ 입하 (찐차)

⑤ 우전 (덖음차)

⑥ 세작 (덖음차)

⑦ 중작(덖음차)

⑧ 국산 발효차

⑨ 티백녹차

⑩ 현미녹차

3) 말차

말차는 찻잎을 미세한 가루로 만들어 물에 타서 마시는 차이다. 주로 해가림 재배한 찻잎을 이용하여 만들기 때문에, 떫은맛이 적고 부드러운 맛이 있으며 엽록소가 많아 색이 짙다. 찻잎을 그대로 분쇄한 것이므로 찻잎의 성분을 100% 섭취할 수 있으며, 차과자, 차빵, 차국수, 차푸딩, 차아이스크림 등의 차가공품의 소재로도 이용되고 있다.

〈그림 2-2〉 말차

참조

- 용정차(중국): 중국 녹차의 대명사로 저장성浙江省 항주의 서호 주변에서 생산된다. 완성될 때까지 찻잎을 솥 안에서 덖고 비비기를 계속하여 제다하며 외형이 편평한 모양이다.
- 동정벽라춘(중국): 소주 동정호 동산과 서산에서 생산된다. 찻잎이 나선형으로 말아지며, 잎에는 잔털이 있는데 낮은 등급일수록 잎이 커지고 털이 적어진다.
- 옥로차(일본): 일본의 대표적인 녹차로, 채엽하기 전 15~20일 정도 차광재배하여 생엽을 생산하

므로 떫은 맛을 내는 탄닌 함량이 적고 부드러운 맛을 내는 아미노산이 증가하여 맛이 부드러우며 엽록소가 증가하여 녹색이 짙다.

* 이들 차류는 중국인이나 일본인의 취향에 따라 만들어져 독특한 향과 맛이 있다. 우리 녹차와는 다소 다른 이들을 마실 때 맛을 비교해 보면 차문화의 독창성을 이해하는 데 도움이 될 것이다.

2. 녹차의 맛과 품질

1) 녹차의 맛

녹차의 맛은 여러 성분의 함량에 따라 카페인과 사포닌의 쓴맛, 에스테르형 카테친류의 떫은맛, 유리형 카테친의 온화한 쓴맛을 기본으로 하여 여러 가지 감칠맛(아미노산류), 단맛(유리당류), 신맛(유기산류) 등이 있다. 수용성 펙틴이나 단백질은 그 자체는 맛이 없지만 점성을 갖고 있어 맛에 영향을 미친다.

녹차 맛의 구성성분은 차나무의 품종과 재배조건, 기후, 토양, 가공조건 등에 의해 결정되며 이에 의하여 맛과 향이 달라진다. 같은 품종이라도 생육 조건에 따라 또는 동일한 생육조건에서 생산된 찻잎이라도 차를 만드는 방법과 만드는 사람의 경험적 특성에 따라 맛이 특정 지어질 수 있으며, 음용 방법에 따라서도 차이가 있다.

2) 녹차의 품질평가

차의 품질평가Sensory Evaluation(품평)란 시각, 후각, 미각 등의 감각을 이용하여 차의 우열을 가려 경제적 가치를 평가하는 것이다. 맛은 기호와 밀접한 관련이 있을 뿐 아니라 품질을 결정하는 하나의 중요한 요인이다. 맛의 미묘한 차이를 판별한다는 것은 개인에 따라 매우 큰 차이가 있으므로 한계가 있다. 때문에 평가 결과의 공정성, 안정성(재현성)을 위하여 품질평가를 하는 사람은 차의 산지나 재배, 제조과정, 저장 등에 의한 품질과 맛의 변화 등을 면밀히 파악하고, 많은 훈련에 의한 지식과 경험을 가지고 있어야 한다.

3) 녹차의 품질평가 방법

(1) 품질평가의 요소

차의 품질은 외적으로 형상, 색택 등과 내적으로는 향기, 수색(찻물 색), 맛 등을 평가할 수 있다. 또 차의 종류나 심사의 목적에 따라 찻잎을 우려내고 걸러낸 찌꺼기, 발효정도, 건조도 등의 항목을 추가하기도 한다.

(2) 장소

상온常溫(20℃ 전후)과 상습常濕(70% 전후)의 쾌적하고 냄새가 나지 않는 밝은 곳에서 시행한다. 자연광을 이용하는 경우, 북쪽의 창을 통해 빛이 들어오게 하면 아침에서 저녁까지 빛의 밝기나 색의 변화가 적다. 기후의 변화 등을 고려하여 750lux 이상의 표준 인공광선을 사용하는 것도 좋다.

(3) 심사준비와 도구

평가의 정확성을 위하여 반드시 일정한 규격의 도구를 사용한다.

(4) 샘플의 준비

샘플을 바르게 채취하여야 나머지 찻잎에 대한 심사가 정확하므로 반드시 공정을 기한다. 4kg의 재료를 충분히 혼합하여 4등분한 뒤, 한 군데를 취하여 다시 4등분 하고 그 가운데 한 부분을 취하여 150~200g(또는 200~250g) 정도를 샘플로 준비한다.

(5) 외적요소인 형상과 색택의 평가

심사쟁반의 찻잎을 가볍게 흔들어 골고루 펼쳐진 찻잎을 관찰하고 찻잎의 외형과 색택, 파손도, 투명도 등을 심사한다. 차의 종류에 따라 심사의 기준이 달

〈그림 2-3〉 차 품평의 준비도구
(습평대와 심사쟁반, 심사용 우림컵과 잔, 스푼)

〈그림 2-4〉 간이품평

라지지만, 보통 찻잎이 균일하게 잘 말아지고 줄기가 들어가지 않은 것이 상품이다.

(6) 평가재료의 찻물 준비

심사용 우림 컵에 3g의 녹차를 넣고 80℃의 물 150cc을 부어 5분간 침출한 후 심사용 잔에 찻물을 따른다. 물은 종류에 따라 용해되어 있는 물질의 차이로 그 특성이 달라지므로, 물의 종류는 차탕의 품질에 많은 영향을 미친다. 따라서 반드시 동일한 물을 이용하며, 천천히 흘러내려오는 샘물이나 증류수를 사용하는 것이 좋고, 수돗물은 차의 맛에 영향을 주므로 사용하지 않는 것이 좋다.

(7) 내적요소 평가

① 향기

찻물을 심사용 잔에 따른 후 찌꺼기가 남아 있는 우림 컵을 코끝에 대고 뚜껑을 열어 2~3초간 1~2번 심호흡하여 휘발성 방향 성분들에 의한 향기를 감별한다. 휘발하는 향기가 일정하지 않으므로 평가의 난이도가 상당히 높다. 녹차는 신선하고 상큼한 자연의 풋냄새와 구수한 향을 나타내는 것이 좋다.

② 수색

수색은 카테친류나 엽록소의 함량에 의해 결정되는데, 플라본Flavone에 의한 황색이 낮고 녹색이 짙으면 수색이 좋아진다. 보통 찐차가 덖음차에 비해 녹색이 진하다. 평가할 때에 시간이 지체되면 폴리페놀Polyphenol 물질의 자동산화에 의해 탕색이 어둡게 변할 수 있으므로 신속하고 정확하게 평가한다.

③ 맛

심사용 잔의 찻물을 스푼으로 떠서 입안에 넣어 평가한다. 혓바닥의 위치에 따라 맛에 대한 민감도가 다르므로, 혀의 각 부위가 고루 접촉할 수 있도록 입 속에서 찻물을 움직여 심사한다. 쓴맛, 떫은맛, 단맛, 부드러운 맛 등이 잘 조화되어 청량감이 있고, 자극적인 맛이나 풋냄새와 같은 맛이 적어야 한다.

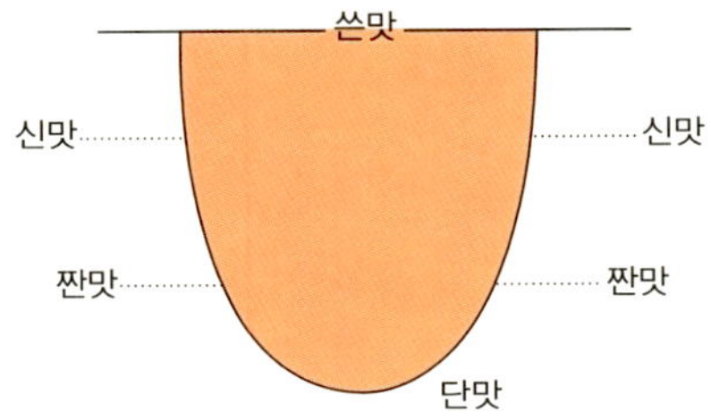

〈그림 2-5〉 혀의 맛을 인식하는 부위

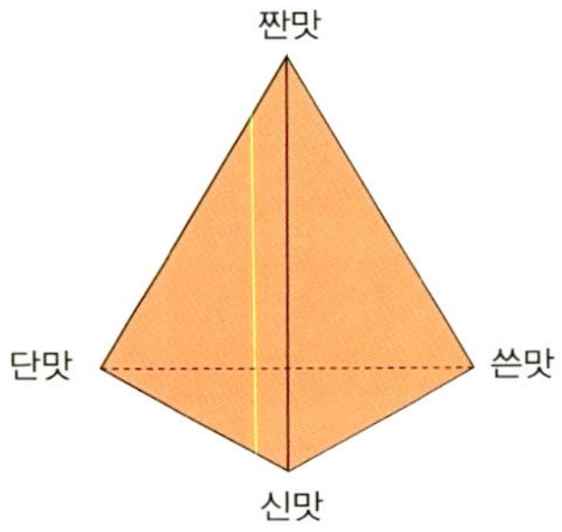

〈그림 2-6〉 헤닝Henning, H.(1924)에 의한 맛의 정사면체Taste tetrahedron

참조 맛을 인식하는 기구

맛이란, 그 구성성분이 혀의 표면에 분포되어 있는 미각세포들의 수용체인 미뢰Taste buds의 일부분과 접촉하여 화학적인 자극Receptor potential을 일으키므로 이 자극이 신경신호Neural impulse를 발생하고 그것이 뇌에 전달되어 뇌에서 '어떤 맛'으로 인식하게 된다고 알려져 있다. 이러한 맛은 여러 가지로 분류되어 왔으나 20세기 들어와서 점차로 단맛Sweet, 신맛Sour, 짠맛Salt, 쓴맛Bitter의 네 가지가 기본적인 맛으로 통일되고 있다. 기타의 맛은 기본 네 가지의 맛 사이 또는 온도감각, 통각, 촉감 등의 여러 가지 감각의 결합으로 이해되고 있다. 맛에 대한 생리학적 연구는 오랜 기간 연구되고 있지만, 실제로 생체 내에서 미각을 인식하는 화학적 수용체들Chemical receptors 사이에는 맛을 구분하는 그룹이 뚜렷이 구별되어 있는 것은 아니며, 신경신호도 반드시 네 가지 맛 중의 하나만을 인식하게 한다는 실험적 증거도 전혀 없다고 한다.

④ 찻잎 찌꺼기

차를 우려내고 남은 잎의 찌꺼기는 찻잎의 성질이나 잎의 경화정도, 균일성, 신선도, 손상여부 등을 평가할 수 있다.

〈표 2-4〉 차 품평 시 준비도구의 예

도구	내용
검사대	찻잎의 외형 및 형태, 색택을 품평하는 데 쓰이는 건평대乾評臺는 평평한 흑색의 대를 창가 가까운 곳에, 대체로 높이 90cm, 넓이 60~70cm로 하고 길이는 작업량을 고려하여 설치한다. 품평의 도구를 놓고 향기, 탕색, 차맛 및 젖은 찻잎을 심사하는 데 쓰이는 습평대濕評臺는 백색으로 높이 80cm, 넓이는 45~60cm로 길이는 작업량에 따라 설치한다.
심사쟁반 審評盤	샘플의 형상이나 외관의 평가에 사용하며, 가로와 세로 20cm, 높이 3cm 정도의 나무나 철판으로 만들어진 용기를 사용한다.
심사용 우림 컵과 잔 審評杯碗	차를 우려낼 때 사용하는 원통의 흰색 자기로 된 전문 침출용 컵은 높이 6.6cm, 안지름 6.2cm, 바깥지름 6.6cm로 용량은 150cc이다. 뚜껑에 작은 구멍이 있어야 차탕을 따를 때 빨리 따를 수 있다. 우려낸 찻물의 수색과 맛을 감정하는 데 사용하는 표준 잔은 높이 5.2cm, 안지름 8.6cm, 바깥지름 9.5cm이다.
시계	침출시간을 재기 위하여 초시계 또는 모래시계를 준비한다.
스푼과 망	심사용 잔의 차찌꺼기를 거르기 위한 거름망과 5~10cc 정도의 찻물을 취할 수 있는 스푼을 준비한다.
기타	0.1g 단위의 저울과 물의 온도를 조절할 수 있는 온도조절형 전기 포트, 물버림통 등을 준비한다.

〈차엽품질에 대한 품평의 요령〉 공숙영,
「제4회 국제명차품평한국대회 및 차문화 교류 학술세미나 발표논문집」, 47~53, 2002.

4) 과학적 심사평가의 필요성

인간의 감각에 의한 품질의 판단은 개인적인 조건에 따라 변화할 수 있다. 때문에 품질평가에 인간의 감각과 병행하여 관능검사의 정확성을 보완해 줄 수 있는 과학적인 분석방법을 도입할 필요가 있다. 색상은 색차계를 이용하여 측정하며, 카테친류(떫은맛과 부드러운 쓴맛), 아미노산류(부드러운 맛), 비타민류(신선도), 엽록소(색), 유기산(신맛과 신선도) 등 맛에 영향을 주는 가용성 성분들의 함량을 측정하여 맛과 변질 정도를 판단할 수 있다. 또한 차에 있어 품질평가 자체에 우선하여 우리나라 소비자의 차맛에 대한 기호도의 정체성을 정의하는 기준 마련이 선행되어야 할 것이다.

2

생각해 봅시다

근래 차문화의 급속한 발전 및 보급과 더불어 차의 품질평가에 관한 품평행사 등이 다양하게 열리고 있다. 그런데 관능검사에만 의존하는 차의 품질평가는 개인적인 조건에 따라 판단될 수 있을뿐더러 요즘의 행사에서 보는 것처럼 다른 나라의 품평기준에 맞추어(유명하다는 외국의 품평가를 초빙하기도 하는데, 이는 물론 보급 단계의 기술습득 목적 등으로 효과적으로 이용할 수도 있다) 우리의 차를 평가하는 것은, 우리 입맛의 기준을 우선적으로 정립하지 않고는 지극히 위험한 일이 될 수도 있으리라 여겨진다. 따라서 우리 차의 정확한 품질 평가를 위해서는 우리의 입맛을 중심으로 하는 차맛 기준(기호도)을 정립하는 것이 선행되어야 하며, 더불어 과학적 평가의 보완이 요구된다. 우리 차에 대한 기호도와 정확한 입맛을 습득하는 방법에 관하여 생각해 봅시다.

3 우롱차와 홍차, 후발효차

1. 우롱차

우롱차烏龍茶, Oolong tea는 찻잎을 햇볕이나 실내에서 시들이기와 교반(흔들어 섞어주기)을 하여 찻잎의 폴리페놀 성분을 발효시켜 만든 차로, 주생산지는 중국 푸젠성福建省, 광둥성廣東省, 타이완 등지이다. 산지의 명칭에서 유래하는 이름 등 여러 종류로 구분되는 청차류 중의 한 종류였던 우롱차는 발효도 10~65% 정도인 반발효차Semi-fermented tea류이다. 차의 모양이 까마귀처럼 검고 용처럼 굽었다고 하여 오룡차烏龍茶라 부르게 되었다고 하며, 또 송대에 제조된 용봉무늬 덩이차〔龍鳳團茶〕가 잎차 형태로 변하면서 유래하였다고도 한다.

원래 푸젠성에서 생산되던 우롱차는 60% 정도의 강발효차로서 청차류의 일종이었지만, 지금은 약발효차인 포종차류 등을 포함하여 중국에서 생산되는 반발효차 전부를 우롱차로 구분하여, 청차를 대체하는 대표적인 이름으로 불리고 있다.

우롱차는 중국의 대표적인 차이지만 실제 중국의 차생산량에 있어서는 극히 일부분을 차지하고 있다. 2001년 중국의 차생산량은 70.17만 톤인데 이중 녹차가 51.32만 톤(73.1%), 홍차가 4.29만 톤(6.1%), 우롱차가 7.01만 톤(10%), 긴압차가 2.5만 톤(3.6%), 기타 5.05만 톤(7.2%)을 차지하고 있다. 또한 2002년 중국 내 총 차소비량은 47.7만 톤인데 녹차가 27.5톤, 홍차가 1.5톤, 화차가 10만 톤, 기타 5.8톤으로 중국에서 가장 많이 소비되고 있는 차는 녹차로 조사되고 있다(「중국차의 생산, 가공과 소비현황」 차학술심포지엄발표 자료집 35~44, 2005). 다양한 차들이 생산되고 있는 중국에서는 차를 색상에 따라 분류하여 6대 다류로 구분하고 있다.

2

〈표 2-5〉 중국차의 색상에 따른 6가지 분류

분류	발효도	종류
백차白茶	5~15%	백호은침(10%) 등
녹차綠茶	10% 미만	용정차(5%) 등
황차黃茶	10~25%	군산은침(15%) 등
청차靑茶	20~70%	철관음(40%) 등
홍차紅茶	80~100%	기문홍차(95%) 등
흑차黑茶	70~95%	보이차(80%) 등

〈표 2-6〉 발효도에 따른 청자(우롱차)의 종류

도구	내용
우롱차	20~70% 정도 발효된 것으로 철관음차, 백호우롱차, 동정우롱차(타이완), 고산우롱차(타이완), 대홍포차 등이 있다.
포종차	약 30% 정도의 발효도를 가지며 녹차에 가까운 차로, 지금은 우롱차류로 분류된다. 문산 포종차는 15~20% 정도 발효된 약발효차이다.
백차	솜털이 덮인 차의 어린싹을 따서 그대로 건조시켜 위조로 인해 5~15% 정도 약발효된 차이다. 향기가 맑고 맛이 산뜻하여 여름철에 열을 내려 준다고 하여 한약재로도 이용된다. 10% 발효도를 가진 백호은침 등이 있다.
착향차(꽃차)	재스민차, 장미꽃차, 치자꽃차, 월계수꽃차 등 독특한 꽃의 향을 찻잎에 착향한 차류이다.

참조 재미로 보는 중국차 이름의 유래

■ 철관음차

중국 청나라 때 푸젠성 안계현의 한 농부가 매일 관음상에 차를 공양하다가 우연히 관음상 옆의 바위 사이에서 관음상과 같이 빛나고 있는 차나무를 발견하고 집으로 옮겨 심은 뒤 찻잎을 따서 차를 만들었더니 차맛이 진하면서도 부드럽고 뒷맛이 달게 느껴지며 치자꽃과 같은 향기가 났다고 한다. 관음이 주신 차나무로, 잎이 철과 같이 검고 무겁다고 하여 철관음이라 명명하였다고 한다.

■ 무이산 대홍포차

한 선비가 과거를 치르기 위해 무이산을 지나다가 병이 생겨 사경을 헤매는데, 근처 사찰의 스님이 원숭이를 시켜 절벽에 있는 차(암차)를 따서 먹이자 병이 완치되어 무사히 과거를 보고 장원급제하여 왕의 부마가 되었다고 한다. 어느 날 왕비에게 병이 생겨 완치가 어려웠는데 부마가 옛일을 생각하고 스님에게 부탁하여 차를 얻어 왕비에게 먹였더니 병이 완치되었다고 한다. 이에 왕은 자신의 홍포를 벗어 나무를 덮어 주었는데, 한나라의 왕이 둘이 될 수 없듯이 홍포를 두른 나무는 점점 말라 죽게 될 지경이었다고 한다. 이 사실을 안 부마가 홍포를 걷어내자 오색찬란한 빛이 생기고 차나무는 다시 살아났다고 한다.

2. 홍차

홍차Black tea, Fermented tea는 발효도가 85% 이상으로, 중국 송대(10~13세기)부터 원형이 시작되어 17세기 중엽 중국 푸젠성에서 생산된 차가 유럽에 수출되면서 생산이 크게 발전되었다. 유럽에 전해진 차는 최초에 녹차였으나, 18세기 중엽에 홍차로 전환되었다.

1823년 영국의 브루스R. Bruce 형제가 미얀마와 방글라데시의 중간지역인 인도 아삼 지방에서 홍차의 생산에 적합한 야생 아삼종 차나무를 발견하여 인도 각 지역과 스리랑카, 아프리카 등에 널리 전파하였고, 현재는 세계 차생산량의 75~80%를 홍차가 차지하고 있다. 세계의 홍차 주요 산지는 인도, 스리랑카, 케냐, 중국, 인도네시아, 아르헨티나, 말라위 등이다.

〈그림 2-7〉 홍차

2

〈그림 2-8〉 찻잎 부위별 홍차의 등급

홍차는 파쇄하지 않은 잎차형Orthodox 홍차와 CTC(Crush, Tear, Curl)법, 티백용의 파쇄형Unorthodox 홍차로 분류되는데, 잎차형은 대부분 고급 정통홍차로 채엽부위 및 찻잎의 크기에 따라 등급이 분류된다. 파쇄형은 찻잎을 잘게 부수고Crush 찢어내어Tear 좁쌀처럼 둥글게 말아Curl 차의 맛이 강하다.

홍차는 스트레이트 티, 밀크티로 즐기며 독특한 꽃이나 과일 등을 착향 또는 혼합한 착향홍차와 혼합홍차 등도 있다.

〈표 2-7〉 홍차의 등급과 종류

등급		구분	특징
잎차 Orthodox	FOP	Flowery Orange Pekoe	첫 번째 찻잎으로 만든 최고급의 홍차이다. 아삼이나 다즐링 지역에서 9~10월경에 생산되며 꽃과 같은 향기가 있다.
	OP	Orange Pekoe	어린잎이나 싹을 많이 함유하고 있는 차로 티포트에 우려 마시는 고급 잎차이다.
	P	Pekoe	OP보다 잎이 두껍고 어린 싹이 적은 잎차이다.
	PS	Pekoe Souchon	Pekoe보다 품질이 떨어지며 수색이 진하다.
	S	Souchon	찻잎이 거친 하급품의 홍차이다.
파쇄형 Unorthodox	BOP	Broken Orange Pekoe	OP를 마쇄한 차로, 추출 시간이 짧고 맛이 부드러우며 진하다. 붉은 오렌지색을 띠며 주로 스리랑카산 홍차에 많다.
	BOPF	Broken Orange Pekoe Fanning	BOP보다 입자가 더 작아 우러나는 시간이 짧다. 수색이 진하고 맛이 강해 밀크티용이나 티백용으로 이용한다.
	Dust		거의 분말상태이므로 떫은맛이 강하고 무거워 밀크티나 티백원료로 이용되며 흑색을 띤 홍갈색의 수색을 갖는다.

3. 후발효차

후발효차Post-fermented tea는 녹차와 같은 제조방법으로 완성한 차를 일정한 방식으로 퇴적하여 공기 중에 있는 미생물의 번식을 유도하여 다시 발효가 일어나게 만든 차로서, 홍차나 우롱차와 같이 산화효소Polyphenoloxidase의 활성에 의해 생산된 발효차와 구분된다. 미생물에 의한, 주로 호기성발효에 의하여 생산되는 후발효차에는 황차와 흑차가 있다.

2

1) 황차

찻잎의 색상과 우려낸 수색, 찻잎 찌꺼기의 색이 모두 황색으로, 녹차와 우롱차의 중간에 해당하는 중국 6대 차류 중의 하나이다. 중국 송대에는 하등제품으로 취급되기도 하였으나, 연황색의 수색과 순한 맛으로 고유의 풍미를 지닌다. 찻잎을 퇴적하여 습열상태에서 발효가 일어나므로, 엽록소의 파괴가 일어나 황색을 띠며 카테친류의 50~60%가 감소되어 차맛이 순하고 부드럽다. 군산은침君山銀針(후난성 동정호 부근), 몽정황아蒙頂黃芽(쓰촨성 몽정산) 등이 있다.

2) 흑차

중국 윈난성, 쓰촨성, 광시성廣西省 등지에서 생산된다. 잎차(散茶)도 있지만, 운반과 저장을 용이하게 하기 위하여 찻잎에 수증기를 가한 다음 틀에 넣어 일정한 형태의 덩어리로 압착시킨 고형의 긴압차緊壓茶 형태로 생산되는 것이 일반적이다. 타차沱茶, 병차餅茶, 방차方茶 등 고형의 덩이차와 잎차 형태의 보이차와 육보차 등이 있다.

참조 세계 3대 홍차

① 중국 안후이성安徽省 기문홍차: 차색이 검고 밝은 선홍색의 찻물에 기문향이라 불리는 난의 향(훈연과 같은 향)이 특징이다. 독특한 향으로 인기가 있지만 이 향 때문에 피하는 사람도 있다.

② 인도 히말라야 다즐링홍차: 인도 동북부 히말라야 해발 1,200m 이상인 다즐링의 밤낮 기온차가 심하고 안개가 짙은 지역에서 생산되어 깊은 맛으로 유명한 차이다. 홍차의 왕으로도 불리며 맛이 부드럽고 달며 찻물이 엷은 오렌지색을 띤다.

③ 스리랑카 우바차: 스리랑카 중부 산악지대 해발 1,200m 이상에서 생산되는 고산차High grown tea로 고급의 차이다. 꽃향기와 산뜻한 떫은맛으로 유명하며 찻물이 맑다.

생각해 봅시다

다반사의 차생활에서 즐기는 나의 기호차류에 있어 우리나라 풍토에서 왕성하게 생육하는 한국산 차나무에서 만들어진 신토불이 우리 녹차와 중국차, 그리고 홍차 등의 종류와 이들에 함유된 기능성 건강성분, 생산과 유통과정의 안정성 등에 관하여 세심하게 생각해 봅시다.

4 대용차류와 세계의 주요 기호차류

1. 우리의 전통 건강음료

1) 전통음료

우리나라는 예로부터 차와 더불어 오곡을 볶아 우려 마시거나 나무 열매를 달여 마시는 등의 전통 건강음료를 대용차류로 이용해 왔다. 요즘 허브류를 중심으로 한 다양한 건강음료는 나라마다의 독특한 기호음료로 대용차류로 분류된다. 우리 전통음료의 대용차류는 각종 한약 재료, 과일, 곡류 등을 볶거나 말린 후 달이거나, 가루로 만들거나 얇게 저며 설탕에 재워 끓인 물에 우리거나 직접 물에 타서 마시는 것을 말한다. 조선시대 《산림경제》(1715)에 구기자차, 기국차 등이, 《증보 산림경제》(1766)에 국화차, 녹두차, 당귀차, 매화차, 유자차, 자소차, 포도차 등의 기록이 보이는 것으로 보아 이미 대용차류를 '~차'로 부르며 대중적으로 이용하였음을 알 수 있다.◆

◆ 차와 탕: '차'는 기호성이 있거나 몸에 좋은 재료를 뜨거운 물에 우린 것이며, '탕'은 건강에 이롭다는 생약 재료를 몇 가지 섞어 끓여 달인 액 또는 졸이거나 재워서 저장했다가 물에 타서 마시는 것이다.

〈그림 2-9〉 현대의 대용차류

① 두충잎차

② 뽕잎차

③ 감잎차

④ 쑥차

⑤ 백련잎차

〈그림 2-10〉 현대의 꽃차류

① 국화차 (감국)

② 국화차 (금국)

③ 매화차

④ 백련꽃차

2) 전통음료의 종류

〈표 2-8〉 전통음료의 종류

종류	특징
장漿	밥이나 미음 등 곡물을 젖산 발효시켜 신맛이 나게 만들거나 곡물가루, 채소류 등을 꿀이나 설탕 등에 넣어 숙성시키거나 오래 저장시켜 만든 음료이다. 모과장, 매장, 유자장 등이 있다.
갈수渴水	농축된 과일즙에 한약재를 가루로 내어 혼합하여 달이거나 한약재에 누룩 등을 넣어 꿀과 함께 달여 마시는 음료이다. 포도갈수, 모과갈수, 오미갈수, 임금갈수 등이 있다. 《임원십육지》(서유구, 1827)에 '갈수는 갈증이 심할 때 먹는 물을 말하며, 향이 있는 약성 재료를 단것에 담가 사용한 것'이라는 기록이 보인다.
숙수熟水	향약초를 달여 만든 음료로, 꽃이나 잎 등을 끓는 물에 넣고 그 향기를 우려 마시거나 한약재 가루를 꿀과 물에 섞어 끓여 마시는 음료이다. 자소숙수, 정향숙수, 침향숙수 등이 있다.
탕湯	향약초를 끓여 마시는 열탕으로, 꽃이나 과일을 끓여 마시거나 한약재를 가루로 내어 끓이거나 졸여서 고膏를 만들어 저장해 두고 마시는 음료이다. 자소탕, 봉수탕, 국화차, 매화차, 율무차 등이 있다. 《임원십육지》에 '구기자차, 국화차, 모과차, 귤강차 등은 사람에게 유익한 재료를 끓여서 마시는 것으로 이들 모두가 차의 이름을 지니고 있지만 실제로는 탕에 속하는 것이다' 라는 기록이 있다.

〈표 2-9〉 전통 청량음료의 종류

재료	도구
곡물가루	찹쌀, 보리, 콩, 율무 등을 이용한 미수
오미자 국물	보리수단, 떡수단, 원소병, 배화채 등의 화채류, 계절에 따라 꽃, 잎, 열매, 과일 등을 오미자 우린 물 등에 띄운 계절식으로 진달래 화채, 장미화채, 앵두화채, 복숭아화채, 유자화채, 식혜, 수정과 등
밀수	꿀물 또는 설탕물을 이용한 보리수단, 떡수단, 원소병, 순채화채, 송화밀수 등
약재	수정과, 제호탕, 생강화채, 계피화채 등
엿기름	식혜, 안동식혜 등
과일	앵두화채, 딸기화채, 산딸기화채, 수박화채, 유자화채 등 또는 과일즙

〈표 2-10〉 현대의 주요 대용차류

재료	종류
한약재	칡차, 당귀차, 두충차, 생강차, 감잎차,쑥차, 뽕잎차, 매실차, 인삼차, 오가피차, 삼백초차, 신선초차 등
종자류	구기자차, 모과차, 오미자차, 대추차, 결명자차, 복분자차, 유자차, 호두차 등
꽃류	국화차, 장미차, 매화차 등
곡류	율무차, 보리차, 옥수수차, 현미차 등
혼합차	여러 가지 재료를 혼합한 차, 녹차 혼합차(현미녹차, 메밀녹차 등)
허브차류	케모마일, 로즈마리, 히비스커스, 올리브잎, 로즈힙, 민트류, 레몬그라스 등의 단일 또는 혼합차

2. 세계의 주요 기호차류

1) 커피

커피*Coffea* spp.,의 원산지는 에티오피아로 알려져 있으나 현재는 브라질이 최대생산국이다. 콜롬비아, 멕시코, 엘살바도르, 앙골라, 과테말라, 인도네시아, 우간다, 마다가스카르 등 중남미의 개발도상국에서 생산되며, 미국과 핀란드, 스웨덴, 덴마크, 노르웨이 등 북유럽이 최대소비국이다.

〈표 2-11〉 주요 커피의 종류

재료	종류
브라질	세계 제1위 생산으로 산투스항구에서 출하되는 브라질 산투스와 부르봉이 있으며, 산투스의 품질이 우수하다. 브라질 커피는 신맛이 적고 향기가 진한 중급품에 속한다.
콜롬비아	안데스산맥 1,000m 안팎의 지대에서 생산되며, 생산량은 브라질에 이어 세계 제3위이다. 향기와 신맛이 모두 뛰어나며, 기품이 있고 감칠맛이 있어 다른 종류와도 잘 조화된다. 메데인 생산은 세계 최고급 품이다.
블루마운틴	자메이카 1,000m 이상의 고지대에서 생산된다. 생산량은 적지만 원두가 잘 선별되고 품질도 뛰어나며 향기와 신맛이 조화된 커피의 명품이다. 저지대에서 생산되는 것은 향기와 신맛이 모두 떨어지는 하급이다.
과테말라	향기, 신맛 모두 뛰어나 브랜드용 고급품으로, 아주 적은 양의 배합으로도 풍미가 있다. 태평양에 가까운 남향 산중턱에서 생산되며, 그중에서도 베라파스산이 뛰어나다.
코스타리카	신맛과 쓴맛이 강하며 브랜드용으로 중요한 우량품이다. 과테말라산에 비해 품질은 조금 떨어지지만 약간의 배합으로도 풍미를 높인다.

〈그림 2-11〉 커피 체리(열매)와 생두

모카	수 세기에 걸쳐 커피시장을 독점한 최고급품이다. 아라비안모카는 예멘의 1,500m가 넘는 산중턱 급경사지에서 생산되며, 강한 신맛에 독특한 향기와 풍미를 가지고 있다. 모카롱베리는 에티오피아에서 생산되며, 아라비안모카와 풍미가 비슷하다.
킬리만자로	아프리카 탄자니아 킬리만자로 1,000m 부근 고원에서 생산되며, 신맛이 강하고 향기가 진한 고급품이다.
코나	강한 신맛과 짙은 향기를 가진 하와이산이다. 묵은 원두를 올드코나라고 하는데, 신맛이 은근하여 귀하게 취급된다.
자바로부스타	로부스타종은 아프리카와 인도네시아의 저지대에서 생산된다. 강한 쓴맛과 풍미에서 떨어지는 하급품이지만, 자바에서 생산되는 것은 재배기술이 뛰어나 적기適期의 수확과 적절한 품질관리로 특별히 자바로부스타라는 상표가 붙는다.

2) 코코아

코코아는 카카오나무*Theobroma cacao* L. 종자속 떡잎을 말려 가루로 만든 것이다. 중미, 남미, 서인도지방에 야생종이 분포하는데, 남미에서 최초로 재배되었다. 최대소비국은 미국, 영국, 독일, 네덜란드 등이다.

〈그림 2-12〉 카카오열매의 성숙과정

〈그림 2-13〉 볶은 뒤 껍질을 벗긴 카카오

참조 재미로 보는 커피와 코코아의 역사

에티오피아에서 시작된 커피의 역사는 회교승들의 전유물이었으나 16세기에 터키의 유럽침략을 계기로 유럽인들에게 소개되었다. 커피는 당시 기독교사회로부터 이단자인 회교도들이 마시는 '악마의 음료'가 되어 콘스탄티노플에서는 커피 마시는 것을 국법으로 금하고, 이를 어긴 사람은 혀를 뽑거나 커피포대에 넣어 바다 속에 던져버리는 극한의 형벌을 가하기도 하였다. 그러나 커피는 유럽인들 사이에 급속히 퍼졌고, 급기야 교황 클레멘트 8세가 이를 맛보고 '이교도만이 즐기기에는 너무 훌륭한 음료'라 하여 커피에 대한 박해를 금하고 기독교인의 음료가 될 수 있도록 세례를 주게 되었다. 이로 인해 커피는 유럽인들의 생활 속으로 깊이 파고들어 루이14세(1638~1715)는 '커피가 갖추어지지 않는 한 어떠한 음식상도 결코 훌륭하다고 할 수 없다'고까지 하게 되었다.

코코아는 약 3,000년 전 멕시코 남부의 산림지대 올맥족이 최초로 이용한 것으로 알려져 있다. 유럽으로의 반입은 콜럼부스(1451~1506)가 아메리카로 4번째 항해(1502~1504)하는 도중에 유카탄 반도 연안의 원주민에게서 카카오 빈이 실린 카누를 빼앗아 스페인으로 갖고 돌아온 것에서 시작되었다. 처음에는 쓸모없는 물건으로 던져졌는데 후에 스페인의 페르디난도 코루디사가 멕시코로 원정을 가서 사용법을 알게 되면서 전 유럽에 전해지게 되었다.

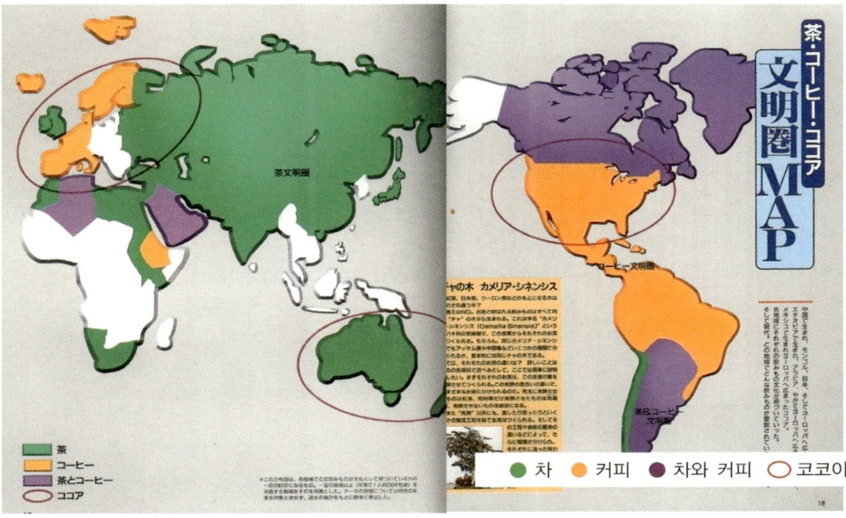

〈그림 2-14〉 차와 커피, 코코아의 문명권지도

일본에서 출간된 《세계의 명차사전》(1998)에 소개된 세계의 기호음료 문명권지도이다. 한국에는 혹 차가 아니라도 아무 표시도 보이지 않는다. 이 자료에 의하면 아마도 한국에는 차나 커피, 코코아 등을 별로 이용하지 않는가 보다. 일본에서 출간되는 차 관련 정보 중에는 이런 경우가 종종 보이는데, 자료의 부족일까? 무관심일까? 미필일까?

생각해 봅시다

가정이나 일상에서 편하게 이용할 수 있는 쑥이나 감잎 등의 대용차류를 만드는 방법과 건강 음료의 재료가 되는 과일류나 한약재 등을 구분하여 이해하고, 이를 계절과 건강상태에 따라 적절한 방법으로 이용하여 몸에 도움이 되는 방편에 대하여 생각해 봅시다.

녹차, 그리고 말차 입힌 멸치정과, 잣과 참깨로 장식한 육포

[제3장]

차의 가공

본 장에서는 우리의 일상에서 마시고 있는 차가 만들어지는 과정에 관하여 이해한다.

1 차의 가공

3

차 생산지에서 차의 원료 잎을 수확한 뒤 보관과 이동을 원활하게 하기 위하여, 수분을 제거하고 형상을 만들어 차로 가공하는 과정을 '제다製茶'라고 한다. 제다는 수확한 찻잎을 고온의 열에 의해 찌거나 덖어서 찻잎에 함유된 여러 효소의 활성을 억제시켜 건조하는 과정으로 이루어지는 녹차류와 효소의 활성을 진행시킨 뒤 건조하는 우롱차, 홍차 및 보이차류 등의 방법이 있다. 제다의 공정에 따라 생엽에 함유된 성분은 다소 변화하는데, 발효차류는 산화효소의 작용에 의해 함유성분이 변화하므로 원료 잎과 차 제품 사이의 성분함량은 상당한 차이를 보인다.

2 찻잎의 수확과 채엽

1. 수확시기

차나무의 수확收穫은 새로 나온 어린 새싹〔新梢〕을 채엽採葉하는 것이므로 잎이 전개되어 차를 만들 수 있을 정도의 시기가 되어야 한다. 일찍 수확하면 수량이 적고, 늦게 수확하면 수량은 많은 반면 질이 낮아진다. 그러므로 경제성과 시장성을 고려하여 품질이 크게 낮아지지 않으면서 수량 또한 적절한 시기를 잘 고려하여 수확시기를 정한다.

새로 돋은 가지의 길이는 나무의 상태와 싹의 수에 따라 정해지는데, 일반적으로 싹의 수가 증가하면 길이는 짧아진다. 정상적인 관리로 20~20cm 내에 새싹의 수가 60~70개 정도일 때 알맞는 길이가 되며, 새순의 잎이 완전히 전개되어 맨 위의 잎인 지엽止葉이 나오는 출개비율이 100%일 때 6~9cm가 정상이다. 양질의 차를 만들기 위해 어린잎을 채엽하는 것이 이상적이지만, 일찍 채엽하면 수확량이 적은 점을 고려하여 적당한 시기를 정한다. 적당한 채엽시기는 품질이 저하되지 않는 범위에서 수량을 많이 수확하는 시기이다.

경제성을 고려한 수확적기는 지역에 따라 다르며, 기상과 경제적인 여건 등을 고려하여 결정한다. 대체로 1번차(첫물차)의 시기는 일정 면적에서 출개비율出開比率이 70% 정도가 되는 5월 중하순이 되고, 2번차(두물차)는 6월 중하순, 3번차(세물차)는 8월 초중순, 4번차(네물차)는 9월 하순에서 10월 초순이 된다.

전통방식으로 잎차로 제다하는 경우, 대체로 1번차 채엽기에 고급의 녹차는 1순 1엽(1창 1기) 이내로 수확한다. 일반적으로는 1순 2엽(1창 2기), 1순 3엽(1창 3기)을 채엽하며, 또 다원의 수세樹勢나 경영수지에 따라서 2번차 채엽기까지 수확하여 이용하기도 한다. 우리나라 관리다원의 경우 보통 2번차, 3번차 시기까지 채엽하는데, 다원의 집중관리로 수세가 특별히 좋거나 기후 여건이 적당할 경우 4번차까지도 채엽할 수가 있다.

생엽을 처리하는 데 있어 노동력 분배 등의 문제를 효과적으로 운영하기 위해서는 적채기의 집중화를 막아 가능하면 적채기를 길게 할 필요가 있다. 해가림(피복)으로 품질향상과 채엽시기를 조절할 수 있는데, 싹이 올라오는 맹아기 전 15일경에 광투과율이 60~90%의 자재를 사용하여 통기를 좋게 하고 기온상승이 6℃ 정도 이루어지는 조건에서 5~7일의 촉진효과가 있다. 또 3엽기에 광 투과율이 40~50%인 자재를 피복하면 새순의 경화를 방지하고 적채기를 4~5일 연장할 수 있다.

〈그림 3-1〉 해가림(피복) 재배

2. 채엽 방법

채엽은 다원의 관리여건에 따라 손따기와 기계따기의 동력수확 등 다양한 방법으로 이루어진다. 1인당 1일 채엽능률은 손따기(양손따기) 10~15kg, 가위 따기 100~200kg, 소형동력채엽기 300~450kg, 동력채엽기 1,000~1,500kg, 승용형적채기 3t 정도이다. 우리나라 우전차용의 생엽 채엽능률은 보통 손따기하여 1인당 1일 2kg 전후로, 작업능률이 불리하므로 농업수지와 제품의 가격 형성에 중요하게 작용한다.

〈그림 3-2〉 찻잎 따기

① 손따기

② 소형동력기계따기

③ 승용형 적채기

3

3. 생엽의 저장

채엽한 찻잎을 생엽으로 장기 저장할 경우는 계속되는 호흡작용으로 성분이 분해되어 차의 풍미가 손상된다. 그러므로 채엽하는 즉시 신속하게 가공하며, 늦어도 그날 안에 작업을 마쳐야 한다. 부득이한 경우는 0~5℃에서 저온저장을 한다. 일반저장 중이라도 온도가 상승하지 않도록 찻잎을 쌓는 높이를 낮게 하여 열전달 면적을 증가시켜 온도 상승을 방지하고, 습도를 높여 신선도를 유지시키며, 주위를 청결하게 하여 오염을 방지하여야 한다.

온도가 5℃ 상승하면 생엽의 호흡량은 약 2배가 증가되므로, 약 20℃의 실온에 방치한 생엽은 5℃에 보관한 생엽에 비해 호흡량이 큰 폭으로 증가하여 품질이 저하된다. 채엽 시에 부주의로 상처난 잎도 호흡량을 급속히 증가시키므로 찻잎에 상처가 생기지 않도록 주의가 필요하다.

3 녹차의 가공

녹차는 가공 과정에서 고온 가열로 차의 생엽에 함유된 효소의 활성을 억제하여 함유성분의 산화 및 변화를 방지시켜 제다한다. 기본적인 제다는 찻잎을 익혀서 성분이 잘 우러나도록 고루 비벼주고 말리는 과정을 말한다. 녹차는 다소 변화하는 향기성분 외에는 모든 성분을 효과적으로 보존시키면서 건조하여 만들어지는 것이므로 녹차를 마시는 것은 우롱차나 홍차 등 기타의 발효차류에 비해 찻잎에 함유된 건강효능 성분을 포함한 모든 성분을 가장 효과적으로 섭취하는 방법이다.

1. 녹차의 가공

1) 덖음차의 제조

(1) 전통 방식의 덖음차

전통 방식의 덖음차[釜炒茶]는 덖기 → 비비기 → 2차 덖기 → 2차 비비기 →필요에 따라 덖고 비비는 횟수 가감 → 냉각 → 건조 → 보관 → 끝볶기의 과정으로 만들어진다. 찻잎을 달구어진 솥에 넣어 수분을 제거해 주며 볶는 과정을 '덖는다'고 한다. 가마솥과 비비기에 필요한 덕석 등 비교적 간단한 도구로 제다할 수 있으므로 찻잎이 피는 4월 중순에서 5월 하순 정도까지 세밀한 관심을 가지고 있다면 누구나 쉽게 만들어볼 수 있다. 수제 덖음차의 제다에서 요즘은 차를 비비는 작업을 덕석에서 하는 대신 위생과 편의를 고려하여 두꺼운 무명천을 많이 사용하고 있다.

① 덖기

가마솥의 온도는 약 300℃ 정도가 되는데, 물방울이 톡톡 튀길 정도일 때 찻잎(생엽)을 넣어 덖기 시작하며 솥의 크기에 따라 한 번에 약 1.5~3kg 정도씩 넣고 면장갑을 낀 손으로 찻잎을 솥바닥에 살짝 눌렀다가 뒤집으며 신속하게 골고루 익힌다. 덖음차의 품질을 좌우하는 가장 중요한 공정 중의 하나로 고유의 맛과 향을 내게 하는 과정이다.

〈그림 3-3〉 차의 생잎

〈그림 3-4〉 달구어진 가마솥과 온도의 예

② 비비기(유념)

알맞게 익은 찻잎을 덕석에 옮겨 한 김이 나간 뒤에 조심스럽게 궁굴리면서 비빈다. 비비면서 찻잎이 서로 덩어리지지 않도록 한 잎씩 흩트리면서 턴다. 비비는 작업은 솥에서 덖은 차를 손이나 기계를 사용해 찻잎이 서로 붙지 않게 하면서 수분

〈그림 3-5〉 1차 비비기를 마친 찻잎

을 고루 조절하며 줄여주는 과정이다.

③ 2차 덖기

1차 비비기를 한 찻잎이 서로 붙지 않게 잘 털어서 다시 찻잎을 솥에 넣고 덖어서 또다시 비비는 작업을 몇 차례 반복한다. 반복할 때마다 솥의 온도를 조금씩 낮추어 작업하는데, 생산기술에 따라 다소 차이는 있지만 일반적으로는 300℃ → 250℃ → 200℃ 정도로 조절하고 있다. 덖고 비비는 과정은 원하는 제품의 형상에 따라 횟수를 조절한다. 보통은 3~4회 정도 반복하는데, 고급차의 경우 4~5회 이상 반복한다. 이 과정을 9회까지 반복하는 것을 구증구포九蒸九曝라 이르기도 한다.

④ 냉각

덖고 비비기를 마친 찻잎을 건조발에 얇게 널어 가끔씩 털어주면서 완전히 냉각시켜서 건조한다. 자연바람을 이용하는 것이 가장 좋다. 덩어리지거나 찻잎이 서로 붙으면 고유의 색이나 맛, 향을 변질시킨다.

〈그림 3-6〉 풍건과 건조발을 이용한 건조

⑤ 건조

자연 바람에 의하여 충분히 냉각 건조된 차를 전통방식으로 따뜻한 방에 널어 다시 완전 건조하는데, 근래에는 전기건조기를 이용하여 건조하는 방식을 주로 사용한다.

〈그림 3-7〉 건조기와 전통온돌 건조

⑥ 보관 및 끝볶기

건조과정이 끝난 다음에는 부스러기, 묵은 잎, 줄기 등 불순물을 골라내고 습기를 피하여 보관한다. 필요에 따라 보관해 놓은 차를 이용할 때에는 100℃ 이하의 낮은 불에서 온도를 천천히 올리면서 1~2시간 이상 찻잎이 부서지지 않게 조심하면서 다시 열처리를 하는 '끝볶기'를 한다. 이 작업을 가향처리라고도 하는데, 이는 차의 맛과 향이 결정되는 가장 중요한 작업이다. 끝볶기를 할 때에는 수분함량을 5% 정도가 되도록 하는 것이 보관상 품질의 손상이 적다.

〈그림 3-8〉 끝볶기와 숯불 조절

〈그림 3-9〉 제다하기 전 생잎과 완성된 녹차

참조 구증구포

원래 한약의 제조법으로 한방에서는 포제법이라고 한다. '구증'은 아홉 번을 찌고 '구포'는 아홉 번을 말린다는 의미이다. '9'는 동양철학의 주역 상수철학의 기본수에서 가장 큰 숫자다. 구증구포란 본초학에서 치료효과를 높이고 약성을 개선시켜주며 독성과 자극성을 감소시키기 위한 방법으로, 9번의 과정을 거쳐 수분을 모두 제거하고 유효한 성분만을 남기는 약물의 농축과정을 말하는 것이다. 아홉 번을 찌고 말리는 방법을 우리 전통의 제다법에 적용하여, 솥에서 덖고 비비는 작업을 아홉 번 반복하면서 찻잎의 수분을 모두 제거하여 제다를 하기도 한다. 구증구포로 만들어진 차가 보통 우리가 좋은 차라고 말하는 맑은 색이나 온화한 향, 부드럽고 감미로운 맛과 다소 차이가 있다 하더라도 제다하는 정성은 최고이다.

참조 전통제다법과 관련한 민요

칠불밑에 자란작설 이른아침 맑은날에 곱게곱게 따서모아 아자방에 군불숯불
이리저리 걸거모아 무쇠솥을 올려놓고 곡우작설 숨을죽여 세번째로 진을내고
네번째로 진을죽여 다섯째로 색을올려 여섯째로 맛을내여 일곱째로 손질하여
여덟째로 분을내어 아홉재로 향을품게 조목조목 나누어서 봉지봉지 담아놓고
아자방에 스님이여 한잔먹고 깨치소서 두잔먹고 도통하소 석잔먹고 신선되소 자나깨나 정진하소

–하동군 화개면 범왕리 백씨노인(1957년 당시 76세) : 김승호 채집

(2) 기계식 덖음차

① 덖기

찻잎을 교반기에 넣어 회전시키면서 손으로 덖는 것과 같이 교반(흔들어 고루 섞어준다) 시킨다. 370℃정도에서 생엽을 넣고 1차 덖기(제1가마)는 200~220℃, 2차 덖기(제2가마)는 140~160℃로 온도를 조절한다.

② 비비기(유념)

가압기(揉捻機)에서 어린잎은 가볍게, 경화된 잎은 무겁게 압력을 주며, 잎의 물리적 특성에 따라 균일하게 유념되도록 공정의 강도와 처리시간을 적절하게 조절한다.

③ 중유中揉

직화식 또는 열풍식으로 가열된 원통 속에서 회전하면서 차를 건조하여 구수한 맛과 향긋한 냄새가 나도록 한다.

④ 재건

차의 형상을 만들기 위해 45℃ 정도에서 20rpm으로 통을 회전한다.

⑤ 건조

80~90℃로 30분 정도 건조하여 수분함량을 4% 정도로 한다. 주로 회전건조기를 사용하는데, 찻잎이 균일하게 건조되도록 해야 좋은 차의 고유색을 갖게 된다.

2) 찐차의 제조

찐차(蒸茶)의 일반적인 제조공정은 품종, 채엽시기, 찻잎의 수분함량 등에 따라 처리 온도나 시간, 방법 등의 조건이 달라진다.

(1) 찌기

보일러에서 발생시킨 수증기로 찻잎을 찌는데, 이 과정은 산화효소를 불활성화시키며,

표면을 부드럽게 하여 작업을 용이하게 하고, 생엽의 풋냄새를 제거한다. 충분한 증기로 30초 이내의 빠른 시간에 처리하는데, 찌는 시간을 어린잎은 짧게, 경화된 잎은 길게 처리한다. 보통 95~100℃에서 30초 처리하면 생엽의 효소 활성이 불활성화된다.

〈표 3-1〉 기계식 찐차 제조공정의 예

공정순서	증열	조유	비빔(유념)	중유	정유	건조
소요시간	45분	50분	25분	30분	20분	45분
사용온도	100℃ 증기온도	85℃ 열풍온도	–	60℃ 열풍온도	80℃ 솥내부온도	80℃ 열풍온도
찻잎온도	97±1℃	35±1℃	–	35±1℃	40±1℃	70℃

〈그림 3-10〉 기계식 제다 과정

〈그림 3-11〉 차 선별기와 포장기

(2) 조유粗揉

증기로 찐 찻잎을 열풍 속에서 교반시키면서 표면의 수분을 말린다. 조유 온도가 낮으면 건조 속도가 느려 잎이 뭉개진다.

(3) 비비기

비비기(유념)는 찻잎의 수분 함량을 균일하게 하며 잎 조직을 적당히 파괴하여 차의 성분이 잘 우러나게 하고 형상을 좋게 한다. 10~20분 정도 처리한다.

(4) 중유中揉

30~50분 정도 열풍으로 건조하여 찻잎의 표면과 내부의 수분을 균형 있게 한다.

(5) 정유精揉

차의 온도를 38~40℃로 하여 약 40분간 기계식 비비는 손(비빔손)의 왕복운동으로 찻잎에 압박을 주어 수분을 건조시키면서 차의 형태를 가늘게 만든다.

(6) 건조

마지막 공정으로, 80~90℃의 열풍으로 45분 정도 건조하여 수분함량을 4~5%로 한다.

3) 기타의 전통 제다법

(1) 자비차

자비차煮沸茶는 끓는 물에 찻잎을 30초 이내에 처리하여 급랭시킨 후 일반 덖음차 방식으로 솥에 덖어서 비비거나 그대로 말려서 제다한다. 끓는 물에 넣을 때 채반에 찻잎을 얇게 펴서 채반 째로 끓는 물에 넣어 처리한 뒤 바로 건져서 급랭시키는 것이 중요하다.

(2) 일쇄차

일쇄차日曬茶는 찻잎을 햇볕에 그대로 널어 말려서 건조시킨 것으로 민가에서 찻잎을 손

쉽게 처리하여 겨우내 시렁에 걸어두고 차 또는 약으로 이용하였다.

(3) 떡차와 돈차

찻잎을 증열 처리하여 그대로 또는 약 80℃의 낮은 불에서 몇 분간 덖어 절구에 찧거나 분쇄기를 이용하여 분쇄한다. 이것으로 엽전(돈차)이나 떡 모양(떡차)의 덩이로 만들거나 혹은 일정한 형태의 틀에 박아서 모양을 만든다. 돈차의 경우는 80℃이하로 어느 정도 건조(30~60분 정도)시켜 구멍을 뚫고, 다시 건조기에 넣어 80℃에서 1시간 이상 건조하여 완전 건조시킨다.

〈그림 3-12〉 돈차

2. 우롱차와 홍차의 제다

1) 우롱차의 제다

발효도 10~65%의 우롱차의 제다에는 중엽종의 잎이 적당하다. 찻잎의 가공적 특성에 따라 다양한 방법으로 만들어지므로 종류가 많다. 일반적으로 찻잎을 위조시켜 필요한 만큼 시들면 열처리하여 비벼주고 건조시킨다.

〈표 3-2〉 우롱차 제다공정의 예

순서	내용
일광위조	25~30℃에서 20~40분 정도 일광위조(해질녘 3~5시경)하는데, 찻잎의 거치鋸齒가 차 색깔로 변할 때까지 가끔 휘저어 준다.
실내위조	23~28℃에서 12~16시간 정도 수분 발산이 균일하게 진행되도록 교반(흔들어 고루 섞어 준다)시키며 위조한다. 이때 우롱차 특유의 향이 발생한다. 상처가 난 잎은 역겨운 냄새의 원인이 되므로 주의한다.
덖음	효소의 활성을 정지시키기 위해 200~250℃에서 10분 정도 가마솥에서 열처리하는데 이때 풋내가 사라지고 청향淸香이 생긴다.

비비기	물에 젖은 직물로 10~20분 싸서 두면 수분이 균일하게 되고 비빌 때 잎이 끊어지는 것을 방지할 수 있다. 5~10분간 비벼 준다. 뭉침, 풀기, 덖음을 3~5회 반복한다.
건조	90℃에서 90분 건조한다.

2) 홍차의 제다

원료 잎은 탄닌성분이 많고 부드러운 대엽종의 잎이 좋으며 수확은 1순 2엽이 좋다. 생산지나 제품, 소비 형태에 따라 발효의 공정에 큰 차이가 있다. 일반적으로 시들리기와 비비기, 발효, 건조하기의 과정으로 만들어진다.

〈표 3-3〉 홍차 제다공정의 예

순서	내용
위조	22~27℃에서 습도는 60%이하로 하여 15~18시간 위조시킨다.
비비기 (유념)	30~40분 정도 유념하여 발효를 촉진시킨다. 뭉쳐진 것을 골고루 풀어 다시 비비기를 3~5회 정도 반복한다.
발효	유념한 찻잎을 선반에 넓게 펴서 20~25℃에서 습도 80~90%로 3~5시간 정도 방치하여 발효를 완료한다.
건조	발효된 찻잎을 80~90℃의 건조기에 넣어 60~90분 정도 건조시킨다.
기타	건조된 홍차 잎을 크기에 따라 등급을 정하거나, CTC법으로 제조하여 마무리한다.

3. 기타 차류의 가공

1) 착향차의 제조

찻잎에 꽃향기가 흡착되도록 만드는 꽃차는 재스민꽃, 연꽃, 치자꽃, 월계수꽃 등의 향을 이용한다. 녹차 또는 반발효차 등과 꽃을 서로 층층이 쌓아 6시간 정도 지난 다음, 서로 뒤집어서 혼합하고 다시 6시간 정도 실온에 놓아둔 뒤에 건조시켜 제조한다. 고급차일수록 이러한 과정을 여러 번 반복한다. 꽃잎이 함께 첨가되어 있는 차류도 있으나 일단 건조시킨 꽃은 대개의 경우 향기가 전혀 없기 때문에 아무런 가치가 없다. 오히려 첨가된 꽃잎 때문에 부피가 늘어나 저급의 차에 주로 이용된다. 또 사과, 복숭아 등의 과일 향이나 기호도에 따라 다양한 허브류의 향을 착향하거나 혼합하기도 한다.

2) 기타 차의 제조

보이차[黑茶], Dark green tea는 중국식 녹차에 수분을 20~30%로 하여 상자나 바구니에 쌓아서 퇴적한다. 발효 정도는 차에 따라 차이가 있으나 보통 6~7일 후에 차의 온도가 60~70℃가 될 즈음에 1차로 뒤집어 주기, 교반, 통기 등의 손작업을 행하고 다시 6~7일 후 2차, 다시 3차의 손작업을 한다. 3차 손작업 후 발효를 마치면 옥외에서 얇고 넓게 펴서 하루 정도 햇볕에 말린 다음 실내에서 약 1주간 건조시킨다. 완성된 차를 긴압차 방식으로 가공하거나 산차散茶(잎차) 형태로 1년 이상 보관하여 숙성시킨다.

황차黃茶, Yellow tea는 솥에서 열처리하여 비벼주고 발효시켜 건조하며, 백차白茶, White tea는 위조한 후 건조하는데, 위조된 찻잎을 솥에 덖어 비벼 주고 건조하기도 한다.

생각해 봅시다

제다의 방법은 다양하며 전통과 현대의 방법에 따라 저마다 독특한 차맛을 내고 있다. 우리나라에서 생산되는 찻잎은 소엽종으로 녹차의 제다에 적합한 성분과 물리적 특성을 가지고 있다. 차가 나오는 제철에 산지에서 찻잎을 구하여 직접 녹차를 만들어보며 국산 찻잎의 녹차가공 적합성에 관하여 생각해 봅시다.

녹차, 그리고 말차 입힌 멸치, 참깨로 장식한 육포, 도라지정과

[제4장]

한국 차문화의 이해

본 장에서는 우리의 생활문화 속 차문화를 정리하고,
전통 속에 담겨 있는 한국 차문화의 역사를 이해한다.

4

1 한국 차의 전래

차가 우리나라에 전래된 기원에 대해서는 중국 또는 인도에서 도입되었다는 설과 외부에서 전래되기 이미 오래 전부터 우리나라에 차나무가 자생하고 있었다는 설이 있다.

1. 자생설

우리나라의 차나무 전래에 대해서는, 48년 허황후에 의하여 차나무가 도입되기 이전에 이미 우리나라에 차나무가 자생하고 있었을 가능성이 충분히 있다. 차나무는 다른 식물종에서와 같이 태풍의 영향 또는 바다의 조류, 지형변화 등으로 중국 동해안에서 우리나라 서남해안으로 유입되었을 가능성이 있으며, 우리나라의 토양분포는 차나무 생장에 좋은 고생대 화강암 지대이다.

우리나라 안면도의 모감주나무 군락은 중국 내륙에서 자라던 모감주나무의 종자가 해류를 타고 흘러 전파된 것으로 보고 있다. 옛날부터 표피가 단단하여 염주로 이용되었던 종자가 해류를 타고 멀리 떠 내려와 발아된 것이다. 충남 태안군 안면도 외에 인천의 덕적도, 전라남도의 완도, 경상남도의 거제도, 경상북도의 영일만 등 주로 해안가의 돌이

〈그림 4-1〉 모감주와 차의 종자

나 자갈로 덮인 곳에서 모감주나무가 자라고 있는 것이 이 설을 뒷받침해 준다.

안면도의 모감주나무 군락은 우리나라에서는 드물게 자연적으로 흔히 볼 수 없는 나무로 학술적 연구가치가 높아 1962년 천연기념물(제138호)로 지정하여 보호하고 있다. 모감주나무 종자의 유입설은 차나무의 종자 역시 그 표피가 단단하므로 오랜 옛날 해류를 타고 자연스럽게 서해안으로 흘러들어와 우리나라에 자생적으로 분포할 수 있었음을 식물학적으로 추측할 수 있는 좋은 예가 되고 있다.

또한 현재 우리나라의 자생 차나무 북방한계선은 전북 익산의 봉화산 임해사터가 있는 북위 36도로 보고 있지만, 중국은 북위 37도인 산둥 반도山東, 일본은 북위 42도인 아오모리青森 현까지 차나무가 재배되고 있다. 이러한 사실로 볼 때 지금의 분포지인 북위 36도 이상의 지역에서도 충분히 자생차나무가 분포할 수 있었을 것으로 추측된다.

그러나 우리 차문화에서 자생설이 확실히 정립될 수 있도록 증명할 만한 찻잎이나 종자 등의 유물 또는 화석 등이 국내에서는 아직까지 발견되지 않고 있다. 또 우리의 음다飮茶 풍속은 이미 기원전 2~3세기 삼한三韓시대 이전부터 시작되어 중국과 교류하며 영향을 끼쳤던 것으로 보고 있다. 삼한 시대에 음력 5월 씨를 뿌린 다음 '풍요를 기원하는 제천의식'으로, 오늘날의 풍물놀이와 비슷한 것으로 추정되는 기풍제祈豊祭가 있었다. 이때 음식과 술을 먹고 마시며 노래하고 춤추는 축제를 즐기며 하늘에 차를 올렸으리라 추정할 수 있다. 차나무의 자생지역에 있던 삼한은 차를 어떤 방식으로든 만들어 이용하였을 것이라고 추측한다면 당시의 행사에 이미 우리의 차가 이용되었을 것이다.

참조 백산차 이야기

이능화의 《조선불교통사》에 백두산(장백산)의 '백산차白山茶'가 자생차로 언급되고 있다. 고조선시대부터 우리 민족이 제사에 올리며 뜨거운 물에 녹차처럼 우려 마셨다고 하며, 청의 건륭황제 때에 이 차를 만들어 어용차로 사용하였다고 한다. 그러나 백산차의 원형이 백두산 일대에 자생하는 철쭉과 백산나무의 어린잎을 지칭하는 것인지 아니면 차나무의 어린잎으로 만들어진 '차'를 부르던 이름인지에 관하여는 더 나아간 연구가 요망된다.

2. 도입설

차나무의 전래에 대하여 자생설 외에 가락국의 허황후가 인도에서 가지고 왔다는 설과 대렴이 중국에서 가지고 왔다는 설이 있다. 이능화(1869~1943)의 《조선불교통사》에 "김해의 백월산에는 죽로차가 있는데 세상에서는 수로 왕비인 허황후가 인도에서 가져온 것이라 전한다"고 하였고, 일연선사(1206~1289)의 《삼국유사》〈가락국기〉에 "수로왕 즉위 칠년(48년) 아유타국 공주 허황옥이 가야 해안에 상륙하였다. 왕은 그녀를 왕비로 맞이하였는데 허황후는 화려한 비단이며 금, 은, 주옥과 패물, 노리개 등을 헤아릴 수 없을 만큼 많이 가져왔다"고 하였는데, 거기에 차종자도 있었던 것으로 보고 있다.

김부식(1075~1151)의 《삼국사기》〈흥덕왕 3년 12월조(828)〉에 "겨울 12월, 사신을 당나라에 보내어 조공하였는데 당나라 문종이 인덕전으로 불러 만나보고 잔치를 베풀었는데 층하가 있었다. 당나라에 갔다가 돌아온 사신 대렴大廉이 차씨를 가져오니 임금은 지리산 남쪽기슭에 심게 하였다. 차는 이미 선덕왕(재위 632~646) 때부터 있었으나 이때에 이르러 성행하였다"고 하였다.

지리산의 남쪽기슭인 화개동 쌍계사는 신라 말(840년) 진감국사(774~850)에 의해 중창되어 초기에는 옥천사라는 이름으로 불렀고, 헌강왕(875~886 재위) 시절에 쌍계사로 부르게 되었다. 쌍계사의 기록에 의하면, 신라 성덕왕 21년(722)에 대비 삼법스님이 중국의 육조 혜능스님의 두상頭像을 모시고 와 탑(육조스님 정상탑)에 봉안하였다고 전해지고 있어 진감국사에 의해 중창되기 이전부터 절이 있었고 이 절 부근에 차나무를 심었을 것이라는 견해는 상당히 설득력이 있다. 그러나 대렴이 가지고 온 차씨를 처음 심은 곳은 구례 화엄사 근처라는 견해도 있으므로 앞으로 더 나아간 연구가 필요하다. 또한 48년 허황후에 의한 도입이 정설로 입증된다면 우리나라의 차 도입과 재배 역사는 828년 대렴의 차씨 도입보다 800년 가량을 뛰어넘게 된다.

4

3. 신라 차의 중국 전래설

우리나라의 차가 자생 또는 도입되었다는 견해와 달리, 중국의 기록 중에 신라의 차가 중국에 전래되었다는 설이 있다. 중국 《4대명산지》(중국 4대 명산◆의 사찰과 특색, 특산물 등을 소개한 책) 〈구화산〉(제8권)편에 "차는 김지장 스님이 신라에서 가지고 왔다(653년경)"고 기록되어 있는데, 이는 중국에 이미 차가 있었다하더라도 신라시대에 우리의 차가 구화산 지역으로 전래된 것은 틀림없는 사실임을 입증해주는 대목이다.

우리의 차가 《삼국사기》〈흥덕왕 3년 12월조〉에서 언급된 선덕왕 시절부터 있어 왔다면, 10여 년의 짧은 기간 동안에 스님이 차를 중국으로 가지고 갈 정도로 신라의 차문화가 성행될 수는 없었을 것이다. 당연히 훨씬 이전부터 자생하였거나 또는 48년 허황후에 의하여 도입되어 당시 이미 문화적으로 널리 성행되고 있었을 것이다. 구화산에 차가 전래되었던 7세기는 일본 《동대사요록》에 기록된 백제승려 행기보살(行基菩薩, 668~749)이 백제의 차를 일본에 전래하였다고 하는 시기와 비슷한 시대로, 당시 우리나라는 이웃나라에 차를 전래할 정도로 차문화가 성행하고 있었을 것이라 추측된다.

◆ 중국 4대 명산: 보현보살이 강림하였다는 아미산, 문수보살이 살았던 오대산, 관음보살이 살았던 보타산, 지장보살의 구화산.

2 한국의 차문화

4

1. 차문화

차문화는 차나무를 가꾸고 어린잎을 따서 제다하여 차를 달여 마시며 기호하기까지, 사람의 행동을 중심으로 한 찻일[茶事]전반에 걸친 동양 고유의 전통생활문화이다. 찻자리의 분위기를 즐기며, 차의 성품이나 차도구의 아름다움을 감상하고, 차를 달여서 마시는 마음가짐을 통해 예절바른 생활과 풍류의 멋을 가꾸는 것이다. 차를 음미하는 찻자리(차실)에는 차를 마시는 차도구와 함께 소박한 찻자리 꽃이 장식되고, 시서화詩書畵의 자리가 펼쳐지며, 차와 더불어 요기할 수 있는 다과茶菓 등이 준비되고, 분위기에 따라 음악과 춤이 무르익으므로 차문화는 일종의 종합문화예술로 발전되어 왔다.

2. 차와 우리의 생활문화

1) 차와 건강

차는 우리 생활문화에서 내면을 성찰하는 심리적 수양의 방편과 함께 건강을 위하여 즐기는 단순한 기호음료로 널리 이용되어 왔다.

허준(1539~1615)의 《동의보감》에서 "차는 음식을 소화하고 머리와 눈을 맑게 하며 소변을 잘 나오게 하고 갈증을 멎게 하며 잠을 적게 하고 해독을 한다"고 했듯이 차를 마시는 가장 큰 이유는 차가 건강에 도움을 주기 때문이었다. 차는 탁월한 건강적 효능과 차를 즐기며 유지되는 맑은 사고로 인해 인간의 정신과 육체에 고루 영향을 주는 '영약靈藥'이라고까지 극찬을 받고 있다.

몸에 좋은 음료로 널리 알려진 차는 옛날부터 신선들의 음료로 인식되었다. 현대에는 항암과 미용, 심지어 에이즈 증식억제에까지 효능이 인정되고 있는 공해시대의 이상적인 음료이다. 현대의 각종 발전된 분석법의 확립으로 차 성분의 분리나 생화학적인 변화 등에 관한 많은 연구가 진행되어, 과거 오랜 기간 경험에 의해서만 판단되어 오던 차의 약효 및 생리효과가 밝혀지고 있다.

그 결과, 인간의 질병예방 및 치료는 물론 신체활성조절기능을 가진 건강식품으로서의 가치가 재인식되고 있다. 차에 들어있는 다양한 성분이 고혈압, 당뇨병, 고콜레스테롤증, 각종 암 등의 성인병을 예방하며 감기나 숙취, 식중독 등에 효과가 있음이 인정되고 있다. 또한 여러 임상실험을 통하여 차를 섭취한 동물군들의 학습능력이나 기억력 증진의 효과가 증명되고 있어 공부하는 학생들의 집중력 강화와 노인성 치매예방에 탁월한 효과가 있음이 입증되고 있다.

현대를 살아가는 사람들은 건강한 생활을 위해서 균형 잡힌 식사와 적당한 운동, 그리고 정신적 안정을 위한 레저 등을 유지하고자 한다. 그러나 현대의 각종 오염된 환경 속에서 건강을 지키며 살아가기 위해서는 어쩔 수 없이 부딪치게 되는 다양한 오염원에 대한 해독제가 필요하다. 차는 모든 식품 중 최대의 해독제로 인정되고 있으며 21세기의 오염된 환경에서 살아가는 현대인에게 건강을 위한 생활필수품으로 인식되고 있다.

특히 다양한 보건적 효능이 월등하게 인정되고 있는 녹차는 떫은맛을 내는 카테친 성분이 당질의 소화흡수를 지연시켜 혈당치를 낮추며, 요즘 우리 식탁을 위협하고 있는 중금속류나 다이옥신의 흡수를 억제한다는 실험결과 등이 지속적으로 연구 발표되면서 차의 음용에 대한 관심이 더욱 고조되고 있다.

참조 한국인 '혈중수은'주의보

환경부가 2005년 전국 성인 남녀 2,000명을 대상으로 수은, 납, 카드뮴 등 혈중 중금속 농도를 조사한 결과 우리나라 국민의 혈중수은 농도가 미국, 독일보다 훨씬 높은 것으로 나타났다. 조사 대상 혈액 ℓ당 평균 4.34㎍(㎍: 1000분의 1㎎)의 수은이 검출되었다. 이는 독일(0.58㎍)의 7.5배에 이르고 중국(3.5㎍)보다 높은 수준이다. 수산물을 많이 먹는 일본은 18.2㎍으로 높게 나왔다. 16~49세의 가임여성만을 비교할 경우에도 미국 (0.82㎍)의 4.5배였다. 중국에서 배출한 수은은 미국까지 날아가 하천을 오염시키는 것으로 확인되고 있는데, 인접국인 우리는 공기 중 수은 오염에 무방비로 노출되고 있는 것이다.

수은은 선천성 기형과 지능발달 저해 등을 일으키고, 후천적으로도 언어장애와 운동장애를 일으키며 사망 원인이 되기도 한다. 현재 국내에서는 혈중수은에 대한 기준치는 없다. 미국과 독일 환경청은 혈중수은 농도가 각각 5.8㎍과 5㎍을 넘지 않으면 안심해도 된다는 기준을 정해두고 있다. 또 독일 환경청은 15㎍이상이면 민감한 사람은 건강의 피해 위험이 커질 수 있다고 밝히고 있다. 1950~60년대 일본에서 미나마타병이 발생하였을 때 환자의 혈중수은 농도는 200~500㎍이었다. 조사대상의 45.3%는 혈중수은 농도가 5㎍을 넘었으며 1.8%는 15㎍을 초과하였다.

당장 위험한 것은 아니지만 국민 절반 가까이는 '주의'가 필요한 상황인 셈이다. 일본에서는 어패류에 대한 수은 기준치를 0.4ppm으로 정해놓고 있다. '이타이이타이병'의 원인인 카드뮴(세계보건기구와 미국 질병관리본부의 권고기준은 5㎍)은 1.52㎍으로, 미국(0.47㎍)과 독일(0.44㎍)의 3배, 중국(1.1㎍), 일본(2.1㎍)과는 비슷하였다. 납(세계보건기구 권고기준은 100㎍)은 ℓ당 26.6㎍으로, 독일(30.7㎍), 미국(15.6㎍), 중국(56.7㎍), 일본(32.1㎍)과 비교할 때 특별히 높은 수준은 아니었다.

–〈중앙일보〉, 2006년 2월

참조 맹독성 환경호르몬 다이옥신

다이옥신은 인간의 자연훼손에 대한 자연의 반격이라는 맹독성 내분비계 장애물질이다. 1995년경부터 연구가 시작된 환경호르몬으로, 청산가리의 천배나 되는 독성을 가지고 있어 1g으로 1~2천명에게 치명적 손상을 입힌다. 특히 동물의 기형 형성이나 생식기관에 큰 문제를 일으키는 것으로 밝혀지고 있는데, 서울과 인천지역 산모들의 모유 지방에서 1g에 18pg(1조분의 1g)이 검출되었다는 보도가 있었다. 유아가 하루 800g의 모유를 섭취한다고 할 때 전체적인 양은 매우 심각한 상황이다. 성인(체중 60kg)의 1일 허용량이 60~240pg이지만 체내에 흡수되면 지방친화력으로 지방층에 농축되므로 더욱 심각하다.

오염된 사료를 먹고 자란 벨기에산 오염돼지 및 네덜란드, 프랑스산 계란가공품(웨하스 등 과자류 포함), 원양의 수산물 등에서 많은 양의 다이옥신이 검출되었다는 내용이 매스컴을 통해 계속 보도되고 있어 전 세계적으로 심각한 문제를 안고 있다. 다이옥신은 95%가 쓰레기 소각장에서 유출되어 구름과 함께 국경도 없이 전 세계 곳곳으로 퍼지고 있다. 구름과 함께 비가 오는 곳이라면 지구상에 다이옥신과 같은 환경호르몬에서 안전한 무공해 지역은 없다는 말이 된다.

최근에, 일부 동물을 이용한 임상실험에서 사료에 인공적으로 다이옥신을 투여시킨 후 녹차를 섭취시킨 경우 상당량의 다이옥신 흡수가 억제되었다고 한다. 차류 중 홍차나 우롱차보다 특히 찻잎의 성분이 발효되지 않은 불발효차인 녹차를 이용한 경우 월등한 효과가 있는 것으로 보고되고 있다. 찻잎에 함유된 다양한 보건성분이 효율적으로 보전된 녹차는 건강상 가장 효과적인 차음료가 되는 것이다. 건강을 위하여 녹차의 일상 음료화가 요구되고 있지만 우선적으로 다이옥신의 생성을 줄이기 위하여 쓰레기 분리수거 등의 생활화와 1회용 물품 안 쓰기 운동 등의 환경운동의 실천도 절실히 필요하다.

4

참조 **차약과 관련된 함양 마천의 차민요**

초엽따서 상전주고, 중엽따서 부모주고, 말엽따서 남편주고,
늙은잎은 차약찧어 봉지봉지 담아두고, 우리아이 배아플때,
차약먹여 병고치고, 무럭무럭 자라나서, 경상감사 되어주소

–김기원 교수 채집

2) 차와 생활문화

차문화는 예의지국禮儀之國, 군자지국君子之國으로 불리는 우리의 전통문화에 있어서, 고조선 때부터 하늘에 제를 올리는 예물로 시작되어 조상이나 신, 임금, 귀한 손님 등 공경의 대상에게 차를 바치는 등 중요한 의식으로 자리 잡고 있다. 또한 차와 예를 '다례茶禮'라 하여 우리 전통 풍속에서 관혼상제에 차를 중심으로 한 진다문화進茶文化를 유지하고 있다. 진다문화 속의 다례는 궁중이나 왕실, 불가, 유가, 도가, 무가 그리고 여염집의 손님맞이 다례 등이 있다.

한편, 다례茶禮와 구분하여 명절이나 사당에 지내는 낮 제사를 차례茶禮라고 부른다. 차례는 음력으로 매달 초하루, 보름, 조상 생일 등에 사당에 올리는 간단한 낮 제사와 추석, 설, 한식의 명절에 조상에게 올리는 낮 제사에서 차를 올리는 예절을 말한다. 지금은 술로 대신하고 차례는 이름만 남아 있지만, 근래 일부 차문화 애호가들에 의하여 원래의 의미를 복원하여 실제로 명절에 차를 올리는 '차례'가 행해지기 시작하고 있다.

4

참조 관혼상제와 다례

'관혼상제'는 사람이 일생을 살아가는 통과의례로 널리 행하여지던 통례通禮로서 다례를 포함하고 있다.

오늘날의 성인식에 해당하는 '관례'의 경우 왕자는 확실히 행하였지만 양반이나 서민은 지체에 따라 행하였던 것으로, 15세 이상이 된 자로서 효경과 논어를 알고 예의에 대하여도 조금 안 뒤에 하는 것이 좋다고 하였다. '관례'에서는 아버지의 친구 중에서 어질고 예법을 아는 이를 골라 주례를 맞을 빈[戒賓]으로 위촉하여 집으로 찾아가 '차 마시기(다례)'를 마친 후 주례를 청하였다. 관례의 절차 중에 관례를 행하는 관례자에게 어른으로서의 시작을 의미하는 차와 술을 내리는 '다례'가 행하여졌다. '혼례'에서는 신랑 집에서 신부 집으로 혼인을 구하는 의례인 납채納采(날짜를 정하며 사주를 신부 집으로 보내는 절차)시에 아침 일찍 일어나 신부 집에 보낼 편지를 받들어 사당에 고하면서 '다례'를 행하였다.

'상례'에서 다례는 성복成服(돌아가심을 인정하고 상복을 입는 절차)과 졸곡卒哭(삼우제 후 剛日에 지내는 제사로, 이날부터 無時哭을 마치고 조석에만 곡을 한다)시 점다點茶(말차를 올림)의 '다례'가 있었다.

'제례'에서는 다례는 계절마다 중월仲月(계절의 가운데 달인 2월, 5월, 8월, 11월)에 사당참배나 묘제로 '다례'가 행하여졌다. 우리나라의 미풍양속인 관혼상제 의례에 차로써 중요한 의식을 거행하는 다례가 포함되어 있는 것이다.

조선시대 우리나라의 관혼상제는 행사 때마다 중국의 사신이 와서 참관을 하였으므로 궁중에서 가장 잘 지켜졌다. 일반에서도 상례나 제례는 중국의 예서에 따라 잘 지켜졌으나, 혼례는 중국의 예서를 따르지 않고 여자집에서 치러졌으므로 혼례는 지금까지 이어지고 있는 우리의 전통예식이다. 관혼상제에 포함된 규범다례는 조정이나 사대부를 중심으로 어느 정도 잘 지켜졌으리라 생각되지만 서민층에서는 잘 이루어지지 않았을 것으로 보인다.

3. 한국의 차문화

우리의 전통 생활문화에서 차문화는 실용위주의 중국이나 특정 형식의 다도 중심인 일본에 비해 조용하면서도 자유로운 분위기에서 안분지족安分知足하는 조선시대 선비들의 모습과 초의선사艸衣禪師(1786~1866)가 쓴 《다신전》의 정조결精燥潔로 표현될 수 있다.

안분지족이란, 편안한 마음으로 제 분수를 지키므로 '생각에 그릇됨이 없으며 만족함을 안다'는 의미로 분수를 알고 자신의 위치를 알아 스스로 만족하는 오유지족吳唯知足함을 말한다. 조선시대 문인들은 생각에 그릇됨이 없고 분수를 지키는 마음으로 대자연 속에서 소박한 초당인 차실(찻자리)에서 차생활을 즐겼다. 또는 소나무 아래나 시냇물 가운데의 널찍한 바위에서 편안한 마음으로 분수를 지키며 차를 다려 마셨다.

고려의 이규보는 "우물 안 개구리의 낙樂을 달게 지키리라"고 하였고, 조선의 이형상은 "차를 달이는 돌 탕관과 낚싯대를 가지고 고사리 먹고 사는 것이 분分이다"라고 하였다. 김시습◆의 「시냇물 가운데 있는 너럭바위에서 쉬다」는 넓고 평평한 바위를 보며 먼저 차 솥을 걸어 차 마실 찻자리를 생각하는 자연에서의 소박한 마음을 보여 주고 있다.

> 너럭바위가 시내 바닥에 깔려 있으니 물 흐르는 소리도 들리지 않네.
> 물 위로 솟아 있는 바위가 숫돌처럼 편평하구나.
> 열 사람은 앉을 수 있고 차솥도 넉넉히 자리 잡을 만하네.
> 나는 기뻐서 대지팡이 던져두고 앉았다 누웠다 하네.
> 물을 베고 누워 고인을 생각하니 세속에 더럽힌 마음 씻을 수 있네.
> 즐겨 노느라 돌아옴도 잊고서 모르는 사이에 해는 서쪽으로 기우네.
> 일어나라 일어나라 멍청한 해골아
> 어허, 물 위에 마냥 앉아 있네.
>
> — 김시습, 「시냇물 가운데 있는 너럭바위에서 쉬다」

초의선사는 《다신전》에서 "차를 만들 때는 정성으로, 저장할 때에는 건조하고, 차를 달일 때는 청결하게 해야 한다. 정성과 건조, 청결이면 다도茶道는 모두 이룬 것이다〔造時精臧時燥泡時潔精燥潔茶道盡矣〕"라고 하여 차생활을 정조결精燥潔로 정의하고 있다.

초의선사는 스승(혜장)으로부터 차를 마시기 시작하여 긴 세월을 통해 얻은 풍부한 차생활의 경험과 함께 24세부터 다산(정약용)과 교류하며 학문과 차를 충분히 체득한 후인 43세에 《다신전》을 저술하였다. 《다신전》의 '정조결'은 안분지족과 함께 우리 문화의 특징인 '특별한 형식이나 격식에서 벗어나 자유로운 일상생활에서 실제적으로 차를 즐기는' 차생활에 꼭 필요한 본 뜻을 강조한 우리 차문화의 정신이다.

◆ 매월당 김시습梅月堂 金時習(1435~1493): 생육신으로 단종이 쫓겨나자 책을 태워버리고 스님이 되어 설잠雪岑이라 하였고, 최초의 한문소설인 《금오신화金鰲新話》를 지었다.

3 고대 4국의 차생활문화

1. 고대의 차생활문화

우리나라 차생활문화는 고려 김부식의 《삼국사기》, 일연선사(1206~1289)의 《삼국유사》, 북송 서긍의 《선화봉사고려도경》, 조선 이목李穆(1471~1498)의 《다부茶賦》, 초의선사의 《다신전》과 《동다송》, 이능화(1869~1943)의 《조선불교통사》 등 차시茶詩나 차생활의 흔적이 남겨진 역사책을 통해 추정할 수 있다. 우리나라 고대의 4국은 신라(기원전 57~기원후 935, 992년간, 총 56대, 박씨 10왕, 석씨 8왕, 김씨 38왕), 고구려(기원전 37~기원후 668, 705년간, 총 28대), 백제(기원전 18~기원후 663, 678년간, 총 31대), 가락(42~532, 490년간, 총 10대)의 시기이다.

4국의 성립 시기는 차 문헌의 가장 오래된 고증자료로 인용되는 중국 전한(선제 3년, 기원전 59) 시대에 왕포王褒가 쓴 《동약僮約》이 기술되기 전후이다. 《동약》의 내용으로 보아 당시 중국은 이미 차를 마시는 풍속이 널리 보급되었던 것으로 추정되므로, 교류가 빈번하였던 인접국인 고대의 4국 역시 건국 초부터 이미 차생활의 풍속이 충분히 있었을 것으로 추정되고 있다.

참조

왕포의 《동약》은 일종의 노비매매계약을 문서 형식으로 기술한 것으로, 노비의 일과를 세세히 기록한 내용 중 '차를 다리고 다구를 깨끗이 한다[烹茶淨具]'와 '무양에서 차를 구입하다[武陽買茶]'라는 구절이 중국 최초의 차에 관한 기록으로 남아 있다. 이 글로 보아 당시의 사람들은 이미 차를 마시는 격식을 따졌고, 무양이라는 곳에 차를 상품으로 거래하는 시장이 있었다는 것이 추정되므로 차를 마시는 일이 이미 풍속으로 널리 퍼져 있었음을 짐작하게 한다.

4

2. 신라의 차생활문화

1) 신라의 차생활문화

신라는 고대국가 중 가장 많은 차문화 자료가 남아있다. 신라의 화랑들은 차를 즐기며 심신을 단련하였고 불교의 전래로 헌다獻茶의식이 발전하였다. 고려의 이곡(1298~1351)은 《동유기》에, "화랑들은 차를 나누어 마시며 서로 강하게 결속하였고, 윗사람과 아랫사람이 예禮로써 화합할 수 있었다"고 하며, "화랑들이 사용하던 차도구가 동해 바닷가의 여러 곳에 남아 있는 것을 보았다"고 하였다.

또 민간신앙과 귀족세력의 보수적 성향으로 불교가 100여 년간 박해를 받다가 이차돈의 순교(527)로 공인되면서 불교 헌다의식의 차문화 역시 성행하게 되었다.

삼국통일 후 불교의 융성과 귀족사회의 발전으로 사회전반에 차문화가 보급되었다. 팔관회 등의 국가 행사와 조정행사에도 헌다의식이 널리 행하여졌으며, 귀족, 관리, 문인들의 생활과 화랑들의 수련, 승려들의 수행생활에도 차가 필수로 자리하게 되었다.

2) 신라 차생활문화의 흔적

(1) 가야와의 합병

신라의 차문화는 법흥왕이 본가야를 합병(532)하고, 진흥왕에 의해 대가야가 정복(562)

되면서 가야와의 합병이 이루어져 차를 마시던 가야의 풍습이 자연스럽게 신라에 확산되었을 것으로 추정된다. 또 가락국 9대 구형왕의 후손인 서현각간의 딸로 태종무열왕의 비인 문명왕후(김유신의 누이인 문희)의 아들인 신라 30대 문무왕이 즉위년(661)에 왕명으로 가락국 패망 후 끊어졌던 제례를 종묘에 합사하여 1월 3일과 7일, 5월 5일, 8월 5일과 15일에 차례를 지내게 하였다. 왕이 왕위전 30정을 하사하여 17대손 갱세급간賡世級干의 관리 하에 술, 떡, 밥, 차, 과일 등의 제수로 제사를 올렸다고 한다.

4

(2) 원효와 사포의 다천茶泉

고려의 이규보李奎報(1168~1241)는 《동국이상국집》 〈남행일월기〉에, "경신년 8월 20일 … 원효방(부안 개암사)에 이르렀다. 암자가 하나 있는데 세상에서 말하기를 사포성인蛇包聖人이 머물던 곳이라고 한다. 원효 스님(617~686)을 사포가 모시고 있었는데, 차를 달여 스님께 드리려 하였지만, 샘물이 없어 안타까워할 때 물이 바위 틈에서 갑자기 솟아나왔다고 한다. 맛이 매우 달고 젖과 같아서 늘 차를 끓였다고 한다…"라고 신라시대 원효방에서의 원효스님과 사포성인의 차생활에 관한 일화를 적고 있다.

(3) 설총

이두문자를 집대성한 신라의 학자로, 원효와 요석궁 공주의 아들인 설총(692?~746?)은 신문왕(681~692)의 자문역으로 궁중에서 왕과 차를 마시던 중 왕의 청으로 왕에게 《화왕계花王戒》를 지어 화왕인 임금이 지켜야 할 계율을 의인화된 꽃으로 하여금 말하게 하였다.

《화왕계》에 백두옹이라는 할미꽃이 화왕인 모란에게 말하기를, "좌우에서 보살피는 신하는 좋은 고기와 곡식으로 임금님의 식성을 흡족하게 하고, 향기로운 차와 술로 정신을 맑게 해 드리고 있사옵니다. 또 고리짝에 저장해 둔 양약良藥으로 임금님의 양기를 돕고, 금석金石의 극약極藥으로써 임금님의 몸에 있는 독을 제거해 줄 것입니다"라고 하였다.

차와 술이 모두 정신적인 유익함을 주는 가치가 있으며, 특히 차를 술보다 앞에 두어 중요시하였다. 이것은 당시 술과 마찬가지로 차를 일상적으로 마시고 있었다는 것을 충분히 설명해 주는 내용이다. 삼국사기의 이 기록은 중국에서 육우가 《다경》을 저술(758~761)한 때보다 앞선 시기이다.

(4) 보천과 효명태자

《삼국유사》에 의하면, 신라 신문왕의 아들 보천태자는 아우 효명(성덕왕, 재위 702~737)과 함께 각각 화랑도 천 명씩을 거느리고 유람하다가 형제가 함께 오대산으로 들어가 예불하며 수행하였다. 형 보천태자는 오대산 중대 남쪽 밑 진여원(상원사) 터 아래 푸른 연꽃이 핀 것을 보고 그 곳에, 아우 효명은 북대 남쪽 산 끝에 푸른 연꽃이 핀 것을 보고 그 곳에 각각 풀로 암자를 짓고 살았다.

수행정진 중에 오만의 보살을 친견한 뒤로 날마다 새벽에 동중수洞中水(우통수)를 길어다가 차를 달여 일만의 문수보살에게 공양하였다. 이때 신문왕의 후계를 두고 오대산에 찾아와 왕위를 이을 것을 권하였는데 보천태자가 한사코 돌아가려 하지 않자 효명이 사람들의 뜻을 좇아 왕위에 올랐다고 한다.

(5) 월명스님

《삼국유사》에 의하면, 화랑출신의 월명스님은 경덕왕 19년(760) 나라에 두 개의 해가 나타나는 괴변이 일어나자 「도솔가」를 불러 이를 물리치고 왕으로부터 차 품평기구 한 벌〔品茶一襲〕과 수정 염주 108개를 하사받았다고 한다.

(6) 경덕왕

《삼국유사》에 경덕왕이 24년(765) 삼월 삼짇날 서라벌(경주) 귀정문 누각에서 충담사를 만나 차를 마셨던 기록이 보인다. 경덕왕 때는 신라의 사회적 안정이 지속되면서 귀족세력이 대두되던 때였다. 충담사는 옷을 기워 입고 앵통(벚나무 또는 앵두나무로 만들어진 통이라고 한다)을 메고 지나는 길이었는데, 남산 삼화령 미륵부처님께 차를 올리고 오는 길이라고 하였다. 이에 왕이 그 차 한 잔을 마셔보자고 하자, 메고 있던 앵통에서 차도구를 꺼내어 차를 다리어 올리는데 차맛이 희한하고 이상한 향기가 났다고 한다.

"백성을 편안히 살도록 다스리는 노래를 지으라"는 왕의 청에 「안민가安民歌」를 지어 올렸으며, 경덕왕이 왕사를 봉하였는데 굳이 사양하고 받지 않았다고 한다. 옷을 기워 입은 남루한 스님이 차도구를 메고 다니며 공양을 올렸다는 것은 당시 신라에는 이미 차문화가 상당히 성행하고 있었음을 짐작하게 하는 기록이다. 차의 맛과 향이 이상하다는 것은 묘한 차의 맛과 향을 표현한 것으로 이해된다.

4

참조 안민가

임금[君]은 아버지요 신臣은 인자한 어머니요, 백성은 어리석은 아이 같으니,
아이가 어찌 부모의 크신 은혜 다 알리요.
꾸물거리며 사는 중생 먹여 살리시는 그 은혜로 나라가 유지되네.
왕이 왕다웁고 신이 신다웁고 백성이 백성답게 할지면 나라는 태평하리라.

참조 재미로 보는 차

■ 중국의 《다주론茶酒論》

《다주론》은 당 현종(712~756) 대에 진사 왕부王敷(혹은 王敫)가 지었다고 전해지고 있다. 차와 술이 서로 더 낫다고 논쟁을 하였으나 결말이 나지 않자 물이 나와서 중재하였다는 내용으로, 고사는 인용하지 않고 속어를 많이 사용하였다.

차: 나는 명승의 설교에 힘을 더해 주고 부처님의 공물로 쓰인다. 너는 가정을 파괴하고 사음을 돋우는 요인이 된다.

술: 한 동이 삼문으로서 부귀라 할 수 없다. 술은 귀인 고관들이 마시는 것이며 차로서는 노래가 나오지 않고 춤도 나오지 않는다.

차: 내가 시장에 나가면 사람들이 다투어 사들이니 돈이 산더미처럼 쌓인다. 네가 거리에 나가 보아라. 혀가 꼬부라져 귀찮고 성가시게 구는 사람들이 거리에 가득하다.

술: 고인은 나를 칭찬하여 말하기를, 술 한 잔은 건강의 근원이고 기분전환의 약이며 인물을 만든다고 하였다. 술은 예의를 지배하는 것이며 궁중의 음악은 술에서 생겼다. 차는 아무리 마셔도 관현管絃의 가락과는 관계가 없다.

차: 남자 14~15세면 술자리에 가까이 가지 말라고 하고 있다. 차를 마시고 행패 부리는 사람은 없다. 향불을 피우고 금주禁酒를 빌기도 한다.

물: 뭐 그리 핏대를 올리고 싸우고 있나. 차군, 내가 없으면 너의 형태가 없다. 주군, 내가 없으면 너의 모습도 없다. 쌀과 누룩만을 먹으면 바로 배가 아파지고, 찻잎을 그대로 먹으면 목을 해친다. 지금부터는 이것을 계기로 사이좋게 지내도록 하라.

(7) 흥덕왕

《삼국사기》에 "당으로부터 돌아온 사신 대렴大廉이 차 종자를 가지고 왔다. … 차는 원래 선덕여왕(634~647)때부터 있었고, 이때 와서 크게 성했다"고 하였다. 혹자는 선덕여왕 시대에 있었던 차는 당으로부터 도입하여 마셨던 것이고, 차재배가 시작된 것은 흥덕왕 3년(828) 대렴이 당나라에서 차 종자를 가져와 왕명으로 지리산에 심게 한 이후부

〈그림 4-2〉 7~8세기 통일신라의 금제탁잔 (전체높이 5.4cm×잔높이 3.2cm×지름 7.2cm, 잔받침 지름 9.3cm : 디아모레뮤지엄소장)

터라고 하기도 한다.

그러나 우리의 차문화사는 자생설을 지금 당장 확인하여 단정할 수는 없다 하더라도 추정은 충분히 가능하며, 또 여러 기록들에서 이미 차문화가 상당히 성행하였음을 보여 주고 있다. 또한 828년 이전의 신라에 수입차만으로 차문화가 성행하였다고 이해하기에는 설명이 불충분하다. 당연히 우리의 차가 재배, 생산되고 있었을 것이다.

(8) 혜소 진감국사비문

고운 최치원孤雲 崔致遠(857~?)이 쓴 「진감국사眞鑑國師비문」(774~850)에 "…누가 한명漢茗(중국의 차)을 보내 오면 그는 그것을 돌로 만든 가마에 불때어 가루 내지 않고 달여서 이르기를, "나는 이 맛이 어떠한가를 가리지 않고 단지 배만 적실 뿐이다"라 하였다. 국사가 참된 것을 지키고 속된 것을 좋아하지 않음이 모두 이와 같았다…"라고 했다. 국보 47호인 「진감선사대공탑비」(경남 하동군 쌍계사)는 혜소慧昭 스님을 추모하기 위해 진성여왕 원년(887)에 조성된 것으로, 최치원이 비문을 짓고 글씨를 쓴 것으로 유명하다.

(9) 고운 최치원

최치원은 13세에 당으로 유학 가서 과거에 급제하여 벼슬을 하면서 천재적인 문장력을 인정받다가 29세(885)에 귀국하였다. 당에서 지낼 때 고향의 어머니께 차와 약을 보내드리겠다는 편지와 햇차를 받는데 감사하며 남긴 "…선옹禪翁(선승)을 대접하거나 우객羽客(신선)께 드려야할 선황仙貺(신선들끼리 주고받는 선물)을 평범한 선비(최치원)가 받게 되어 감사하며, 차로 써 갈증을 풀 수 있고 근심을 잊게 되었습니다…"라는 글이 전해진다.

4

고려 무인집권시대의 문인 이인로李仁老(1152~1220)는 《파한집破閑集》에서 "그(최치원)는 아마 신선이 되어 간 것일 게다"라고 적고 있다. 《파한집》의 이 내용은 당시 승려들이 신선들처럼 좋은 차를 즐겨 마셨던 것을 짐작하게 한다. 고운은 귀국 후 나라가 어지러워지자 진성여왕 시대(재위 887~897)에 관직을 내놓고 난세를 비관하며 방랑하면서 많은 일화를 남겼다.

경남 하동군 화개면 신흥마을 지금의 왕성초등학교 정문 앞에 장대한 선비의 기개를 뽐내듯 아름드리 푸조나무(경상남도 기념물 제12호)가 한 그루 있다. 이 나무는 고운이 속세를 등치고 지리산으로 들어가며(혹은 가야산으로 들어가 신선이 되었다고도 한다) 꽂아둔 지팡이에서 움이 터서 자란 나무라고 전해 오고 있다.

고운 선생은 입산할 때, "이 나무가 살아 있으면 나도 살아있고, 이 나무가 죽으면 나도 이 세상에 없을 것이다"라는 말을 남겼다고 한다. 또 앞 개울가에 '세이암'이라는 바위가 있는데 고운이 이 바위에서 세상풍진에 더러워진 귀를 씻고 떠났다고 한다.

(10) 화랑과 사선

① 화랑과 사선

최치원의 「난랑비서」[◆]에 "우리나라에 현묘한 도〔玄妙之道〕가 있으니 이를 풍류도風流道라 한다. … 집에 들어오면 효도를 다하고, 나아가 나라에 충성하는 것은 공자의 뜻 그대로이며, 그 한없는 일을 당하여 말없는 교를 행하는 것은 노자의 종지를 다함이며, 모

◆ 난랑비서鸞郎碑序: 신라 말 최치원이 지은 화랑 난랑의 비석 서문이다. 난랑의 행적과 화랑에 대한 자세한 설명을 포함한 장편의 문장이었을 것이나 화랑도에 대한 간략한 기록만이 남아 있다. 신라의 화랑도는 현묘玄妙의 풍류도로 유儒·불佛·도道 3교의 가르침을 포함하고 있으며, 화랑의 역사책을 선사仙史라 하여 도교가 들어오기 전 신라의 고유한 무속巫俗과 관련시키고 있다.

든 악한 일을 하지 않고 착한 일을 행함은 석가의 교화 그대로다…"고 하여, 신라의 화랑은 유 · 불 · 도와 더불어 산천 주유로 심신을 단련하였다고 한다.

신라의 화랑인 사선이 경포대와 한송정에서 차와 더불어 심신을 체득하였던 유적으로 야외에서 차를 끓여 마시기 위한 도구로 보이는 석지조◆ 등의 유물이 남아 있다. 화랑들은 차를 달여 헌다하거나 스스로의 심신을 위하여 즐겼던 것으로 보인다. 앞서의 충담스님, 월명스님, 보천태자와 효명왕자 등 역시 화랑 출신으로, 차생활과 관련한 기록을 남기고 있다. 김극기金克己(1148?~1209)가 한송정과 경포대에서 화랑들이 차생활을 할 때 쓰던 다조茶竈(차부뚜막)와 차솥을 보았다고 한 것이나 이곡(1298~1351)의 《동유기》(1349) 등으로 미루어 차생활은 화랑과 낭도들의 일상생활이었음을 추정할 수 있다.

4

참조

화랑은 선도仙徒(선인의 무리)로서 내을신궁(신라의 시조를 모신 사당)에서 제사 지내는데서 기원하였는데, 초기의 화랑은 신을 받드는 일을 하였고, 후기에는 주로 도의를 힘써 닦는 일을 하였다. 《화랑세기》◆ 왕이 용모와 태도가 단정한 동남童男을 뽑아 풍월주라 하여 선사의 무리와 함께 효도와 우애, 충성과 신의를 닦게 하였다(《삼국사절요》◆). 사선四仙은 영랑永郎, 술랑述郎, 남랑南郎, 안상安祥의 네 화랑으로 진흥왕(540~576)때부터 있었던 국선 화랑의 계보(풍월주)에는 없으나 신망을 받았던 유명한 화랑들이었을 것이다. 영랑(향미산인이라 하며, 90세가 되어도 어린 아이와 같은 얼굴색을 하고 백로 깃의 관을 쓰고 철죽鐵竹 지팡이를 짚고 호수와 산을 소요하였다고 한다)이 단군의 도를 전수받았다는 것으로 보아 불교가 들어오기 전 초기 화랑으로 짐작된다. 사선의 행적은 고성의 삼일포, 통천의 사선봉, 총석정, 간성의 선유담, 금강산의 영랑봉, 강릉의 한송정, 영랑호 등 영동 지역에 집중되어 있다.

◆ 석지조石池竈: 돌로 만들어진 일종의 화덕으로 한쪽에는 물을 담을 수 있는 못과 불을 피우는 화덕이 붙어 있다.

◆《화랑세기花郎世記》: 신라 성덕왕(702년~737년)시대에 김대문에 의해 저술된 신라시대 화랑도의 우두머리인 풍월주의 역사를 기록한 책으로 위작의 논란이 있다.

◆《삼국사절요》: 조선 성종16년(1485)에 왕명을 받고 서거정徐居正(1420~1488) 등이 신라 초부터 고려 말까지의 역사를 편찬한 사서이다.

② 화랑과 사선에 관한 글

「한송정」 김극기

여기가 사선이 유람하던 곳, 지금도 남은 자취 참으로 기이하다.

주대酒臺는 기울어 푸른 풀 속에 묻혔고, 다조는 뒹굴어 이끼 끼었구나.

4

「동유기」 이곡

…날이 아직 기울기 전에 경포대에 올랐다. … 옛 선인의 석조石竈(차부뚜막)가 있으니 차를 달이는 도구이다. 동쪽에 사선비가 있었으니 호종단◆이 물속에 넣어 버리고 오직 귀부(거북 모양의 비석 받침돌)가 남아 있을 뿐이었다. 한송정에서 송별연을 하였다. 이 정자 또한 사선이 유람하던 곳인데 고을사람은 구경꾼들이 많은 것을 귀찮게 여겨 집을 헐어 버렸고 소나무도 들불에 타버렸다. 오직 서리 내리는 밤달이 밝을 뿐이었다. 다만 석조, 석지石池(돌못)와 두 개의 석정石井(돌우물)이 그 곁에 남아 있는데 역시 사선의 차도구이다.

「한송정」 이곡

경포에서 술을 가득 담아놓고 밝은 달로 머리치장을 하여

석조에 차를 달이니 자줏빛 다연茶煙이 날리는 구나.

(11) 지장스님

신라 성덕왕의 아들로 24세에 출가하여 '지장'이라는 법명을 받고 후에 '흰 삽살개' 한 마리와 '오차송'이라는 소나무 종자, '황립도'라는 볍씨와 '금지차'라는 신라차를 가지고 중국 안후이성安徽省 구화산九華山에 들어가 성도成道하여 99세에 입적하였다. 입적하면서 "내가 열반한 뒤 내 몸을 화장하지 말고 돌함에 넣어 두었다가 세 해가 지난 뒤 열어 보아라. 만일 그때까지 썩지 않으면 그대로 개금하여라"고 하여 육신성도肉身成道를 통해 중국에서 지장보살의 화신으로 받들게 되었고 중국불교에 육신보살의 전통을 만들었다.

◆ 호종단: 고려 때 송에서 귀화한 사람으로 우리나라의 중요한 문화유물을 훼손시켰다고 한다.

중국 《당시집唐詩集》에는 지장스님(705~803)이 호랑이에게서 구해 낸 고아(제자 도명)가 절에서 살다가 적막함을 못 이기고 괴로워하자, 아이를 마을로 돌려보내며 지은 차시茶詩 한 편이 실려 있다. 이 시는 우리나라 최초의 차시라고 할 수 있다.

지장스님은 중국의 차 역사에 큰 발자취를 남겼으며, 이때 심은 차(신라에서 가져간 것으로 추정)를 '공경차空梗茶'라 하여 맛이 특별하였다는 기록이 청나라 다사茶史에 남아 있다.

「산에서 내려가는 동자를 보내며送童子下山」

고요한 절 한나절 하도 길 때면 먼 산 바라고 옛집 그리더니,

(구화)산을 내려가는가.

난간에 뛰어올라 죽마 타던 아이야,

이곳은 황금땅 부처님 나라, 금모래〔金沙, 진리〕모으는 일도 이제 싫으냐.

칠병 속 시냇물엔 밝은 달 찾아올 일 없겠고, 차 달인 사발에는 향긋한 꽃(차) 필 일 없겠네.

부처님 그리는 이는 자주 울 일 없나니, 노승은 노을의 벗 노을은 노승의 벗.

空門寂寞汝思家 禮別雲房下九華 愛向竹欄騎竹馬 懶於金地聚金沙

漆瓶澗底休招月 烹茗遼 中罷弄花 好玄不須頻下淚 老僧相伴有煙霞

3. 고구려의 차생활문화

1) 고구려의 차생활문화

지리적으로 한반도의 북쪽에 자리한 고구려는 차재배 한계선에서 벗어난 지역으로, 차가 재배되지는 못했을 것으로 추정하고 있지만 정확한 증거는 없다. 우리나라 차나무의 자생설과 북위 43도에 위치한 지역에서도 차나무가 생육되고 있는 것을 참조하면 고구려에도 차나무가 분포 또는 재배되었을 가능성도 있다. 고구려 분묘에서의 떡차 발견은 묘의 주인이 생전에 차를 좋아하였거나, 토신土神에게 차를 바친 것으로 볼 수 있다. 또 고구려의 초기 수도인 집안현輯安縣에서 굴뚝이 달린 이동식 화덕이 발견되었는데, 이것

은 들에서 차를 끓였거나 음식을 만들었을 것으로 짐작된다. 고구려는 강력한 중앙 집권적 귀족 중심의 사회로 발전되면서 차문화도 성행하였을 것이다.

2) 고구려 차생활문화의 흔적

4

(1) 돈차

김명배 교수는 《한국차문화사》에서 "일본의 아오키靑木正兒(1887~1964, 《中華茶書》의 저자) 박사는 오대伍代(907~960) 모문석毛文錫이 지은 《다보茶譜》의 각주에서 '나는 고구려의 옛 무덤에서 출토된, 모양이 작고 얇은 조각의 덩이차〔錢茶〕(엽전모양의 덩이차)를 표본으로 간직하고 있는데 지름 4cm 남짓의 엽전 모양으로 무게는 닷 푼 가량(1.8g)이다'라고 하였다. 이 덩이차를 볼 수 없을까 해서 아오키 박사의 친아들로 나카무라中村 집안에 양자로 들어간 나카무라中村喬 교수에게 물어보았으나 모른다고 하였다"라고 기술하고 있다. 차를 무덤에 넣는다는 것은 이미 차를 일상생활에 많이 사용하였다는 증거로 고구려의 차생활을 짐작하게 한다.

(2) 구다국과 빗돌글

《삼국사기》〈고구려본기〉에 "대무신왕 9년(서기 26) 겨울 10월에 왕은 친히 개마국을 정벌하여 그 왕을 죽였으나, 백성을 위로하여 노략질하지 않고 다만 그 땅을 군현으로 삼았다. 12월에 구다국句茶國의 왕은 개마국이 멸망한 것을 듣고 해가 자신에게 미칠 것이 두려워 나라를 들어 항복하였다〔九年 冬十月 王親征蓋馬國 殺其王 慰安百姓 毋虜掠 但以其地爲郡縣 十二月 句茶國王聞蓋馬滅 懼害及己 擧國來降 由是拓地浸廣〕"는 기록이 있다. 또 고구려시대 비석에 차싹 명茗이라는 글자가 새겨진 것이 남아 있다. 만주일대와 북한의 고구려 유적과 유물에 대한 자세한 자료를 얻을 수 없지만, 지명이나 비석의 글에 '차茶'라는 글자가 들어간 것으로 보면 생활 속에 차풍속이 있었음을 짐작할 수 있다.

(3) 불교의 전래

17대 소수림왕 2년(372) 전진前秦의 왕 부견이 사신과 승려 순도를 보내 불상과 경전을 전하였다고 하는데, 차는 불교의 헌다獻茶와 밀접한 관련이 있으므로 불교와 함께 차가 전래되었을 것이라고 추정되고 있다. 또 《동다송》에 수문제의 머리 통증을 차로 고쳤다는 기록처럼 차문화가 있었던 수(581~619)나라와의 교류를 통해서도 전래되었을 것을 추정해 볼 수 있다.

4

4. 백제의 차생활문화

1) 백제의 차생활문화

백제는 지리적으로 우리나라의 자생차나무가 분포하는 주요 차재배지역이므로 일찍이 차를 재배, 생산하였을 것이다. 불교의 전래로 귀족사회에서 차생활이 성행하였을 것이고, 중국, 인도 등과 해상교역이 활발하였으므로 차문화의 교류 역시 이루어졌을 것이다. 그러나 신라와의 패전으로 남아있는 사료가 드물다.

2) 백제의 차생활문화 흔적

(1) 불교의 전래

마라난타가 불회사佛會寺를 건립(침류왕 1년, 384)하면서 주변에 차밭을 조성하였다고 하는데, 지명조차 다도면(전남 나주시 다도면 마산리)에 속하는 불회사 주변에는 지금도 오래된 야생 차나무 군락이 서식하고 있다.

(2) 전남 장흥 죽천리의 지름 4cm 전차

1925년, 일본의 나카오 만조우中尾萬三(1882~1936)는 전남 장흥에서 전차錢茶〔靑苔錢 또는 綠苔錢, 돈차〕를 목격하여 "육우의 《다경》(758~761)에 나오는 병차餠茶(떡차)와 거의 같은 방법으로 만들어졌다"라고 하였다. 이에 대하여 모로오카 다모스諸岡存(1879~1946)는 "전차의 발견으로 육우의 《다경》에 적힌 단차團茶의 제다법製茶法, 자다법煮茶法, 음다법飮茶法을 비로소 이해할 수 있게 되었다. 조선에는 당대의 제다법이 보존되어 있고, 일본에는 송대의 점다법點茶法이 전해지고 있다"고 하였다. 또 이나바 이와키치稻葉岩吉(1876~1940)는 "한반도에 잔존하는 고형차인 청태전이야말로 옛날 당대로부터의 유형으로서 역사적으로 최고의 것이라 생각된다"고 하였다(김명배, 《다도학》, 1993). 이것은 아오키 마사루青木正兒 박사가 언급한 고구려 옛무덤의 덩이차가 전해져 내려와 조선시대까지 계승되었음을 추정할 수 있게 하는 발견이다.

〈그림 4-3〉 5세기 삼국의 도기-손잡이 달린 큰 잔
(높이 16.3cm×입지름 17.9cm×밑지름 10.6cm: 디아모레뮤지엄소장)

(3) 일본의 《동대사요록》

일본 《동대사요록》에 "백제의 귀화승 행기行基(668~749)가 말세 중생을 제도하기 위해 차나무를 심었다"는 기록이 있다. 이는 백제의 승려들이 행기스님이 일본에 귀화하기 전인 7세기 이전에 이미 차를 일상으로 마셨을 것이라 추정하게 한다.

5. 가야의 차생활문화

이능화李能和(1869~1943)의 《조선불교통사》에 "…김해 백월산에 죽로차가 있다. 세상에서는 수로왕비 허씨(허황옥)가 인도에서 가져온 것이라고 전한다. 장백산(백두산)에도 차가 있는데 백산차라 한다…"는 기록이 있다.

《삼국유사》 〈가락국기〉에는 김수로왕의 태자인 거등왕居登王이 즉위년(199년) 세시풍속을 제정하여 떡과 밥, 과일, 술 등을 갖추어 차로 제사를 지냈다는 기록이 있다. 이 풍속은 가락국의 마지막 왕인 구형왕(532~562) 때까지 해마다 정월 3일과 7일, 5월

〈그림 4-4〉 **5세기 가야의 도기찻잔**
(잔높이 7.5×입지름 7.2×밑지름 3.9cm, 잔대높이 8.9×입지름 10.3×밑지름 8.3cm: 디아모레뮤지엄소장)

〈그림 4-5〉 **5세기 가야의 도기 – 손잡이 달린 굽다리 잔**
(높이 8.4×입지름 6.4×밑지름 5.2cm: 디아모레뮤지엄소장)

5일, 8월 5일과 15일에 지내는 제사를 통해 계속 되었다고 한다. 또 "문무왕 즉위년(661) 3월 왕의 17대손인 갱세급간賡世級干이 조정의 뜻을 받아 그 밭을 책임지고 맡아서 해마다 세시 때가 되면 술과 단술을 빚고 떡, 메(밥), 차, 과일 등 여러 가지 음식을 차렸다"고 한다. 갱세급간은 옛 가락국의 왕족이므로 제사에 가락의 오래된 풍속인 차를 올렸던 것이다.

참조 수로왕과 수로왕비

허황후는 부왕이 꿈에서 받은 계시에 따라 가락국의 김수로왕에게 시집오는데, 서기 48년 음력 5월 고국을 떠나 7월 27일 김해 별진포에 상륙하였다. 수행원 20여 명과 함께 왔으며 배에는 비단, 금, 은 패물이 가득하였고, 그 속에 차나무 씨앗도 있었다고 한다. 경상도 지방의 여성이 시집갈 때 차씨를 가지고 가는 봉차풍습이 이때부터 시작되었다고 한다. 수로왕 중수기념비의 머리에 새겨진 여덟 마리 뱀 무늬는 태양 왕조를 상징하는 아유타(허황후의 고국)의 깃발 문양과 같고, 마주보는 신어상神魚像, 두 개의 활무늬 등도 아유타의 것으로 확인된다. 수로왕과 허황후는 10남 2녀를 낳았는데 태자는 거등왕이 되었고, 왕자 거칠군은 진례성주가 되었다. 그리고 일곱 명의 왕자는 외숙인 장유화상長遊和尚과 함께 지리산에 들어가 지금의 칠불사(경남 하동군 화개면 범왕리)에서 성불하였다고 한다. 두 공주 중의 한 명은 신라 탈해왕의 태자비가 되었으며, 한 명의 왕자와 한 명의 공주의 행방은 나타나지 않는다.

이와 관련하여 일본 고대국가 야마도(倭人傳의 邪馬臺)의 히미코卑彌呼(183~247) 여왕이 행방이 없는 가락국의 공주였다고 추론하기도 한다. 수로왕릉 숭선전崇善殿에서 나온 《김씨왕세계》에 "… 거등왕이 즉위하던 해(199년)에 선견仙見(神功이라는 왕자가 세상일에 힘겨워 신녀神女와 더불어 구름을 타고 떠나가므로 거등왕이 도읍의 강江에 있는 돌섬에 올라 선견을 불렀지만 돌아오지 않았다"고 기록하고 있다. 183년에 옹립된 일본의 히미코 여왕은 나이가 찼지만 남편이 없었는데 뒤에 남동생이 나타나 나라 다스리는 일을 도왔다고 전한다. 히미코가 왕이 된 후 신녀로 불렸을 것이며, 신녀가 부왕인 수로왕의 상喪으로 거등왕이 즉위하자 고국에 와서 남동생을 데리고 갔을 것이라 추측된다. 여왕의 위패를 모신 묘견궁妙見宮의 신어상이 수로왕릉의 것과 같다. 이에 대하여 《일본국가의 기원》을 저술한 이노우에井上光貞는 "히미코는 한반도와 관계있는 여성으로 보이며 진구神功도 한반도에서 왔다"고 기록하고 있다.

–이종기, 《가락국 탐사》 일지사, 1977.

참조 세계적 문화유산의 가치를 지닌 4국의 유물

일본 국보 1호인 교토 코류지廣隆寺 미륵보살반가사유상은 우리나라 국립중앙박물관의 금동미륵보살반가사유상(국보 83호)과 크기, 양식, 표현이 세부에 이르기까지 거의 동일하다. 코류지의 미륵보살반가사유상을 칼 야스퍼스는 '인간이라는 동물이 이 지상에서 장난한 최고의 작품'이라고 극찬하였다. 이 사유상은 일본 《서기》에 신라에서 일본의 쇼토쿠 태자聖德太子(573~621)에게 보내져 태자가 이를 다시 하타노 카와카츠秦河勝(신라계 이주민으로 교토에 정착하여 전국의 우두머리로 군림하던 재벌)에게 보냈다고 한다. 1970년대에 부러진 사유상의 손가락을 분석해 본 결과 재질이 한국에서만 나는 적송赤松(붉은 소나무)이라는 것이 밝혀졌다.

또 일본 호류지法隆寺에는 고구려의 담징이 그린 것으로 추정되는 백제 관음도가 있는데 이를 본 앙드레 지드는 '인간의 군더더기 살을 다 걷어낸 최상의 신적 모습'이라 극찬하였고, 백제의 금동미륵보살반가사유상이 프랑스 파리에서 전시되었을 때는 앙드레 말로가 관람객이 적은 시간을 택해 몇 시간에 걸쳐 충분히 감상한 후 '세계에서 가장 아름다운 불상'이라고 극찬하였다.

4 고려의 차생활문화

1. 고려의 차생활문화

고려시대(918~1392, 34대 475년)는 우리나라 차문화의 전성기로 왕과 귀족, 관리, 선비와 일반 백성들 모두 차를 즐겨 마셨다. 초기에는 귀족 중심의 차문화, 중기 이후부터는 문인들의 차문화가 주를 이루었다. 왕이 손수 차를 제조할 만큼 왕실과 사원에서 차를 중시했고, 주요 국가행사에는 반드시 왕에게 차를 올리는 진다進茶의례가 있었다.

궁중에는 차를 취급하는 관청인 다방茶房과 왕이 행차할 때는 다군사가 따랐고 또 차를 재배, 제조하기 위한 다소茶所촌과 서민들의 차 가게인 다점茶店, 여행자를 위한 다원茶院이 설치되었다. 다점은 훗날 차문화가 쇠퇴하면서 주막으로 고쳐 부르게 되었다.

고려의 차인들은 손수 차를 끓여 마시며 차생활의 멋과 풍류를 즐겼다. 많은 문인들이 차를 즐기며 다시茶詩를 남겼으며 승려들 사이에서도 다선일치茶禪一致의 차생활이 이루어졌다. 고려의 차생활은 《고려사高麗史》◆와 인종(1122~1146) 때 송에서 사신으로

◆ 《고려사高麗史》: 조선 초(1392~1451) 태조에서 문종에 이르기까지 만들고 수정한 고려의 역사서로, 역대의 왕조실록 등 근본 사료에 의거하여 32명의 왕이 다스린 475년 동안의 각종 사건과 인물들에 대한 내용을 담았으며 조선을 건국한 사대부들의 역사관을 담고 있다.

왔던 서긍의 《고려도경高麗圖經》[◆]에 다양한 기록이 남아 있다.

고려시대는 현세에 복을 주고 나라를 지켜준다고 생각하여 왕실과 귀족의 보호 아래 불교가 매우 발달하였는데, 헌다獻茶 외에도 사찰에서의 일상생활이나 손님맞이에 주로 차를 이용하였으며, 필요한 차를 공급하기 위해 사찰 주변에 공사다소貢寺茶所가 있어 왕실 못지않은 고급차를 사용하였다. 문인들은 특히 경치 좋고 물 좋은 곳의 정자나 재실 및 초당에서 차를 마시며 우리나라 차가 중국차보다 낫다는 자부심을 가졌으며, 차문화의 맥을 신라의 사선과 화랑들에서 확인하며 우리 차문화의 독창성을 인식하고 있었던 것으로 보인다. 이들은 초대장을 보내기도 하면서 찻자리(차실)를 즐겼으며, 훌륭한 찻자리에 참석하는 것을 영광으로 생각하였다. 예의범절을 지키는 이들의 찻자리에는 최소한의 자격과 서열 등이 있었다.

서민들은 돈이나 베를 주고 차를 사 마시던 다점에서 자연스럽게 일상생활 속에서 기호음료로 차를 마셨다. 또 차는 신이 좋아한다고 믿어 공덕재나 기우제 등에서 신이나 부처님에게 염원을 담아 정성스럽게 차를 올렸다. 그리고 왕이 전사한 군인의 처자에게 차를 하사한 것을 보면 당시 여성들도 차생활을 즐겼던 것으로 보이며, 조선에 비해 여성들의 신분차별이 심하지 않았던 고려에서는 여성도 누각에서 함께 차를 마시기도 하였다(《고려도경》).

1) 임금의 하사품

차는 귀중한 예물로, 왕이 신하와 백성들에게 흔히 하사하였던 기록이 있다. 태조 왕건은 신라의 군민軍民과 승려들에게도 차를 하사하였으며 성종 9년(990)에는 5품 이상 신하에게 차 10각(角: 상자), 9품 이상에게 5각, 품관 이상의 어머니와 처로서 나이 80세 이상인 자로서 3품 이상이면 차 2근, 5품 이상이면 차 1근, 9품 이상이면 차 2각 등을 하

◆ 《고려도경高麗圖經》: 송 휘종의 명을 받은 사신 서긍徐兢이 1123년(인종1년)에 고려를 방문하여 보고 들은 것을 기록한 《선화봉사고려도경宣和奉使高麗圖經》을 말하는 것으로, 원래 글과 그림이 같이 있어 도경圖經이라 하였으나 그림은 없어지고 글만 전한다. 고려의 정치, 사회, 문화, 경제, 군사, 예술, 기술, 복식, 풍속 등 문물과 풍습 연구에 귀중한 자료가 된다.

사하였다(《고려사》). 또 최지몽(?~987), 최승로(927~989), 최량(?~995) 등의 부의賻儀에 뇌원차와 대차를 200~1,000각을 하사하였다(《고려사》〈64권 志〉〈18권 禮6 諸臣喪〉)고 하는데, 왕이 상례에 이처럼 많은 차를 하사한 것은 차생활이 널리 성행하고 있었기 때문으로 일을 치르는데 많은 양의 차가 필요했던 것으로 짐작된다.

목종 12년(1009)에는 남녀 80세 이상인 자와 큰 병에 걸린 사람 635명에게 차와 약 등을 하사하였다고 한다. 현종, 문종, 숙종, 예종, 인종 등 고려 전기의 왕은 국가의 공로자, 노약자, 승려 또는 학생들에게 명차名茶를 하사한 경우가 흔하게 보이는 반면 무신이 집권한 고려 후기에는 드물게 보인다.

2) 중국과의 예물 교환

중국과의 교류에 예물로 차가 오고 갔는데, 정종 4년(1038)에는 거란에 토산차土産茶인 뇌원차腦原茶를 예물로 보냈고, 인종 8년(1130)에는 금나라에 차를 보냈다. 충렬왕 18년(1292)에는 원나라에 향차香茶를 보냈으며, 송나라에서는 고려의 사신들에게 용봉명단龍鳳茗團 혹은 용차龍茶와 봉차鳳茶를 다른 예물과 함께 여러 차례 보내왔다. 거란에 보내진 토산차는 우리나라에서 만들어진 차의 일종이었을 것이며, 원나라에 보낸 향차는 특정한 향을 착향 또는 가미한 차로 추정되는데, 고려 때는 이미 다양한 종류의 차류들이 생산되고 있었던 것으로 보인다.

3) 다방과 다군사

고려에는 태조 때부터 조정이나 궁중의 여러 행사에서 차를 준비하여 올리고 베푸는 등의 의례적인 찻일을 맡아 진행하는 관청으로 다군사茶軍士가 소속된 다방茶房이 있었다. 다방은 성중관成衆官(궁궐을 지키고 임금을 모시는 관)에 소속되어 팔관회, 연등회 등 조정의 의식과 정조正朝(정월 초하루), 추석 등의 명절행사와 종묘제사, 사신맞이, 왕의 행차 등에서 차에 관한 일을 하였으며, 때로는 술을 올리거나 과일상 차리는 일 등을 하였다. 태의감太醫監(의약과 치료에 관한 일을 관장)도 다방에 소속되어 직무의 폭이 상당히 넓었다.

4

다방관리의 계급은 시대에 따라 조금 달랐으나 다방시랑茶房侍郎(정3품), 지다방사知茶房事(정5품), 다방참상茶房參上(종3품~6품), 다방참외茶房參外(7품 이하), 어다방원리御茶房員吏, 다방산직원茶房散職員, 다방인리茶房人吏, 다방별감茶房別監(하인) 등이 있었다. 왕을 가까이에서 모시기 때문에 문반 가운데에서 가세와 재능, 용모 등을 살펴 신중하게 선발하였으므로 다방에 선발되는 것을 영광으로 삼았다고 한다. 따라서 명종 때는 무신들이 다방에 겸직하게 해줄 것을 청하기도 하였으나 말기에는 용렬한 사람이라 하여 용인庸人으로 격하되었다.

다방에는 궁중 밖에서 왕에게 차를 올리거나 준비하는 일을 하기 위해 차도구와 짐을 나르는 다군사가 소속되어 왕의 행차에 따랐다. 휴대용 화로를 전담하는 행로行爐군사와 차도구를 포함한 짐을 운반하는 다담茶擔군사가 있었는데, 군역을 면제받는 특전이 있어 높은 인기가 있었고, 한때는 용모단정한 자 백 명으로 인원을 한정하기도 하였다.

〈표 4-1〉 고려시대 다군사의 동원

행사	동원
정월보름이나 연등회로 절에 행차	행로, 다담군사 4인
동짓달 팔관회	행로, 다담 각 1인과 군사 4인
서경(평양)과 남경(서울) 행차	행로, 다담 각 1인과 군사 6인
왕태자 행차	행로, 다담 각 1인과 군사 4인, 교상◆과 수관자◆ 각 1인과 푸른 옷을 입은 다방의방군사茶房衣房軍士 각 15인 등

4) 사헌부의 다시

사헌부司憲府에서는 말의 책임을 다하고 공정한 판결을 위해 매일 한 차례씩 모여 차를 마시는 다시茶時를 가졌다. 차가 정신을 맑게 해 치우치지 않고 올바른 판단을 내리게 한다는 사실에서 연유된 것으로 여겨지며 조선시대 고종황제에 이르기까지 계속되었다.

◆ 교상交床: 다리를 엇갈려 접게 된 상.

◆ 수관자水灌子: 물주전자.

5) 다원과 다점

임금이나 관원 등의 귀족이 이용하던 다원茶院과 일반 백성들이 돈이나 물건으로 차를 사거나 마시는 다점茶店이 있었다.

(1) 다원

신라에서부터 임금이나 관원 혹은 승려를 포함한 귀족이 먼 길을 가는 도중에 쉬는 집으로, 중요한 도로나 인가가 드문 곳에 원院을 두었다. 고려 전기에는 성하였으나 중엽부터 쇠퇴하였고 말기에는 관리가 아닌 일반인도 쉬어 갈 수 있었다. 이 원 중에서 특히 차를 마시기에 좋은 샘물이나 정자 또는 차가 유명한 원을 다원이라 하였고, 기녀가 차를 달이기도 하였다고 한다.

(2) 다점

다점은 일반 백성들이 돈이나 물건으로 차를 사거나 마셨던 곳이다. 고려 초에는 베 등의 물품을 화폐로 사용하였으나, 성종 15년(996) 철전을 주조하여 보급되자 목종 5년(1002) 한언공韓彦恭이 '풍속을 놀라게 하고 국가에 이익이 되지 않는다'고 상소를 올려 '다점, 주점酒店, 식미점食味店 등을 제외한 일반 백성의 교역에는 종전처럼 포布와 미米를 사용하게 하였다'고 한다. 이때 이미 주점과 더불어 다점이 일반인에게 흔하게 이용되고 있었던 것으로 보인다.

6) 차 겨루기

승려들 사이에 차의 맛을 서로 비교하여 평하고 겨루는 명전茗戰의 풍습이 있었다. 이규보(1168~1241)의 《동문선》(67권 〈王輪寺丈六金像靈驗收拾記〉)에 노승들이 차와 샘물을 평하며, 또 스님과 차의 품질을 다툰다는 구절이 남아 있다. 이연종李衍宗(《제왕운기》를 저술한 이승휴(1224~1301)의 아들)은 치암 박충좌朴忠佐(1287~1349)로부터 차를 선사받고 「차를 주신 박치암에게 사례하다〔謝朴恥庵惠茶〕」에서 "소년으로 영남사◆의 손님이 되어

◆ 영남사嶺南寺: 밀양 영남루(보물 제47호) 자리에 있던 절

테 밖의 놀이따라 차 겨루기를 여러 번 하였네. 용암 바위의 밭두둑과 봉산 기슭의 대밭에서 중 따라 매부리(찻잎) 따면서 금화전의 시제품이 가장 좋다던데, 하물며 용샘과 봉우물물이 있음에랴. 사미는 삼매의 솜씨라 절로 빠르고 사발에 설유 날리기를 그치지 않네…"라고 하여 차 겨루기의 경험을 이야기 하고 있다.

4

2. 차의 생산

1) 다소

삼국시대부터 고려시대까지 천민들이 집단으로 모여 살며 광물이나 수공품의 생산을 맡아하던 특수 행정 구역으로 소所가 있었다. 다소茶所와 금소金所, 은소銀所, 자기소磁器所, 묵소墨所, 탄소炭所, 와소瓦所, 염소鹽所, 사소絲所, 지소紙所 등이 있어 나라에 공물을 바쳤다. 《세종실록지리지》에 고려의 다소가 전북 무장현, 전남 동복현, 전남 장흥도호부, 경남화개, 평교(통도사의 貢寺茶所) 등 21개소가 기록되어 있다.

2) 생산과 차세

고려시대는 조정에서의 수요와 함께 관리들도 다시茶時나 객관客館, 다방 등에서 수시로 차를 마셨고, 일반 백성들도 다점에서 차를 즐겨 마셨으므로 수요가 상당하였으리라 짐작된다. 《세종실록지리지》에 토공으로 작설차를 바치는 곳이 32개소, 다소가 21개소 기록된 것으로 보아 당시 인구에 비해 많은 차가 생산되었다. 또 차나무의 재배도 상당히 발달되었을 것으로 보이며, 차는 시장이나 다점에서 팔았다.

이규보는 당시의 차 상인들이 속임수를 써서 좋은 차를 구별하기 어렵다고도 하였으며 《고려도경》에는 상인들이 중국차를 가져다 팔았고, 중국의 배가 서해안에 오면 큰 독에다 물을 싣고 가서 차와 쌀로 바꾸어오기도 하였다고 한다.

차의 생산과 유통이 활발하였으나 차생산지의 백성들에게 차세茶稅는 심각한 부담이었던 것 같다. 이규보는 "산과 들을 불살라 차세를 내지 않는다면 남녘 백성들은 노래

부르고 어깨를 쉬게 되리(《동국이상국집》)"라고 하여 조정의 많은 차 수요를 충당하기 위하여 백성들이 얼마나 많은 부담을 지고 있었는지를 짐작하게 한다. 고려 초기에는 특히 어린잎의 고급차를 즐겼던 것으로 생각되며, 후기에는 왕의 하사도 거의 없었으며 아마도 고급차가 아닌 차도 즐겨 마셨을 것으로 추정된다.

3. 국가의 다례문화

1) 팔관회와 연등회

고려에는 국가의 중요 행사로 팔관회八關會와 연등회燃燈會가 있었다. 팔관회는 나라와 왕실의 태평을 위하여 하늘과 오악명산伍嶽名山, 대천용신大川龍神을 섬기는 중요한 국가 행사로 음력 11월 15일 왕경(개성)에서, 10월에는 서경(평양)에서 행하였다.

이때에 왕과 신하가 차를 마시는 절차가 매우 중요하였는데, 모든 준비가 완료되면 왕이 맨 처음 차를 마신 후 뇌주酹酒(강신주로 신의 강림을 바라는 술)라는 술을 마셨고, 이어 왕과 신하들이 다 같이 다식을 먹고 차를 마셨다. 왕이 뇌주하기 전에 차부터 마신 것은 차로써 몸과 마음을 맑게 한다는 의미로 차가 음료 이상의 중요성을 가진 것으로 보인다.

연등회는 신라시대부터 있던 성대한 불교행사로 부처님께 국가와 왕실의 태평을 비는 행사이다. 왕궁에서 시골에 이르기까지 등불을 밝히고 임금과 신하가 술과 음악을 함께 즐기며 차를 마시는 의례가 있었다. 태조 때에는 정월 대보름날 행하여지다가 현종 1년(1010) 2월 보름날로 바뀌었다. 또 왕이 신이나 부처님에게 재齋를 올리며 현세의 염원이 이루어지기를 발원하면서 차를 올리기도 하였다.

성종 때에 최승로(927~989)는 "왕께서 공덕재◆를 올리시기 위하여 손수 차를 갈거나 보리를 빻는다 하옵는데 성체聖體(왕의 몸)에 지나친 무리가 되니 신은 안타깝습니

◆ 공덕재功德齋: 현세와 미래를 위하여 불전에 공양을 올려 공덕을 닦음.

다"라는 상소문을 올렸다. 왕이 친히 재물을 준비하는 것으로 보아 재의 중요성은 상당히 컸던 것으로 짐작된다.

2) 중형주대의

고려에서는 왕이 죄인에게 참형을 결정하기 전에 공정하고 신중한 판결을 내리기 위해 중형주대의重刑奏對儀로 신하들과 차를 마시는 의식을 행했다.

3) 원회의와 연회

정월 초하룻날 궁에서의 조회의식인 원회의元會議에서 왕이 차를 마셨는데, 태자와 신하들이 먼저 손을 씻고 난 후 다방이 왕께 차를 올린 뒤에 뇌주하고 이어서 태자가 장수를 축하하는 술을 올렸다고 한다. 또 왕이 신하 또는 외국의 사신들과 연회宴會를 할 때 다연茶宴을 베풀었는데, 왕에게 먼저 차를 올리고 태자 이하 신하들은 줄을 지어 전각에 올라 왕이 하사한 차를 마셨다고 한다(《고려사》).

4) 사신맞이

중국왕의 조칙詔勅(왕의 문서)을 가져온 사신에게는 진다進茶의례를 갖추었고, 조칙을 갖고 오지 않은 사신에게는 차를 베풀고〔設茶〕 간단한 인사를 한 후 객관으로 안내하였다고 한다(《고려사》).

5) 왕실의 다례

태후나 왕태자, 왕자, 왕희의 책봉, 원자 탄생 축하와 왕태자의 생일축하 의례 시에 진다가 있었으며 공주가 시집갈 때도 차를 베풀었다(《고려사》).

4. 고려시대의 차와 차도구

1) 고려시대의 차

고려시대에는 말차를 끓인 물에 넣거나 찻사발에 점다點茶하여 거품을 내서 차유茶乳라고 하며 마셨는데, 운유雲乳, 백유白乳, 향유香乳, 설유雪乳, 유화乳花 등이라고도 하였다. 또 거친 떡차나 잎차를 끓여서 걸러 낸 맑은 찻물을 차탕茶湯이라 하여 궁중과 상류계층에서도 즐겨 마셨고, 이를 탕약湯藥이라고도 불렀다. 서긍은 《고려도경》에 "항상 하루에 세 번 차를 주는데 계속 탕湯으로 주었다. 고려인들은 탕을 약藥이라고 한다"고 하였다.

4

차의 종류도 다양하여 떡차〔餠茶〕의 덩이차〔團茶〕류와 잎차 그리고 잎차로 만든 가루차 등이 있었다. 차의 이름으로는, 어용단차御用團茶인 뇌원차腦原茶와 대차大茶, 향차香茶, 명차名茶, 조차早茶, 유차孺茶, 선품仙品, 선차仙茶, 조아차早芽茶, 화전향명火前香茗(한식 전에 딴 차), 야차野茶(들차), 산차山茶, 엄차釅茶, 가명佳茗, 아차芽茶, 두강頭綱, 금아金芽, 맥과麥顆 등이 기록에 남아 있다.

2) 고려의 차도구

고려시대의 차도구는 귀족적이며 최고의 품질과 멋을 지니며 독창적이었다. 《고려도경》에 "고려인들은 차 마시기를 매우 좋아하여 다구를 더욱 잘 만드는데 금꽃이 있는 검은

〈그림 4-6〉 13세기 고려의 청자상감국화문탁잔
(전체높이 13.3, 잔높이 7.0×입지름 8.0×밑지름 3.7cm, 잔받침 높이 7.0×지름 16.1×밑지름 9.2cm: 디아모레 뮤지엄 소장)

〈그림 4-7〉 14세기 고려의 청자상감문귀대접
(높이 8.2×입지름 17.8×밑지름 7.2cm: 디아모레 뮤지엄 소장)

잔, 청자작은 찻잔, 은화로, 세발 차솥 등이다", "고려인들은 도자기 색깔이 푸른 것을 비취색이라 하였고 조정의 연회 때 쓰는 그릇은 대부분 금칠한 것을 썼으며 혹 은으로 된 것도 있으나 푸른색 도기를 귀하게 여겼다"고 한 것을 보면 화려하고 품격이 갖추어진 차도구를 사용하였던 것으로 여겨진다.

오늘날까지 남아 있는 고려의 차도구는 대부분 당시도 귀하게 여겼던 청자이며, 드물게 백자가 있으며 청동, 쇠, 돌 등으로 만들어진 차도구도 전해지고 있다. 고려의 청자에 대하여 일본의 우치야마內山省三는 도공의 무심無心한 마음가짐과 자연적 생활에서 비롯된 고려청자를 찬미한 《조선도자감상》(1936)에서 "만약 신에게 도달하는 길을 묻는다면 지금 나는 한마디로 '고려도기를 통하여'라고 대답하겠다"고 극찬을 하였다.

5. 고려 차인들의 차노래

「경주 황룡사」

김극기

피는 불에 향기로운 차 끓이니 꽃무늬 자기에 흰 젖이 뜨네.
향기롭고 달콤하니 맛이 참으로 좋구나.
한 번 마시니 백 가지 생각이 비어지는구나.
저무는 빛이 평지 숲에 젖어드니 (법당의) 긴 행랑에서는 북이 울리네.
재주가 적으니 만산이 교만한 듯 붓을 잡아 음송하기 더욱 괴롭구나.

「신임초옥시新賃草屋詩에 운을 따서 지은 오수伍首」

이규보

출입을 하지 않으니 오는 손은 없고 차를 끓여 먹자고 중하고나 약속하네.
쟁기 메고 다시 농사 배우니 밭에 돌아갈 날 있으리.
가난하니 빨리 늙는 것이 좋고 한가하니 더디 지는 해가 싫구나.
점차로 늙고 병들어 가니 등한하고 게으른 탓만은 아니네.

「인월대」

진각국사眞覺國師(1178~1234)

우뚝 솟은 높은 바위 몇 발인지 알까마는
위에 있는 높은 누대 하늘 끝에 닿았네.
북두국자로 은하수(비친 물)를 떠 밤차를 달이니,
차 이내는 달 속 계수나무를 싸늘하게 가리네.

「산중의 즐거움」

원감국사圓鑑國師(1226~1292)

산중의 즐거움이여! 마음 내키는 대로 즐기며 천부의 온전함을 기른다네.
깊은 숲 속 넓은 동굴 좁은 돌길이 뻗어 있고,
소나무 아래에는 개울이요 바위 아래는 샘물이 있네.
봄이 오고 가을이 가도 사람 자취 없으니, 세상의 티끌은 한 점도 침범하지 못하네.
한 바릿대의 밥과 나물 한 쟁반으로, 배고프면 먹고 곤하면 잠자네.
물 한 병, 차 한 냄비, 목마르면 손수 가져다 끓이네.
대지팡이 한 개에 부들자리 하나로, 길을 가도 선禪이요 앉아도 선禪이네.
산 중의 이 즐거움 진실로 맛나니, 시비애락 같은 방편은 모두 다 잊어 버렸네.
산 중의 이 즐거움 참으로 값지니, 학을 탄 신선이나 돈을 허리에 찬 부자도 안 부럽네.
법도에 얽매이지 않고 마음 가는 대로 즐기니, 일생동안 자유롭게 천수를 다하기만 바란다네.

「송광화상이 햇차를 보내 준 은혜에 붓 가는 대로 적어 방장실에 부침」

이제현李齊賢(1287~1367)

갑자기 문 두드림에 놀라 보니 대광주리 보내와 향기롭고 신선하여 옥과 보다 좋은 차 얻었네.
향기 맑으니 마침 한식 전에 딴 것이요, 빛 고우니 아직도 숲 아래의 이슬 머금은 듯하네.
돌 냄비에서 끓는 물은 소나무 소리 내고 자기 잔에서 어지러이 돌며 유화乳花를 토하네.
어찌 황산곡에게 운룡차雲龍茶를 부탁하리오. 설당(雪堂: 소동파의 방)의 월토차月兎茶도 부끄럽게 여기네.
서로의 교분에는 혜감의 풍류 남았건만 사례하려 해도 동암(익재의 아버지)의 시구가 없네.

붓 솜씨 노동을 본받기 어려운데 하물며 육우를 쫓아 다경쓰기를 흉내 내네.

원院 중의 화두話頭일랑 다시 찾지 마오. 내 또한 이제부터 시에 전념해야겠네.

「차를 끓이며」

이색李穡(1328~1396)

봄에 산속 시내에 드니 낮이 낮같지 않고
밤에는 가벼운 우렛소리가 나의 마음을 움직이네.
꽃자기의 눈빛 차는 아침 먹은 뒤에 마시고
돌 냄비의 바람소리는 낮잠 잔 뒤에 듣네.

「돌솥에 차 끓이다」

정몽주鄭夢周(1337~1392)

나라의 은혜에 몸 바치지 못한 늙은 서생이
차 마시는 버릇으로 세상일을 잊는구나
눈보라 휘날리는 밤에 깊은 재실에 홀로 누워
돌솥의 솔바람 소리 즐겨 듣는구나.

「산가山家의 서序」

길재吉再(1353~1419)

회오리바람 불지 않으니 단칸방이라도 편안하고
명월이 뜰에 가득하니 혼자 천천히 거닐만 하네.
처마 끝에 빗물이 계속 흐르니
이따금 베개를 높이 하여 꿈을 꾸고
산에 눈이 펄펄 날릴 때는 차 끓여 혼자 따라 마시네.

5 조선의 차생활문화

4

조선시대(1392~1910, 27대 519년)의 차문화는 왕조의 변화와 불교쇠퇴 등의 원인으로 고려시대만큼 성행하지 못하였다. 건국 초기에는 조정과 왕실의 의례에서 차문화가 유지되었으나 임진왜란 이후 급격하게 쇠퇴하였다. 그러나 선비들에 의한 차의 풍류와 사원을 중심으로 승려들의 선다일여〔諸法不二禪茶一如: 모든 법이 둘이 아니듯이 선과 차도 똑 같다〕의 차생활은 계속되어 귀족적이기보다는 소박한 차문화를 형성하게 되었다. 초기에는 고급 잎차가 사용되었던 것으로 보이나, 차문화의 쇠퇴와 함께 차의 품질도 떨어졌고 다시나 차모 등도 본래의 뜻이 없어지고 형식으로 남게 되었다.

1. 차문화의 퇴조와 중흥기

고려의 국교로 숭상되던 생활불교가 배척되면서 사원의 재정사정이 어려워지자, 사찰 주변의 차밭을 관리하는 것이 힘들어져 차의 생산량이 급감하였고, 절이나 승려들과의 교류도 적어져 차인구도 자연 줄어들게 되었다. 차의 생산량은 감소하였으나 사신에게 하사하거나(1인에게 3말-13.5kg-이상의 御茶) 중국에 공물 보내는 차의 수량(병자호란 이후

청에 차 1,000포 혹은 200짐)이 늘어나면서, 수요증가를 충족시키기 위한 차세茶稅가 극심하게 늘어나게 되었다. 이목의 《다부》에 "차는 세금을 내야 하니 도리어 사람들의 근심거리가 된다"고 한 기록 등으로 보아 과중한 세금으로 인해 생산지에서 차생산을 기피하였던 것으로 보인다.

조선 말엽에는 문인들도 차세 때문에 마음대로 차를 마시지 못하였고, '산중의 차도 세가 나올까 두려우니 외부인을 조심하라'고 할 정도였다고 한다. 차세로 인해 '차 한 홉과 쌀 한 말, 차 한 말과 무명 30필을 바꾸기도 하였다'고 하니 백성들의 차농사 기피를 짐작할 만하다.

임진왜란 이후에는 국가의 피폐한 상황으로 끼니를 잇지 못할 정도의 백성들이 많았으므로 차를 끓여 마시는 것은 생각할 수도 없었을 것이다. '차는 배고픔[虛]에는 적당하지 않고 포식에 적당하다'고 하니, 가난한 백성들이 차농사를 소홀히 하였을 것이다.

그러나 근래 청주의 한 사찰 불복장의 유물 속에서 《몽산법어》라는 책(1597년 담양 추월산 용천사본)과 함께 찻잎이 발견되었다(월간 《차의 세계》 2007. 9.). 이때 함께 발견된 책의 저작년도를 참조하면 400여 년 전 차문화의 모습이 추정된다. 차생활 풍습이 널리 대중적으로 이루어지지 못하였다 하더라도 적어도 차는 최고의 공경예물로 쓰이고 있었다는 것을 짐작할 수 있다.

그러나 19세기 다산 정약용과 추사 김정희秋史 金正喜(1786~1856), 초의선사 등을 중심으로 승려와 문인들의 활발한 차문화 교류가 이루어진 중흥기가 있었다. 1805년 신유사화로 강진으로 유배된 다산은 해남 대흥사의 대학승인 혜장惠藏(1772~1811) 스님을 만덕사(강진의 백련사)에서 만나 교류하면서 초의선사를 소개받았다. 초의선사는 다산의 아들인 정학연丁學淵의 소개로 추사를 만나고, 두 해를 한양에 머물면서 많은 선비들과 교분을 맺었다.

해남으로 돌아온 초의선사는 해마다 봄이면 정성들여 차를 만들어 추사에게 올려 보냈는데 추사에게 보내진 차는 한양의 선비들에게도 전달되었을 것이다. 차의 품질도 좋아져 《동다송》에 "우리나라 차는 맛과 약효가 겸비된 차로 색, 향, 미가 뛰어나 이는 육우도 인정할 것"이라고 하였다.

조선 중기이후 차를 마시는 풍습은 차츰 되살아나 잠시의 중흥기가 있었으나 대중화되지는 못하였던 것 같다. 그러나 800편이 넘는 시, 글, 그림, 민요 등 차에 관한 많은 자료가 전해지고 있다.

조선말에는 1883년부터 '농상사'라는 관청이 생겨 차의 재배를 관장하고 차재배를 위한 조사를 지시하였으며, 청나라로부터 모종을 수입하기도 하였다. 조선 말기까지 차를 팔러 다니는 차장사꾼이나 찻집이 있었던 것으로 보아 민가에서도 차를 사 마실 수 있었다.

2. 조선시대의 차생활문화

1) 다방

조선에도 고려시대부터 시작된 다방茶房이 이조李曹에 소속되어, 궁궐이나 사신의 숙소인 태평관太平館에서 왕실의 다례를 주관하거나 사신에게 다례를 베푸는 일 등을 하였다. 건국 초기에는 새로 지은 궁궐에 다방을 설치하는 등 중요한 부서로 대우가 좋았으며, 태종 5년(1405)에 다방도목茶房都目을 제정하였고, 1411년에는 처음 벼슬하는 자들을 속하게 하였는데, 공신의 아들로 과거에 합격하지 않고 벼슬을 얻은 신임관리들이 근무하기도 하였다.

다방에는 별감別監과 행수行首, 도목都目 등 15명 정도의 인원이 속하였다. 1414년에는 대전大殿과 왕비전王妃殿에 필요한 소채蔬菜도 담당하게 하였으며, 세종 29년(1447)에는 사준원司尊院(사신의 접대의례를 맡음)으로 개칭하고 외국사신에게 다례를 행하는 일에 중점을 두었다.

2) 다시

말의 책임을 다하고 공정한 판결을 내리기 위하여 매일 한차례씩 모여 차를 마시는 사헌부司憲府의 다시茶時가 매우 중요시 되어 고종황제 때까지 계속되었다. 조선시대의 사헌부에는 다시청茶時廳과 재좌청齋座廳이 있었는데, 서거정徐居正(1420~1488)의 《재좌청기齋坐廳記》에 "다시란 다례의 뜻을 지닌다. … 날마다 한 번씩 모여서 차를 마시는 자리를 베풀고 파하는 것이다"라고 하였다. 다시는 혜민서惠民署◆에서도 행하여졌다.

3) 차모

4

조선시대 각 관청에는 관리들의 차심부름을 하기 위해 서민계층에서 선발된 여성인 차모茶母가 있었다. 태종 6년(1406)에는 혜민국에서 양성하던 의녀 중 성적이 불량한 사람은 혜민국의 차모 일을 보게 하다가 성적 등급이 오르면 다시 의녀로 복귀시켰다고 한다. 태종 18년에는 국가의 제사와 시호諡號에 관한 일을 하는 봉상시奉常寺와 돗자리, 종이, 유지 등을 관리하는 장흥고長興庫에도 차모가 있었다. 조선 중엽의 차모는 여성포졸의 역할을 수행하기도 하였는데 선발시 키가 5척이 되어야 하고, 막걸리 3사발을 단숨에 마셔야 하며, 쌀 5말을 번쩍 들 정도로 기운이 센 여성을 기용하였다고 한다. 또 남자도 차모의 역할을 수행하였다고 한다.

4) 야다시

조선 초에 야다시夜茶時가 있었는데, 시어사◆들이 암행에서 살핀 탐관오리 등의 죄상을 논하고 비리에 대한 응징을 집행하는 모임으로 밤에 정해진 장소에 모여 차를 마시며 의논한다'고 하여 '야다시'라고 하였다. 죄목을 널빤지에 적어 당사자의 집 대문에 걸고 담벼락 둘레를 가 시덤불로 쌓아 봉하였다. 야다시를 당하면 조정에 나아가 관복을 벗고 대죄하여야 하며 그 사람은 이 세상에서 버림받는 몸이 되었다 한다. 지금은 사라진 말이지만 예상 못했던 봉변을 '야다시'라 하기도 한다.

◆ 혜민서惠民署: 태조 때의 혜민국惠民局이 태종 때 개칭되어 질병을 진료하고 의녀醫女를 교습하던 기관.

◆ 시어사侍御史: 임금과 직결된 직책으로 평소의 행색은 망가진 형상의 파락호 같은 차림이었다고 한다. 사헌부의 별도 조직에 속하여 오늘날의 고위공직자 비리조사 정도에 해당하는 일을 수행하였으므로 모든 벼슬아치가 두려워하였다고 한다.

5) 차의 생산과 유통

(1) 다점과 차시장

조선 말기까지도 차를 팔러 다니는 차장사꾼이나 다점茶店이 있어 민가에서도 차를 사 마실 수 있었으며, 차 산지의 생산량이 줄자 공납을 충당하기 위해서 또는 이용할 차를 무명이나 쌀로 바꾸는 등 차를 유통하는 시장이 있었던 것으로 보인다.

4

남유용南有容(1698~1773)은 「차를 끓이며」에 "처음에는 할 일 없이 차를 마셨는데, 드디어 안 마시고는 못 견디게 되었네. 저 우스꽝스러운 거지처럼, 곡식을 가지고 차시장〔茶市〕으로 달려가네"라고 차시장을 나타내었으며, 경남 산청군 고령토 광산을 중심으로 불리던 민요에도 차약茶藥장사가 나오고 있다.

참조 차약장사 처녀

무릅댕이 처녀는 문배장사로 나간다.
우두牛頭의 처녀는 참배장사로 나간다.
동내구동同內九洞 처녀는 차약장사로 나간다.
마동의 처녀는 옹기장사로 나간다.
산청 금랑 처녀는 공단장사로 나간다.
뽕밭 처녀는 명주장사로 나간다.
옹달샘집 처녀는 막걸리 장사로 나간다.

(2) 조선시대 차의 종류

조선시대에는 다산의 차, 칠불선원의 차, 죽로차, 장군차, 떡차(덩이차), 말차末茶(가루차), 세차細茶(어린 차), 조차早茶(이른 차, 어린 차), 조차粗茶(거친 차), 만차晩茶(늦은 차), 눈차嫩茶(싹차), 소차小茶(어린 차), 중차, 우전차, 우후차 등의 이름이 보이며, 유차乳茶, 지리차智異茶, 소수차小睡茶, 조계차曺溪茶, 첨수차添水茶, 구초구차口焦求茶, 쌍각용차雙角龍茶, 작설차雀舌茶 등도 있다.

떡차의 형태로는 만불차萬佛茶(강진 다산의 차), 천지차天地茶, 용척다병龍脊茶餠, 청태전靑苔錢, 월단月團, 보림백모차병寶林白茅茶餠(초의의 보림사차) 등이 있다.

3. 조정과 왕실의 차생활

1) 회강다례

왕세자가 스승과 시강원侍講院의 정1품 관리 및 빈객賓客을 모아놓고 경서와 사기史記를 복습하며 강론하던 회강會講에서 다례茶禮를 행하고 술과 과일을 베풀었다. 《세종실록》에 "더운 여름에는 회강을 없앨 것인가, 회강을 하더라도 다례만 행할 것인가"를 신하들과 의논한 것을 볼 수 있다. 조선시대의 왕세자 교육은 지식과 함께 덕성, 예제, 감성을 두루 중시하였기에 주변 인물을 선정할 때부터 후덕을 중시하여 선발하였고, 특히 스승과 처음 만나는 상견례에는 스승을 우선하여 왕세자가 먼저 나아가 맞이하였다고 한다.

2) 사신맞이 다례

태평관, 사정전, 인정전, 명륜당 등에서 왕이나 왕자가 중국 사신에게 차를 대접하는 다례를 행하였다. 세종 때는 다례를 빙자해 술과 성찬을 접대하는 예가 많다는 지적이 있으며, 중종 때는 사신이 머무르는 서울 동평관에서 일본 사신을 위한 다례를 행하였다.

조선시대는 중국에서 칙사가 오면 영접도감을 설치하여 원접사를 의주로 파견하여 원접다례를 행하였으며 의주, 정주, 안주, 평양, 황주, 개성의 태평관에서 친림다례를 하였다. 사신이 서울 홍제원을 거쳐 영접처인 모화관에 도착하면 공복을 갖춘 왕 또는 문무백관이 마중 나가 영접례를 행하고, 숭례문을 거쳐 경복궁이나 창덕궁에 도착하였다. 인정전에서 접견례와 다례를 행하였고, 편전에서 접견다례를 행하였다.

중국 사신에 대한 다례는 명의 천자가 보낸 사신이므로 왕과 사신, 백관이 도열하고 음악이 연주되는 가운데 엄숙하게 진행되었다. 사신맞이 다례는 조선시대의 다례 중 독립된 행사로 가장 장엄하게 이루어졌으며 접대에 차를 우선하여 행하였다.

3) 왕실의 다례

조선의 의례는 왕실의 위용을 과시하기 위하여 대부분 거국적으로 성대하게 치러졌지만, 왕실의 대소행사에 차의례〔茶禮〕를 행하는 일이 적었다. 조선시대 왕실의 다례는 진연進宴, 진찬進饌, 진작進爵, 수작受爵 등의 의궤儀軌◆를 통하여 기록이 남아 있는데, 외연外宴은 궁궐의 정전正殿에서, 내연內宴은 내전內殿에서 행하였다. 그러나 다례는 의례 절차의 일부로 형식만 남아 실제로 차를 쓰지 않거나 술로 대신하는 경우도 있었다. 사신접대에 차를 우선으로 행한 것과 달리 진찬 등 왕실의 의례는 술과 음식을 먼저하고 난 다음에 차(작설차)를 올리는 다례를 행하였다.

4. 의식다례

1) 소격서의 다례

조선 태조 때부터 소격서昭格署에서 도교의 제사를 맡아 보았는데, 제물로 과일, 인절미, 차탕, 술 등을 올렸다. 도교는 우리 고유의 선풍仙風인 환인桓因과 중국 단학의 도가사상이 합쳐져 전해오고 있어 궁극적으로 불로장생을 추구하므로 차와 관련이 깊다. 소격서의 현관과 서원은 모두 흰옷에 검은 두건의 예복으로 제물과 찻물을 올리고 향을 사르며 백번 절을 하였다. 찻잔은 푸른빛의 청화백자를 사용하였다.

2) 불가의 헌공다례

조선시대 불가의 다례는 우리만의 독창성을 가지고 부처님, 나한님, 삼보전에 차를 올리거나 돌아가신 스님의 제사, 부도, 탑 등에 차를 올리는 헌공다례가 있었다. 헌공다례에서 실제로 각 전에 차를 올리며 읊은 다게茶偈가 불가의 의례집인 《석문의범》에 여러 편 수록되어 있다.

◆ 의궤儀軌: 궁중에서 중요한 의례행사가 있을 때마다 끝날 때까지를 세밀하게 기록하여 후세에게 전수하거나 알려주는 의미가 담긴 귀중한 자료이다. 가례도감의궤, 진찬의궤, 진안의궤, 영접도감의궤, 종조의궤, 사직의궤, 국장도감의궤, 공신도감의궤 등 25종류가 있으며, 경국대전이나 국조오례의와 더불어 다례의 역사를 살펴보는 중요한 자료가 된다.

영산회상의 모든 부처님께 차를 올리며 "제가 지금 이 한 그릇의 차를〔我今持此一椀茶〕 영산대법회에 받들어 올리니〔奉獻靈山大法會〕맑게 비추어 정성을 다한 마음을〔俯鑑檀那虔懇心〕자비로써 받아주소서〔願垂慈悲哀納受〕"의 다게를 하였고, 또 "제가 지금 청정수로〔我今淸淨水〕 감로차를 만들어〔變爲甘露茶〕 삼보전에 받들어 올리니〔奉獻三寶前〕 자비로서 받아주소서〔願垂哀納受〕"의 다게는 현재 불가의 헌공 다례의식과 조석 예불문에 널리 이용되고 있다. 조석 예불시 실제로 차를 올리던 불전의 다기茶器에 청정수(맑은 물)를 올리며, "지금 올리는 이 청정수가 감로의 차(좋은 차)를 대신한다"고 다게를 올리고 있다.

4

3) 무가

무가巫家에서는 제석상에 일곱 잔의 찻물을 올렸다.

4) 가례

밥과 국을 올리는 기제사와 달리 차와 간단한 음식으로 지내는 차례와 관례, 혼례, 상례, 제례 등에 차를 올리는 의례를 가례家禮로 행하였다.

5. 차도구

조선시대에는 말차보다는 잎차와 떡차를 끓인 차탕을 즐겨 마셨다. 차도구는 소담하며 단아한 기품을 지녔으며, 선비들의 풍류에 따라 자연적 아름다움이 더해진다. 고려의 청자가 퇴조하면서 16세기 중엽부터는 청자의 바탕흙에 백토白土로 분을 바른 분청자(덤벙분청, 귀얄분청, 철화분청, 인화문분청 등)가 등장하였다. 신라 말부터 시작되어 고려시대에 간간히 생산되던 백자는 15세기 후반부터 본격적으로 발달되어 관영 도자기 가마에서 생산되어 궁중용이나 고급그릇으로 쓰였다.

〈그림 4-8〉 15세기 조선의 백자상감초문주자
(전체높이 10.1×높이 7.3×입지름 5.6×밑지름 4.6cm, 뚜껑 높이 3.4×입지름 7.3cm: 디아모레뮤지엄 소장)

〈그림 4-9〉 19세기 조선의 백자청화초문잔과 잔받침
(잔높이 5.0×입지름 9.9×밑지름 4.7cm, 잔받침높이 3.5×입지름 12.8×밑지름 6.0cm: 디아모레뮤지엄 소장)

6. 문인들의 차생활

조선시대 문인들은 대체로 대자연 속에서 소박한 초당草堂을 차실茶室로 삼아 안분지족安分知足하는 차생활을 즐겼다. 소나무 아래나 시냇물 가운데의 널찍한 바위 또는 배를 타고 편안한 마음으로 자기의 분수를 지키며 차를 끓여 마셨던 것이다.

이형상李衡祥(1653~1733, 영조 때의 청백리)과 장혼張混(1759~1828, 中人출신의 학자이며 시인)의 글에서 안분지족하는 차생활을 엿볼 수 있다.

「이형상의 다시」
내 집이 초가삼간 세상일이라곤 전혀 없네.
차 달이는 돌 탕관과 고기 잡는 낚싯대 하나. 뒷산에 절로 난 고사리
그것이 분수인가 하네.

「옥경산방玉磬山房 차회에서 유수주의 운을 따서 짓다(장혼)」
이웃사람들이 이미 서로 가까이 하니 할 일 없이 날마다 와서 모이네.
작은 오두막집이라 살기 또한 아늑하고 좌우로 시내와 산을 마주하고 있네.
봄 날씨는 점점 화창해지니 만물들이 전부 생기 있는 모습이네.
이를 바라보며 마음이 상쾌하니 농담 삼아 웃으며 등을 어루만지네.

새들은 짝지어 모이고 숲의 나무에선 향기로운 안개 일어나네.

비록 성문 안에 있다지만 뜻은 속세 밖에 노닌다네.

즐거울 진저 무엇을 근심하리오. 가난과 천함이 원래부터 분수에 맞는 일이라네.

차를 몇 사발 마시고 나니 가슴 속 온갖 번민이 흩어지네.

4

1) 계회와 계회도

조선시대 문인들은 공통 이해를 가진 이들이 친목을 다지기 위해 술이나 차를 마시며 시를 읊고 풍류를 즐기는 계회契會를 조직하였다. 계회에 속한 사람의 이름을 모두 적고 그 장면을 그린 계회도契會圖를 한 장씩 나누어 가지기도 하였는데, 이를 통해 차를 마시는 장면을 찾을 수 있다. 벼슬에서 물러난 이들의 모임이나 다신계 등의 모임도 있었다.

2) 선사

조선시대 선비들은 차를 마시며 선을 수행하기도 하였는데, 세종 때 선비들이 선사禪社를 만들어 삼각산 진관사 등지에서 차를 마시며 학업을 닦았다고 한다.

3) 문인화

선비들이 그린 문인화文人畵(이경윤: 1545~1611, 단원 김홍도: 1760~?, 이인문: 1745~1841 등)에서 차를 끓이는 모습을 많이 볼 수 있다. 다관 · 찻잔 · 탕관 · 풍로 등 차생활의 모습들이 사실적으로 묘사되어 있다.

4) 조선시대의 차인

(1) 김종직

점필재 김종직佔畢齋 金宗直(1431~1492)은 고려 야은冶隱(길재)의 학풍을 이어받아 문장

〈그림 4-10〉 김홍도(1760~?)의 〈군현도〉

과 경술經術에 뛰어나고 성품이 강직하였고, 영남학파 종조宗祖로 형조판서 지중추부사를 지냈다. 《점필재집佔畢齋集》, 《유두유록流頭遊錄》 등을 남겼으며 문하생으로 유호인, 남효온, 조위, 이목 등이 있다.

《점필재집》에 함양군수 시절 관영차밭을 일군 이야기가 "상공할 차가 이 고을에서는 나지 않는 데도 불구하고 해마다 백성들에 차세를 거두니 백성들은 돈을 가지고 전라도에 가서 차를 샀다. 대개 쌀 한말로 차 한 홉을 얻었다. 내가 이 고을에 부임했을 때 이러한 폐단을 알고 백성들에게 요구하지 않고 관가에서 스스로 구하여 바쳤다. 《삼국지》(삼국사기)를 읽다가 신라시대에 당나라로부터 차씨를 얻어다 지리산에 심게 하였다는 것을 보았다. 이 고을도 이 산(지리산) 아래 있으니 어찌 신라 때부터 내려오는 종이 없겠는가'라고 하여 노인들을 만날 때마다 널리 물어보았더니 과연 엄천사 북쪽의 대숲 속에서 몇 그루의 차나무를 얻게 되어 나는 매우 기뻤다. 그래서 나는 그 땅에 차밭을 가꾸도록 하고 그 부근의 백성 땅을 사들여 관청 땅으로 보상을 하였다. 그 뒤 몇 해 만에 제법 번식되어 차밭에 고루 퍼지게 되었으니 4~5년만 있으면 상공할 액수를 채우게 될 것이다"라고 실려 있으며, 차를 즐기는 시 등이 남아 있다.

「섣달 그믐날 밤」

월파어月波魚를 이미 실컷 먹었는데

해는 또 당당하게 지나가는구나.

같은 말〔馬〕을 두고서 시비를 일삼으니

희노喜怒는 조삼모사朝三暮四◆에 속아나는 원숭이에게나 맡기려네.

4 돌 냄비에는 창자를 씻는 차요,

난초등이 켜진 방에는 시렁에 가득한 책이로다.

가는 해는 잡아맬 수 없으니 내일은 생각이 어떠할 것인지.

(2) 이목

한재 이목寒齋 李穆은 14세에 김종직 문하에서 학문을 시작하여 19세에 진사에 합격하여 성균관 유생이 되었고, 25세에 문과에 장원하고 영안도평사가 되었다. 강직한 성품을 지녔고, 저서에 《이평사집李評事集》과 《다부》 등이 있다. 무오사화(1498)에 연유되어 억울한 죽임을 당했다. 그의 글들에서 이목은 단순히 차의 맛과 멋, 즐거움만을 추구한 것이 아니라 차를 정신수양의 한 방법으로 이용하여 높은 정신적 경지를 추구한 진정한 차인이었음을 볼 수 있다. "차는 일생동안 즐겨 맛보아도 싫증이 나지 않는 것은 그 성품 때문이다"라고 하였다. 그의 저서 《다부》에는 차 이름과 산지, 차나무의 생육환경과 예찬, 차 달여 마시기, 일곱 잔차의 효능(칠완다가), 차의 다섯 가지 공로, 차의 여섯 가지 덕성 등을 적어 차의 현묘함을 노래하고 있다. 《다부》에 자신에게 소중한 차생활을 다음과 같이 적고 있다.

내가 세상에 태어남에 풍파가 모질도다.

뜻과 같이 양생하려면 너(차)를 버리고 무엇을 구하랴.

◆ 조삼모사朝三暮四: 한 사람이 원숭이를 기르는데 식량이 부족하여 양을 줄여야할 사정이 생겼다. 원숭이에게 '도토리를 아침에 세 개, 저녁에 네 개 주겠다'고 하자 원숭이들이 화를 냈고 다시 '아침에 네 개, 저녁에 세 개 주겠다'고 하자 모두 좋아하였다고 한다. 같은 내용에 본질을 파악하지 못하고 기쁨과 성냄이 작용하는 것이다.

나는 너를 지니고 다니면서 마시고 너는 나를 따라 노니,
꽃피는 아침 달뜨는 저녁 즐거워하며 싫어함이 없네.
곁에 천군天君(마음)이 있어 두려워하며 경계하기를,
삶은 죽음의 근본이요, 죽음은 삶의 뿌리이니,
홀로 내면만을 다스리면 바깥은 시드네.
죽림칠현은 양생론을 지었지만 어려움을 이겨냈으니,
어찌 빈 배를 지혜의 바다에 띄우고 아름다운 곡식을 어진 산에 심는 것만 하리요.
신령스러운 기운이 움직여 미묘함에 드니,
즐거움을 도모하지 않아도 스스로 이르네.
이것도 역시 내 마음의 차茶이니 또 어찌 반드시 저 차茶에서 구하리오.

「일곱 잔 차의 노래〔七碗茶歌〕」
한잔 차를 마시니 마른 창자 씻어낸 듯하고 두잔 마시니 맑은 영혼 신선 된 듯하고
세잔 마시니 병든 몸 깨어나고 두풍(두통)도 말끔히 맑아진 듯하니
내 마음 공자가 높은 구름 위에서 뜻을 고상히 한 것 같고
맹자가 호연지기浩然之氣◆를 기름과 같다네.
네잔 마시니 호방한 기개 일어나 근심 울분이 사라지니
기개는 공자께서 태산에 올라서 천하를 작다고 하심과 같아
천하가 내 시야를 능히 다 포용할 수 없음을 의심하게 되고
다섯잔 마시니 색마 놀라 달아나고
시동尸童◆의 눈멀고 귀먹은 것 같이 식탐도 사라지니
내 몸 구름치마에 깃털 저고리 입고 날개 돋아나 백란白鸞◆ 타고 달에 오르는 듯하네.
여섯잔 마시니 해와 달이 한 치의 내 마음에 들어오고
만물이 대자리 위의 내 몸에 품어져서

◆ 호연지기浩然之氣: 맹자의 가르침인 인격의 이상적 기상으로 거침없이 넓고 큰 기개.

◆ 시동尸童: 제사에서 신위대신 앉히던 어린아이.

◆ 백난白鸞: 하얀 난새, 난새는 전설상 푸른빛의 봉황새.

내 영혼은 소부, 허유를 앞세우고 백이숙제 뒤따르게 하여

공중에 올라 상제께 절하는 듯 하니 어찌된 일인가.

일곱잔은 채 반도 안 마셨는데 울금향 맑은 바람 옷깃에서 일어 날아오르니

하늘문 바라보니 무척 가까운데 봉래산에 다가온 듯하네.

4

차의 다섯 가지 공〔伍功〕

① 책을 볼 때 갈증을 없애준다.

② 울분을 풀어준다.

③ 손님과 주인의 정을 화합하게 한다.

④ 뱃속 기생충으로 인한 고통을 없앤다.

⑤ 취한 술을 깨게 한다.

차의 여섯 가지 덕〔六德〕

① 오래 살게 한다.

② 병을 낫게 한다.

③ 기운을 맑게 한다.

④ 마음을 편안하게 한다.

⑤ 신선과 같게 한다.

⑥ 예의롭게 한다.

낮이 되면 차 한 잔 밤이 오면 한바탕 잠자네.

푸른 산과 흰 구름 더불어 만사에 생멸이 없음을 말하네.

(3) 서산대사

서산대사淸虛 崔休靜(1520~1604)는 15세에 입산 출가하여 보우선사를 이어 봉은사의 주지가 되었으며, 1592년 임진왜란 당시 73세의 노령으로 승병을 규합하여 왜군과 싸웠다. 좌선견성坐禪見性을 중시하였고, 유교 · 불교 · 도교는 궁극적으로 일치한다는 삼교통합론의 기원을 만들었다. 평생을 차와 더불어 살아온 것처럼 많은 차시가 남아 있다.

「행주선사行珠禪寺」

흰 구름을 옛 벗 삼으며, 밝은 달은 내 생애
무수한 산골짜기와 무수한 봉우리 속, 사람을 만나면 나는 곧 차를 권한다.

「향로봉에서 노닐다〔遊香峰〕」

걷고 걷고 또 걷고 걸어 포개진 벼랑 몇 겹이던가.
흰구름 큰 골짜기 일어나니 갑자기 향로봉 잃는 구나.
시냇물 길어 낙엽 태워 차 달여 모두 앞에 바치네.
밤이 되어 바위 아래 잠자니 혼은 날으는 용을 지배하네.
내일아침 천하를 굽어보면 온 세상 창날처럼 벌어지리.

「도운선자道雲禪子」

납자衲子(승려)의 일생 하는 일은 차 달여 조주◆에게 바치는 것.
마음은 제 되고 머리는 이미 백발이니, 어찌 남주를 생각 않으랴.

「두류산(지리산)의 은적암頭流內隱寂庵」

중 대여섯 사람이 내 암자 앞에 집을 지었네.
새벽종에 함께 일어나고 저녁 북이 울리면 같이 자네.
달빛 비친 시냇물 함께 길어 차를 달여 푸른 이내를 더불어 나누네.
날마다 무슨 일 의논하는가 염불과 참선이네.

(4) 사명당

사명당林應奎, 四溟大師(1544~1610)은 15세에 김천 직지사로 출가하여 신묵信默 스님의

◆ 조주선사(778~897): 조주지방의 관음사에 살던 종심스님, 누가 도를 물으면 '끽다거喫茶去(차나 한잔 마시게)'라는 말로 선승들을 깨우치게 하였다. 이 말은 '조주의 차茶'로 불가의 찻자리에 널리 알려져 있는데, 차를 마신 후의 맑고 선명한 정신으로 깊이 깨우쳐 정견正見을 지니는 것이 불도를 터득하는 길이라 여겼기 때문이다.

〈그림 4-11〉
이인상(1710~1760)의 〈송하수업도〉

제자가 되어 직지사 주지를 지냈으며, 묘향산 보현사로 휴정休靜(서산대사)을 찾아가 선리禪理를 참구하다 1586년 옥천산 상동암上東庵에서 오도하였다. 임진왜란에서 평양성 탈환 등의 혁혁한 전공을 세웠으며, 팔공산성八公山城, 금오산성金烏山城, 용기산성龍起山城, 악견산성岳堅山城, 이숭산성李崇山城, 부산성釜山城 및 남한산성 등을 수축하고 활촉 등의 무기도 만들었다. 1604년 선조의 부름으로 일본에 가서 전란 때 잡혀간 3,000여 명을 데리고 귀국하였으며, 해인사에서 설법하고 결가부좌한 채 입적하였다. 문집인 《사명당대사집》 7권과 《분충서난록》 등을 남겼다.

「지호선백에게 드림〔贈智湖禪伯〕」

조계를 이어 백대의 손, 가는 곳마다 떼 지어 모이네.
길사람들이여 헛되이 날을 보낸다 하지 마오.
차 달이는 여가에 흰구름 본다네.

「지원길의 운을 잇다〔次元佶韻〕」

모이고 흩어짐이 모두 전세의 인연
우리 땅 어디에서 자리 함께 할 줄 어찌 헤아리랴.

봄 정자에서 달여 바친 선차를 마시니,

푸른 풀 꽃기운 눈앞에 가득하네.

황정黃庭을 잡고 신비로운 비결 묻고자

멀리 수고하여 바다를 건너 신선의 집 찾네.

사미茶童 불러 차 석 잔을 올리니,

동원東院의 종풍은 옛법의 모범이네.

4

(5) 영수합 서씨

영수합令壽閤 徐氏(1753~1823)은 관찰사 서형수의 따님으로 우부승지를 지낸 홍인모洪仁模와 결혼하여 3남 2녀를 두었으며, 차를 무척 즐겼고 거문고를 즐겨 탔다고 한다. 성리학에 정통한 문장가 홍석주洪奭周(1774~1842)가 맏아들이고, 초의선사에게 다도를 알고자 물어《동다송》을 집필하게 된 해거도인 홍현주海居道人 洪顯周가 3남이다. 여성이면서 선비적 기풍의 시세계를 표현하였던 영수합은 자녀들에게 검소함과 엄격함을 가르치면서, 때로는 술과 차를 즐기며 시 짓는 자리를 마련하는 등의 관대함으로 교육하였다. 딸 홍원주洪原周는 다시를 포함하여 200편이 넘는 시를 남긴 조선의 여류시인이다.

「고요한 밤에 차를 달임〔靜夜烹茶〕」

여러 해 동안 은근한 불로 작은 다로茶爐에 차를 끓였으니,

신기하고 영묘한 공덕이 틀림없이 조금은 있으리.

차 한 잔 마신 뒤 거문고를 어루만지다가

밝은 달을 바라보니 누군가를 부르고 싶네.

봄날 다반茶盤의 푸른 잔에 붉은 옥 같은 차를 올리느라.

오래된 벽은 연기가 서려 얼룩져 있네.

잔에 가득한 것이 어찌 꼭 맛있는 술이어야 하리.

답청◆가는 내일에는 또 다른 다호(다관)를 가져가리라.

◆ 답청: 삼월삼짇날 봄놀이.

「동생에게 줌」

나의 늙음이야 말할 거리나 되리오마는, 그대가 늙는 것 또한 마음에 걸리네.

지팡이 짚고 나서면 가을바람 차고, 창을 열면 옥 같은 이슬 맑기도 해라.

비록 거문고 피리소리는 없어도 차와 술은 갖추어 놓았네.

한가로이 느티나무 그늘에서 졸면서 어찌 명리를 다투리.

4

(6) 정약용

정약용(1762~1836)은 정치, 경제, 법제, 지리, 경학經學에 걸친 대학자로, 호는 다산茶山, 삼미三眉, 여유당與猶堂, 사암俟菴, 자하도인紫霞道人, 탁옹籜翁, 다산초부茶山樵夫 등이다. 21세에 회시會試에 합격하여 경의진사經義進士가 되어 어전에서 《중용中庸》을 강의하기도 하였다. 하지만 황사영백서黃嗣永帛書 사건으로 40세가 되던 신유년 전남 강진으로 유배되었다. 강진읍에서 7년간 살다가 47세 되던 봄에 만덕사 서쪽에 있는 다산으로 옮겨 10여 년간 학문에 몰두하였다. 1818년 57세 되던 해에 귀양에서 풀려나, 75세까지 능내(당시 경기도 광주군 초부면 마현리)의 본가에서 18년 동안 많은 책을 저술하였다.

정약용은 "나는 본시 조선 사람이니 조선의 시를 달게 지으리라"고 하였으며, 《목민심서牧民心書》, 《경세유표經世遺表》, 《흠흠신서欽欽新書》, 《아방강역고我邦疆域考》, 《아언각비雅言覺非》등 510여 권의 저서를 남겼다. 《경세유표》에 우리의 차나무를 잘 재배하고 관리하여 차를 중국의 말과 바꾸어 나라살림에 보탬이 될 수 있는 다마茶馬무역을 주장하기도 하였다.

《아언각비》에 배우는 사람의 자세를 "배움이란 무엇인가? 배움이라는 것은 깨닫는 것이다. 깨달음이란 무엇인가? 깨달음이란 것은 그 그릇된 점을 깨닫는다는 것이다. 그릇된 점을 깨닫는다는 것은 어떻게 하는 것인가? 바른 말[雅言]에서 이를 깨달아야 한다. … 이미 저지른 잘못을 깨닫고 부끄러워하고 뉘우쳐서 고치는 것, 이를 배움이라고 이르는 것이다"라고 적고 있다.

〈그림 4-12〉 다산 정약용의 초상

강진에서 유배생활을 하던 43세에 아암 혜장兒

庵 惠藏(1772~1811)을 만나 차생활에 심취하게 되었고, 44세에 혜장스님에게 차를 청하는《걸명소》를 남겼다. 48세에 24세 아래인 초의선사를 만났는데 초의는 다산을 만난 것을 두고 "하늘이 나를 맹자 어머니 곁에 있게 한다"고 표현하였다. 귀양지에서 본가로 돌아가기 전 제자들과 다신계茶信契를 만들었다.

「햇차〔新茶〕」

금빛 휘장(차싹의 순) 밖으로 솟은 대장 깃발(차의 잎) 높이 세우고
게눈과 물고기 비늘 모양으로 끓는 모습이 흐릿한 눈에 보이네.
가난한 선비는 점심조차 먹기 어려운데
새로 떠온 맑은 샘물로 부질없이 우전차를 끓이네.
신선들의 경지에선 백성 근심 묻지 마라
사객가謝客家◆에서 누구와 수액水厄을 나누리.
가슴 속엔 막히고 걸림이 없다고 자신했는데
맑은 차 마셔보니 상쾌하여 다시 자랑할 만하구나.

「다신계」

1818년 그믐날 여러 사람이 의논하다.

사람이 귀한 이유는 신의가 있기 때문이다. 만약 떼 지어 모여 서로 즐기다가도 흩어진 뒤에 서로 잊어버린다면 이는 금수의 짓이다. 우리들 여남은 사람은 1808년 봄부터 오늘에 이르기까지 형이나 동생같이 모여서 글공부를 하였다. 이제 스승은 북녘으로 돌아가고 우리들은 별처럼 흩어져 만약에 아득히 서로를 잊고 생각하지 않으면 강신講信의 도가 경박하게 되지 않겠는가.

작년 봄 우리들은 이 일을 염려하고 돈을 모아 계를 만들었다. 처음에는 사람마다 돈 한 냥씩을 내었는데 2년이 지나서 이자가 생겨 지금은 그 돈이 35냥이 되었다. 다만 이미 흩어진 뒤에는 돈의 들고 남이 자기 뜻대로 되지 않을까 염려되어 마침 걱정하고 있었다. 그런데

◆ 사객가謝客家: 객을 물리치는 집, 귀양처소

스승이 보암의 서촌에 있는 메마른 밭 몇 구역을 떠날 때에 팔고자 하였으나 팔 수 없는 것이 많았다. 이에 우리들은 35냥의 돈을 스승의 행장에 넣어 드렸다.

스승은 서촌에 있는 몇 구역의 밭을 다신계라는 이름의 계물契物로 남겨 두었는데 훗날 강신講信의 자산이 되게 하셨다. 그 조례條例와 논밭의 면적을 아래쪽에 상세히 적는다. … 제자 18명의 명단과 출납내용 등을 적고, 청명이나 한식날과 국화꽃이 필 무렵 계원들이 다산에 모여 곗일을 행하면서 운자韻字를 내어 부賦나 시詩를 연명으로 적어 유산酉山(다산의 아들 정학연)에게 보내고, 곡우와 입하에 차를 만들어 시로 쓴 편지와 함께 부치기로 기록하고 있다.

4

마지막 부분에 다산이 직접 "무진년(1808) 봄에는 다산에서 살았는데 통틀어서 헤아리면 귀양살이 18년인데 읍내에서 살기를 8년 다산에서 살기를 11년이었다. 처음 왔을 때 주민들은 파문괴장破門壞牆(문중에서 내쫓고 담장을 무너뜨림)을 당할까 두려워 만나려고 하지 않았다. 이때에 좌우에 있던 자들은 손씨, 황씨 등 네 사람이었다. 이로 말한다면 읍내 사람들도 우환을 함께 한 자들이다. 다산의 여러 사람들은 오히려 사태가 좀 평정된 뒤에 서로 알게 된 사람들이다. 읍 사람들을 어찌 잊을 손가. 이제 다신계법의 맨 끝에 훗날의 증거를 삼기 위한 글로서 읍 사람 여섯 사람을 또 적는다. 또한 다신

〈그림 4-13〉 1957년 기와지붕으로 복원된 강진의 다산초당

계에 응한 모든 사람들이 마음을 합쳐 일을 돌보도록 하라. 이것이 나의 부탁이니 소홀히 할 수 있겠는가"라고 적었다.

(7) 김정희

추사 김정희는 조선 최고의 서화가로 성균관대사성, 이조참판 등을 지냈으며, 《완당집》, 《실사구시설實事求是說》, 《금석과안록金石過眼綠》 등의 저서를 남겼다. 완당阮堂, 예당禮堂, 시암詩庵, 다로茶老, 고정실주인古鼎室主人, 승설학인勝雪學人 등의 호를 사용하였다. 30세에 다산의 아들 유산의 소개로 서울 수락산 학림암에서 초의를 만나 금란지교의 두터운 친교를 맺었으며, 추사가 제주도에 귀양을 갔을 때(55~63세) 초의선사가 직접 찾아가 같이 지내며 차나무를 심고 참선도 하였다고 한다. 또한 초의선사가 추사에게 소개한 소치◆는 수차례 뱃길을 왕래하면서 차와 서찰 등의 심부름으로 두 사람의 가교역할을 하였다.

동시대의 차인인 신위申緯(1769~1847)의 글에 "… 다행히 추사와 자주 홍겹게 만났다. 추사는 명차名茶를 새로 끓일 때마다 시동에게 명하여 한 사발을 보내곤 하였다. 어느 날 차를 보내오고 조금 있으니 추사도 왔다. 소매에서 시가 적힌 글을 꺼내 보여 주었다. 내가 말하기를 '그대의 시상詩想은 민첩하고 기묘하여 바로 차를 끓이는 사이에 이루어지는 구나'고 하니, 추사는 웃으며 말하기를 '정말 그렇습니다. 풍로에 부채질하는 동안 갑자기 지은 것입니다'고 하였다…"라고 적고 있어 추사의 차생활을 말해 주고 있다.

「초의선사를 머무르게 하다〔留艸衣禪師〕」
눈앞의 깨끗한 잔으로 조주의 차(喫茶去)를 마시고
부처님 손안에 차 마시는 모습 득도의 뜻 알고 굳게 지키네.

◆ 소치(1809~1892): 소치는 허련小痴 許鍊, 허영米山 許瑩, 허건南農 許楗, 허문林田 許文 등 4대에 걸쳐 정통남화의 맥을 이은 한국 남화의 대표이다. 어려서부터 그림에 재주가 있어 28세 때부터 두륜 산방(해남 대흥사)의 초의선사 밑에서 공제 윤두서의 화첩을 보면서 그림을 익히기 시작하여, 33세 때 초의선사의 소개로 추사 김정희를 만나 본격적인 서화수업을 하였다. 추사가 중국 원나라 4대 화가의 한 사람인 '대치大痴 황공망과 견줄 만 하다고 하여 소치小痴라 하였다고 한다. 추사가 세상을 떠나고 말년에 머물던 운림산방(전남 진도)은 전통 남화를 이어준 한국 남화의 본거지이기도 하다.

큰소리로 외친 후 귓문(깨달음의 경지)에 물을 따르는데
봄바람 이는 어디에나 산집이 아니랴.

「혜산(중국 강소성)의 차 마시기〔惠山啜茶〕」
천하에서 두 번째 샘(중국에서 뛰어난 샘물) 진과 홍도 소중히 하였네.
4 마실 샘물은 지금도 얻을 수 있으나 두 가지(물과 차) 절묘함은 화합하기 어렵다.

(8) 초의선사

근세 차문화의 중흥조로 생활 자체가 차와 연결되어 있던 초의선사는 참선을 하면서 불을 피워 차를 달이는 생활 속에서 다선일미茶禪一味로 차와 선이 서로 별개의 것이 아니며, 차를 마시면서 차를 통하여 법희선열法喜禪悅(부처의 교법을 듣는 즐거움과 선정禪定에 들어간 즐거움)을 맛본다고 하였다. 또 '차의 성품은 거짓됨이 없어서 어떠한 욕심에도 사로잡히지 않는 것'이라 하였다.

산천도인이 차를 사례한 화답으로 짓다〔奉和山泉道人謝茶之作〕
옛부터 성현들이 모두 차를 사랑함은
차는 군자와 같아 그 됨됨이에 거짓됨이 없음이라.
사람들이 차를 마셔 없애니
멀리 설령雪嶺에서 이슬 맺힌 차싹〔露芽〕을 땄네.
규격대로 차를 만들어 품평하는데
옥(차)병은 열겹의 비단으로 싸두었다가
황하수黃河水 원천의 물로 끓이니
여덟 가지 덕◆이 있어 아름다움 한량없구나.
황하수 깊은 물의 가볍고 부드러움을 한 번 맛보니
참맛 조화되어 체體와 신神이 열리는 구나.

◆ 여덟 가지 덕: 맑고, 차갑고, 향기롭고, 부드럽고, 달고, 깨끗하고, 목이 메지 않고, 숙병을 제거.

거칠고 더러운 것 없어지고 맑은 정기 숨어드니
큰도를 이룩함이 어찌 멀기만 하랴.
차를 영산嶺山으로 가지고 가 부처님께 바치려고
차 달이며 다시 범율梵律을 자세히 생각하네.
알가閼伽(공양, 공덕, 차)의 참모습 현묘함을 나타내어
묘한 근원에 얽매이지 않는 바라밀이라네.
애석함이여, 내가 태어난 후 삼천여년이건만
조음潮音(독경소리)이 선천先天(사람이 생기기 이전)으로 아득하여
묘한 근원 묻고자 해도 얻은바 없고
니원◆ 전前에 태어나지 못함을 한탄하네.
이제까지 차 즐김에서 헤어나지 못하고
동쪽 땅에 가지고 돌아와 스스로 막힘을 웃노라.
비단으로 묶은 옥병의 봉함을 풀어
먼저 지기(친구들)에게 선사하여 즐거움을 나누리라.

(9) 한용운

만해 한용운韓龍雲(1879~1944)은 충남 홍성 출생으로 1905년 승려가 되어 3.1 운동 민족대표 33인의 한사람으로 독립선언서에 서명하였고, 1944년 66세로 입적하였다. 저서에 《조선불교유신론》과 세간과 출세간을 넘나드는 자유로운 정신으로「님의 침묵」,「알 수 없어요」 등 많은 시를 남겼다.

「증상사增上寺」
맑은 경쇠소리에 비로서 단에서 내려, 다시 햇차 따라 난간에 기대네.
오랜 비 겨우 개이고 가볍게 바람 움직여, 빈발의 낮기운 수정처럼 차갑네.
〔淸磬一聲初下檀 更添新茗依欄干 舊雨纔晴輕凉動 空簾晝氣水晶寒〕

◆ 니원泥洹: 열반, 적멸, 무위, 무생.

6 현대의 차생활문화

차문화는 우리의 생활습속에 깊이 뿌리내려, 2,000여 년을 역사를 가지고 향유되고 있다. 그러나 조선 중기 이후 다산과 초의, 추사 등에 의한 중흥기 이후 잠시 쇠퇴하였다. 근세 일제강점기에는 일본인들에 의하여 차의 생산과 연구가 일부 이루어졌는데, 광주의 무등다원, 정읍의 오가와다원, 보성의 보성다원 등 일본식 다원이 조성되고 여학교에서 다도교육이 행해졌었다. 1945년 이후는 한때, 서구 문명의 유입과 함께 들어온 커피와 홍차 등이 차를 대체하여 기호음료의 대명사로 자리 잡게 되었고 우리 차문화의 부재시대가 지속되었다.

현대에 이르러 1960년대부터 우리 문화에 대한 관심과 함께 차문화가 점차 다시 인식되기 시작하였고, 1970년대부터는 생활수준의 향상과 더불어 부단히 발전하고 있다. 1973년 차문화 전문서인 《한국의 차도》(최범술, 보련각)가 발간되었고, 1977년 '한국차도회'가 발족되었다. 1979년에는 차인들의 모임으로 '차인회'가 창립되었고 1985년 '한국 차인연합회'로 발전되어, 전국의 차인들이 활동하는 각 지역의 단위 차회들을 포함하고 있다. 이어 많은 차문화 단체들이 결성되어 현대 차문화의 발전과 확대를 지양하고 있다.

1981년에는 입춘으로부터 100일 후인 5월 25일을 '차의 날'로 재정 선포하여 기념하고 있다. 차의 생산시기인 5월은 '차의 달'이 되어, 유관 단체들과 경남 하동군, 전남 보성군, 해남군 등지의 차산지를 중심으로 지역축제와 차문화 대전 등 다양한 행사가 개최되어 차문화의 확산이 이루어지고 있다.

1990년대 이후는 전통문화에 대한 관심의 증폭과 함께 차에 함유된 성분들의 탁월한 건강적 효능이 과학적으로 증명되면서 차에 대한 중요성이 재인식되어 더욱 빠르게 발전하고 있다. 일상에서 날마다 차를 마시는 차생활 습관은 문화적 위의의 향상과 함께 개인의 격조, 그리고 건강한 생활을 도모할 수 있는 중요한 방법으로 생활문화권에 깊이 뿌리내리고 있다.

4

생각해 봅시다

차는 적어도 2,000여 년 동안을 우리 민족의 생활문화 전반에 지대한 영향을 끼쳐온 우리 고유의 전통기호음료이다. 차에 대한 무관심은 뿌리의식의 결여에서 오는 우리 문화역사에 대한 무지에서 비롯된다고 할 수 있다. 우리 생활문화에서 조상이나 신, 왕, 귀한 사람 등 공경의 대상에게 차를 바치는 다례는 중요한 의식으로 자리 잡고 있다.

유가의 관혼상제 의식에서부터 도가, 불가, 무속, 국가의식 등 삶의 모든 예속에 다례가 일대 미풍양속으르 존속되고 있다. 이는 세계의 어느 곳에도 없는 우리 고유의 전통 역사인 것이다. 우리의 생활문화에서 차는 일생의 모든 일대사에 두루 이용되는 필수적인 것이며, 또한 종교와 불가분의 관계로 수신의 중요한 방편이 되어 오고 있다.

차를 생활화하는 사람을 차인茶人이라고 하며, 차인은 차를 즐겨 마시어 맑게 사색하고 행동하는 사람이다. 요즘의 차인 정신을 옛 차인들의 음다풍습과 글을 통해 살펴보면서, 21세기 각종 오염의 시대에 건강을 위해 마시는 차 한 잔이 우리 삶의 정서에 미치는 영향에 대하여 생각해 봅시다.

녹차, 그리고 송아다식, 흑임자다식

[제5장]

차생활문화

본 장에서는 차와 더불어 닦아가는 예문화에 있어
동양의 관점에서의 예와 예절,
그리고 차생활과의 접목에 관하여 이해한다.

1 예의 기원과 예절

1. 예와 예의 기원
2. 예절과 에티켓
3. 에티켓의 실제

2 차생활과 예절

1. 차생활과 수신
2. 차를 다루는 마음가짐
3. 차생활과 예

1 예의 기원과 예절

5

1. 예와 예의 기원

1) 예와 예의 기원

동양의 전통 사상인 예禮는 '사람이 사람다워지는 수단'이며, 우리의 생활 속에서 전체적인 인간관계에 대한 행위와 규범이다. 예는 사회구성원들 사이의 역할 분담과 조화를 규정하는 행동규범으로 실생활에 밀접하게 뿌리내리고 있다. 예禮를 표현하는 행동규범을 예절禮節이라 하며 마음에서 우러나오는 공경과 정성스러움을 담고 있다.

《예기禮記》에 "예란 친한 것과 소원한 것을 정하고 의심스러운 것을 해결하며 같고 다른 것을 구별하고 옳고 그른 것을 밝히는 것이다〔夫禮者 所以定親疎 決嫌疑 別同異 明是非也〕"라고 하였다. 예는 끊임없는 수신修身에 의하여 사물을 반듯하게 인식할 수 있는 완성된 인격을 형성하는 도구인 것이다. 우리나라는 예를 중국의 양반계급에서보다 더 철저하게 중시하여 지켜옴으로써 동방의 '예의지국禮儀之國'이라 불리고 있다.

예의 고전적 의미는 제사를 규정하는 형식으로, 제정일치 사회에서 신에 대한 제사의식이다. '禮'자는 《설문해자說文解字》에 '신神'의 '시示'와 그릇에 곡식을 담은 모양의 '풍豊'이 합쳐진 글이라고 풀이한다. 보이지 않는 절대적 존재에게 계시와 보살핌을 간절히 원하며 곡물과 희생을 담아 바치는 의식을 말하는 것이다.

예는 중국의 고대사회에서 정치, 종교, 윤리 등을 총괄하였으며 이를 계승하여 심화시킨 것이 유교이다. 사회질서를 위해 만들어진 윤리규범으로서의 예는 길례吉禮 · 흉례凶禮 · 군례軍禮 · 빈례賓禮 · 가례嘉禮의 오례伍禮와 관례冠禮 · 혼례婚禮 · 조례朝禮 · 빙례聘禮 · 상례喪禮 · 제례祭禮 · 빈주례賓主禮 · 향음례鄕飮禮 · 군여례軍旅禮의 구례九禮로 구성되어 있다.

우리나라는 고려 말《주자가례朱子家禮》가 전래되어 사람이 일생을 살아가는 생활 속의 통과의례로 관례 · 혼례 · 상례 · 제례의 사례四禮를 가례家禮라 하여 미풍양속으로 지켜오고 있다. 조선시대 관혼상제의 사례는 왕가와 조정 중신, 사대부, 일반 서민에 이르기까지 보편화되었다.

5

2) 예의 종류

(1) 오례

오례는 동양사상의 원천이며 유교의 시원으로 국가적인 의례이다. 제사에 관한 길례와 국상이나 국장에 관한 흉례, 군사에 관한 군례, 국가의 빈례, 즉위, 책봉, 국혼國婚, 사연賜宴 등에 관한 가례 등이다.《주례周禮》에 "길례로써 나라의 귀신을 제사하고, 흉례로써 나라의 상사喪事를 슬퍼하고, 빈례로써 다른 나라들과 친하고, 군례로써 나라들을 화동和同하며, 가례로써 만백성을 친한다〔以吉禮祀邦國之鬼神以凶禮哀邦國之憂以賓禮親邦國以軍禮和同邦國以嘉禮親萬民〕"라고 하였다. 우리나라는 조선 성종 때「국조오례의國朝伍禮儀」를 제정하여 오례가 확립되었다.

① 길례

제사를 말한다. 신과 인간이 교접을 통해 화합을 한다는 원시적 예의 원형에 가까운 항목으로서 신인神人화합을 통해 신의 대리자인 왕의 권위를 높인다. 길례의 기본의식은 '신은 예가 아닌 것은 흠향歆饗하지 않는다'고 하여 일정한 분수에 의한 제사를 규정하고 있다.

② 가례

왕실이하 서민에 이르기까지 화합을 나타내는 예를 집대성한 것이다. 왕실 내부의 의식으로 책봉의식, 유모의 봉작, 왕실의 칭호, 종묘 및 후사에 이어 내치 등을 규정하고, 군신간의 조하의朝賀儀로서 조회시 올바른 공복의 착용, 조견시의 의례문제 등을 정리하고 있다. 친만민親萬民의식으로 70~80세 이상의 노인은 자식의 역役을 면제하고 꽃과 지팡이를 하사하는 기로연耆老宴 등을 포함하고 있다.

5

③ 빈례

국제 정치에서 사대교린事大交隣의 외교정책 의식과 사신맞이 등을 규정하고 있다. 조선시대 세종의 상중喪中에 명나라의 사신을 맞이하는 데 있어, 국왕의 상중이므로 상례의 예로 상복喪服을 착용해야 하는지 또는 명 황제의 칙사이므로 평복을 해야 하는지가 논의되기도 하였다.

④ 군례

국왕에게 최고의 통수권이 있으므로 군사軍事에 관한 통치권자 고유의 예이다. 군의 기강과 군사력의 강화 훈련을 목적으로 하는 강무講武, 사례射禮, 사냥 등의 예식이 있다.

⑤ 흉례

사람의 죽음에 있어 상喪, 장葬에 관한 모든 의식 절차로, 민간의 상장에 관한 상례喪禮뿐만 아니라 국가 또는 왕실의 상장에 관한 의절을 포함하고 있다. 불교식 또는 유교식 3년 상제 등이 있는데 흉례는 비교적 원칙적으로 잘 지켜졌다.

(2) 우리나라의 사례와 《주자가례》

우리나라의 예는 송대의 성리학性理學에서 유래하였다. 송대에 유교에는 철학이 미비하다고 하여 유·불·도의 논리를 도입하여 성리학이 성립되고 이것이 고려 말, 조선 초에 우리나라에 도입되었다. 명에서는 유·불에서 마음의 이치를 공부하는 양명학陽明學으로 발전하였고, 청에서는 실사구시實事求是의 고증학考證學으로 발전하였다.

고려 말 주자학의 도입으로 전래된 《주자가례》는 조선에 와서 이재李縡(1680~1746)

의 《사례편람四禮便覽》◆이 편찬되면서 왕실과 일반 서민에 이르기까지 널리 보편화되었다. 관혼상제는 행사 때마다 중국 사신이 와서 참관하였으므로 궁중에서 가장 잘 지켜졌고, 상례나 제례는 민가에서도 예서를 따라 잘 지켰다. 그러나 혼례는 중국의 예서를 절대 따르지 않았다. 중국과 달리 여자 집에서 치르던 혼례는 진짜로 남아있는 우리의 전통예식이다. 우리나라의 사례는 왕실과 사대부, 일반 서민에 이르기까지 널리 지켜오던 우리의 미풍양속으로 지방이나 가문에 따라 약간씩 차이가 있으며 특색이 있게 행하여 졌다.

5

① 관례

성인이 되었음을 알리는 의식으로 '남자는 상투를 틀고 관을 씌운다'고 하여 관례라 하고, 여자는 '쪽을 지고 비녀를 꽂는다'고 하여 계례笄禮라 하였다. 《예기》에 "관례를 행한 이후에 옷이 갖추어지고, 옷이 갖추어진 후에야 용체가 바르고 안색이 바르게 되며 말이 부드러워진다. 따라서 관례는 예의 시작이므로 옛날 성군이 중히 여겼다"고 하였다. 때문에 관례는 지배층 자제들의 교양 문제와 관련하여 널리 활용되었다.

관례는 15세 이상 된 자로서 《효경孝經》과 《논어論語》를 읽어서 알고, 예의에 대해서도 조금 안 뒤에 하는 것이 좋다고 하였으며, 기중忌中이나 상중喪中이 아닐 때, 정월 중의 갑자일甲子日이나 병자일丙子日을 길일吉日로, 또 정월에 관례를 치르지 못하면 여름이나 가을의 시초에 행하였다. 관례의 참뜻은 어른으로서 당당한 사회의 구성원이 되는 것이므로 관자는 성인으로의 대우를 받아 어린이에게 쓰던 낮춤 말씨 대신 보통말씨인 '~하게'를 받았으며, 절을 올리면 답배를 하였다.

관례의 절차는 음력 정월 중의 길일을 잡아 예정일 3일 전에 사당에 술과 과일을 준비하여 고하고, 부친이 친구 중에서 덕망이 있고 예법을 잘 아는 사람에게 직접 찾아가 빈〔戒賓: 주례, 큰 손님〕이 되어주기를 청하였다. 이때 차를 마시고 나서 자식의 가르침을 청하였다. 당일에 당사자가 성복成服(옷을 차려 입음)하고 3가지 관건冠巾을 차례로 씌우

◆ 《사례편람》: 《주자가례》와 김장생金長生(1548~1631)의 《상례비요喪禮備要》를 보완하여 당시 절차와 형식에 가장 비중이 컸던 상례와 함께 관례, 혼례, 제례를 포함하여 편찬되었다.

는 초가初加◆, 재가再加◆, 삼가三加◆를 하여 어른스러워질 것을 당부하고, 이어 어른으로서 시작하는 의미에서 차와 술을 내리는 초례醮禮를 행하고 자[冠字]를 지어 주었다.

예식이 끝나면 관례의 주재자가 관례자를 데리고 사당에 고한 다음 부모와 존장尊長에게 인사를 하고 빈에게 예를 행하였다. 여자는 15세가 되어 비녀를 꽂는 것을 계笄라 하고, 혼인 뒤에 시댁에 가서 사당에 혼인했음을 고하고 비로소 합발合髮로 낭자(쪽)하여 성인이 된다.

5

② 혼례

혼婚은 남자가 장가든다는 것이고 인姻은 여자가 시집간다는 의미로, 남녀가 혼인하여 부부가 되는 것을 사회적으로 알리는 예식이다. 《곡례曲禮》◆에 "혼인할 때는 좋은 날을 택하여 나라님께 고하며, 목욕제계하여 조상님께 고하고, 술과 음식을 장만하여 고을이나 마을의 어른, 친지, 벗들을 초청하여 대접하는 것이니, 이는 부부유별夫婦有別의 예를 중하게 하려는 것이다"라고 하였다. 혼례는 사례 중 가장 경사스럽고 중요한 의식이므로 대례大禮라고도 한다.

우리의 혼례 절차는 《예서》에서 말하는 것과 차이가 있으며 지역에 따라서도 차이를 보이고 있다. 남자 16~30세, 여자는 14~20세에 상중이나 기중이 아닐 때에 대체로 중매인을 통해 혼인을 의논하는 혼담조절인 의혼議婚을 거쳐 시작된다. 혼인이 결정되면 납채納采◆와 납폐納幣◆를 신부 집으로 보낸다. 납채 시에 신랑 집에서는 아침 일찍 일어나서 신부 집에 보낼 편지를 받들어 사당에 고하면서 다례를 행하였다.

함과 납채인 사주를 함께 보내기도 하였으며, 이를 받으면 이미 혼인한 것으로 간

◆ 초가初加: 어른의 평상복을 입고, 상투를 틀어 관을 씌운다.

◆ 재가再加: 어른의 출입복을 입고 머리에 모자를 씌운다.

◆ 삼가三加: 어른의 예복을 입고 머리에 유건을 씌운다.

◆ 곡례曲禮: 예기 중 몸가짐을 어떻게 할 것인가를 설명한 예법을 총괄한 편이다.

◆ 납채納采: 신랑 집에서 신부 집으로 혼인을 구하는 의례, 날짜를 정하며 사주四柱를 보내는 일이다.

◆ 납폐納幣(함): 혼서지, 채단을 신부 집에 보내는 것으로, 혼인을 허락해 준 데에 대한 감사의 뜻이 담겨 있는 예물이다.

주되었다. 함을 보낼 때는 팥시루떡을 소반에 올려놓고 그 위에 함을 올려놓았다가 가지고 가는데, 함은 첫아들을 낳았고 부부금슬이 좋은 사람이 지고 간다. 함을 받을 때도 팥시루떡 위에 함을 얹고 그 후에 함을 열어 혼서지를 사랑에 고한다. 함진애비에게는 노잣돈을 주기도 하였다.

《사례편람》에 "혼사예물은 적어도 2가지는 하되 10가지는 넘지 말며 마음에서 우러나오는 정성으로 하라"라고 하였다. 신랑이 신부 집으로 와서 초행醮行◆, 전안례奠雁禮◆, 교배례交拜禮◆, 합근례合巹禮◆의 대례大禮(혼례식)를 행한다. 신랑이 신부 집에 가서 혼례식인 대례를 올리고 신부를 맞아오는 절차를 친영親迎(혼행)이라 하며, 교배례와 합근례의 혼례 절차를 초례醮禮라 하여 신부 집의 대청이나 마당에 초례청을 마련하여 행하였다.

초례를 행한 후 신부가 신랑 집으로 가서 후례後禮를 행하게 된다. 후례는 실제로 신부가 신랑을 따라 시집으로 들어가는 우귀于歸(신행)와 시부모와 시가의 사람들에게 절을 올리는 현구례見舅禮(폐백)로 행하여진다. 현구례에 시아버지에게 해 뜨는 새벽부터 어두운 밤까지 두려운 마음으로 열심히 일하며 공경해 모시겠다는 의미로 대추와 밤을 올리고, 시어머니에게 한결같이 정성을 다해 모시겠다는 맹세로 결이 한결같은 육포를 올린다. 지방에 따라 입을 조심하겠다는 의미로 엿을 올리기도 하였다. 혼례는 신부가 시가에서 첫 농사를 짓고 직접 수확한 것으로 떡과 술을 만들어서 친정으로 근친覲親을 다녀와야 완전히 끝나게 된다.

③ 상례

상례는 사람이 태어나서 마지막 통과하는 관문인 죽음에 예를 다하여 장사지낼 때 수

◆ 초행醮行: 신랑이 초례를 치르기 위하여 부친에게 기러기를 받아들고 신부 집으로 가는 절차이다.

◆ 전안례奠雁禮: 신랑이 신부 집에 도착하여 신부의 부친에게 기러기를 전하는 절차로, 기러기를 혼례상에 올리는 것은 서로 공경하며 분별됨을 밝히고자 하는 것이다.

◆ 교배례交拜禮: 초례상에서 신랑은 최초의 양수인 1번, 신부는 최초의 음수인 2번 절하면서 서로 술을 주고받는 절차이다.

◆ 합근례合巹禮: 합환주로 표주박에 술을 따라 신랑 신부가 나누어 마시는 절차로 이 표주박은 방에 평생을 걸어두었다가, 혼인한 두 사람 중 한 사람이 먼저 상을 당할 경우 혼인이 다한 것으로 하여 깨버린다.

반되는 모든 의례로, 다른 의례와는 달리 인간의 최종 통과의례라는 점에서 비교적《예서》에 따라 엄격하게 지켰다. 임종에 대한 준비에서 임종 후 수시收屍◆, 초혼招魂◆, 호상護喪◆, 부고訃告◆의 초종初終◆과 시신을 목욕시키고 의복을 갈아입히는 습襲◆을 하고 다음날 소렴小殮◆ 후 곡을 한다. 소렴다음날 대렴大殮◆하고 성복成服(상복을 입는 일) 후 조상한다.

5

입관 전까지는 살아 돌아올 수 있다고 믿기 때문에 절대로 울지 않으며, 조문도 성복 후부터 돌아가셨다고 인정하고 받았다. 장지와 장일을 정하여 치장治葬◆하고, 우제虞祭◆후 강일剛日(甲丙戊庚壬의 날)을 골라 무시곡無時哭을 마치는 졸곡卒哭◆을 하고, 다음

◆ 수시收屍: 머리를 동쪽으로 하고, 눈을 감게 쓸어내리고 몸을 반듯하게 하고, 깨끗한 솜으로 코와 귀를 막고, 얼굴에 백포를 씌우고, 홑이불을 머리까지 덮고 병풍이나 장막으로 가린다.

◆ 초혼招魂: 죽은 사람의 혼을 다시 불러들인다는 뜻으로, 가까운 사람이 죽은 자가 평소에 입던 홑두루마기나 적삼의 옷깃을 왼손으로 잡고 오른손으로는 옷의 허리 부분을 잡고 마당에 나가 마루를 향하여 "복복복 모관 모씨某貫某氏 속적삼 가져가시오" 하고 세 번 부른 다음 지붕 꼭대기에 올려놓거나 사자의 머리맡에 두었다가 시신이 나간 다음 불에 태운다. 복이 끝나면 남녀가 곡을 하고 사잣밥으로 밥 세 그릇, 짚신 한 켤레(또는 세 켤레), 동전 세 닢을 채반에 담아 대문 밖 바로 옆에 놓는다.

◆ 호상護喪: 예를 알고 주선력이 있는 사람을 호상으로 삼아 상례를 돕게 하였다.

◆ 부고訃告: 호상된 자가 죽은 사람의 주변에 알린다.

◆ 초종初終: 사람의 죽음을 맞는데서 부터 부고를 보내는 데까지의 절차이다.

◆ 습襲: 당일 또는 다음날 죽은 사람에게 옷을 갈아입히고 반함飯含이라 하여 찹쌀을 물에 불렸다가 물을 빼고 버드나무로 숟가락을 만들어 3술을 입 안에 넣는데, 옛 풍속에는 "천 석이요", "2천 석이요", "3천 석이요"하고 외치기도 하였다.

◆ 소렴小殮: 보통 사망한 이튿날 아침에 반함이 끝난 후 시신에 수의를 입히는 일이다.

◆ 대렴大殮: 소렴이 끝난 뒤 시신을 묶어서 입관하는 의식으로 소렴을 한 이튿날이므로 죽은 지 사흘째 되는 날이다.

◆ 치장治葬: 묘지를 정하여 죽은 이를 매장하는 데까지의 절차이다.

◆ 우제虞祭: 매장한 날에 초우, 그 다음날이나 그 다음다음날에 재우, 재우 다음날에 삼우로 모두 세 번을 지낸다.

◆ 졸곡卒哭: 졸곡 후에는 무시곡을 마치고 조석에만 곡을 한다.

날 신주를 조상의 신주 앞에 모시는 부제祔祭◆를 지낸다. 성복, 상식上食◆, 졸곡에는 다례가 행하여졌다. 1년 후 소상小祥, 2년 후 대상大祥을 지내고 두 달 후 날을 골라 소복을 벗고 담복禫服◆을 입는 담제禫祭, 다음 달 평복을 입고 일상으로 돌아가는 길제吉祭를 지낸다.

④ 제례

제례는 원래 천지天地, 일월성신日月星辰, 풍사風師, 우사雨師, 사직社稷, 산악山岳, 강천江川, 선왕先王, 선조先祖를 대상으로 한다. 현대는 선조에 대한 의례로 자신의 근본이 있게 한 조상에 대해서만 제사를 지낸다. 공자는 "조상에게 제사할 때는 조상이 앞에 있듯이 하고, 신에게 제사할 때는 신이 앞에 있듯이 하라〔祭如在祭神如神在〕"라고 하였다. 돌아가신 조상이라도 살아계시듯 효성으로 공경하라는 것이다.

제례는 사당제祠堂祭, 사시제四時祭, 이제禰祭, 기일제忌日祭, 묘제墓祭가 있다. 음력 매월 초하루나 보름 또는 조상의 생일 등에 낮에 간단히 사당에서 지내던 차례茶禮를 현재는 명절에만 지내고 있으며, 매년 조상의 사망한 날 닭이 울기 전 첫새벽에 제주의 집에서 지내는 기제忌祭는 전날 밤에 치러지고 있다. 사당은 조선시대 가옥구조에서 잠을 자는 곳의 동북 쪽에 위치하였다. 기제는 제수祭需◆를 준비하여 교의交椅를 설치하고 제상에 진설陳設◆하고 지낸다. 먼저 촛불을 밝히고 향을 피운 뒤 지방紙榜을 써 붙이고 강

◆ 부제祔祭: 조상에게 합사하는 가묘제로 일반 가정에서는 소상 또는 대상 다음날에 지내기도 한다. 남자는 조祖에게, 여자는 조고祖姑에게 부한다. 가묘에서 지냈으나 가묘가 없는 집에서는 대청에서 지낸다.

◆ 상식上食: 조전朝奠과 석존夕尊으로 염습 때부터 장례 때까지의 사이에 매일 아침, 저녁 신위 앞에 제물을 올린다.

◆ 담복禫服: 담제 뒤 길제 전에 입는 옷으로 사례편람에 남자는 회색, 여자는 옥색을 사용하였다고도 한다.

◆ 제수祭需: 제사에 올리는 제물이다.

◆ 진설陳設: 제사나 잔치 때, 음식을 법식에 따라 상 위에 차려놓는 것으로 집집마다 다양한 방식으로 배설配設한다.

신降神◆, 참신參神◆하고 초헌初獻◆, 아헌亞獻◆, 종헌終獻◆, 계반삽시啓飯揷匙◆, 유식侑食◆, 합문闔門◆, 계문啓門◆, 헌다獻茶◆, 철시복반撤匙覆飯◆, 사신辭神◆, 철상撤床◆, 음복飮福◆의 절차로 올린다.

조선시대 서민은 1대 부모, 선비는 2대 조부모, 당상관 이상은 4대까지 제사를 지냈으며, 5대조 이상 직계조상은 일 년에 한번 음력 10월 중에 날을 골라 세일사歲一祀를 지냈다. 제례에서 차를 올리는 다례는 조정이나 사대부를 중심으로 어느 정도 지켜왔으리라 생각되지만, 서민을 중심으로 관행다례가 얼마나 실시되었는지는 연구대상이다. 현대의 제례는 가정의례 준칙에 의해 2대까지 제사를 지낸다.

◆ 강신降神: 신위가 강림하시어 음식 드시기를 청한다는 뜻으로, 제주가 신위 앞에 나아가 분향하고 집사자가 술을 받아서 모사그릇에 3번으로 나누어 붓고 재배한다.

◆ 참신參神: 강신 후 참여자가 함께 재배한다. 지방인 경우에는 강신을 먼저하고, 신주인 경우 참신을 먼저 한다.

◆ 초헌初獻: 제주가 분향재배하고 집사자의 도움으로 술잔을 올리고, 육적이 들어오면 상에 올리고 메(밥) 그릇 뚜껑을 연다. 초헌 후 제주 이하 끓어 앉고, 축관이 축을 읽는 독축을 한다.

◆ 아헌亞獻: 보통 기제사 등의 일반 제사에서는 제주의 부인이 잔을 올리고, 종묘, 문묘의 제례는 초헌관 다음으로 중요한 역할을 하는 사람이 잔을 올린다.

◆ 종헌終獻: 아헌자 다음 가는 근친자가 술을 7부쯤 채워 올린 후 내리지 않는다.

◆ 계반삽시啓飯揷匙: 메 그릇에 수저를 동쪽으로 향하게 꽂는다.

◆ 유식侑食: 식사를 더 권하는 절차로 종헌자가 채우지 않은 술잔을 제주가 무릎을 꿇고 다른 잔에 술을 조금 따라서 집사자를 통해 술잔을 채운다.

◆ 합문闔門: 신이 안심하고 식사를 할 수 있게 재물을 물리기 전에 모두 밖으로 나와 문을 닫거나 병풍으로 가려 막는다.

◆ 계문啓門: 문을 열고 모두 들어가 제자리에 선다.

◆ 헌다獻茶: 차를 올리는 절차이나 숭늉으로 대신하여, 갱과 바꾸어 올리고, 메를 조금씩 세 번 떠서 말아놓고 숟가락을 담가 놓는다.

◆ 철시복반撤匙覆飯: 숭늉그릇에 있는 수저를 거두고 메 그릇을 덮는다.

◆ 사신辭神: 신을 전송하는 절차로 참가자 일동이 두 번, 여자는 4번 절하고 신주일 경우는 사당에 모시고, 지방이면 축문과 함께 불살라 향로에 넣는다.

◆ 철상撤床: 제물을 물리는 것으로 모든 제수는 뒤에서부터 물린다.

◆ 음복飮福: 조상이 주신 복된 음식이라는 뜻으로 제사가 끝나면 참가자와 가족이 모여서 시식을 한다.

참조 **삼황오제와 예의 역사**

삼황오제三皇五帝는 사실성이 희박하고 신화적 색체가 짙은 시대이지만 후대 유가의 신화를 제공하는 시대로, 동양 정신사의 원천으로 또는 유교사상 발생의 시원적 환경으로 예의 개념에 있어서 중요한 의의를 갖는다. 공자는 역사적 사실성이 없는 신화적 시대라 하여 사료로 선택하지 않았으나 후세의 많은 역사서들에서 중국 역사의 근원으로 서술하고 있는 고고학적 대상이 되는 선사시대이다. 삼황은 복희伏犧, 신농神農, 황제黃帝, 오제는 첨호尖昊, 전욱顓頊, 제곡帝嚳, 당요唐堯, 우순虞舜이다.

복희는 어머니가 거인의 발자국을 밟은 후 태어난 인두사신人頭蛇身으로 제례의 기원을 시작하였다. 복희의 치적은 천지를 관찰하여 인간과 조화시키며 역易의 8괘를 창제하고, 가취嫁娶(혼인)제도를 만들어 가례의 기원을 시작하였다.

신농은 농경 신으로, 초목과 수천水天을 맛보아 먹을 수 있는 것과 없는 것을 구별하고, 농기구를 만들어 오극을 경작하게 하였다. 농경생활은 태양 및 계절과 직결되어 하늘의 도움으로 가능하므로 태양 또는 하늘에 대한 제사가 사회공동체의 의례로 성립하게 되었다. 복희 시대에 원시적으로 발생한 제례가 신농시대에 와서 비로소 성립된 것이다.

황제는 어머니가 북두성에 감응하여 25개월 만에 태어났는데, 신농 말기의 어지러운 세상을 무력으로 평정하면서 군례를 발생시켰고, 이때에 죽은 사람을 들에 묻는 풍속은 흉례의 시초가 되었다. 영토를 구주로 나누어 지배하면서 빈례의 시초를 만들어 문물제도를 완비시켰다. 복희 시대에 가례(혼례)가 일어났고, 신농시대에 길례(제례)가 성립되었으며, 황제시대에 길, 흉, 빈, 군, 가의 오례가 갖추어지게 된 것이다.

오제의 시대는 삼황의 예가 발전 확대되어 가는 시기로 요 · 순의 기원전 23~24세기는 태평성대로, 유교의 이상 국가 시대이다. 삼황오제의 시기는 왕권이 천명으로 결정되고, 산천과 사방, 군신에 대한 제례가 행하여지고, 이미 엄격히 세분화된 사회제도와 규범이 제시되기 시작하였으며, 중국 중원의 평원에 제방 등의 치수사업이 완비되었다.

공자는 예를 하례夏禮에서부터 언급하고 있는데, 하夏는 시조 우왕禹王이 기원전 22세기경 집권하여 기원전 18세기 17대 폭군 걸왕桀王이 은의 탕왕湯王에게 망할 때까지로 역사성은 강하나 충분한 사료의 증거를 아직 갖추지 못하는 시대이다. 은殷은 탕왕의 역성혁명으로 세워져 천명에 따라 왕을 추방할 수 있었고, 상商족의 상과 19대왕 반경盤庚이 옮긴 도읍인 은허의 2개 서울과 10여 곳의 왕릉이 발굴되었으며, 국가적인 제사를 관장하는 전문화된 부서로 6태太가 있었다. 20세기 초 은허殷墟의 발굴로 갑골문이 해독되면서 기원전 14세기 전후의 역사적 사실을 탐구할 수 있게 되었다. 서주西周는 무왕武王이 극도로 포악해진 은의 마지막 왕 주紂를 몰아낸 기원전 1122년부터 평왕平王이 낙읍洛邑(낙양)으로 동천하는 기원전 771년까지 중국 고대문화의 전성기이다.

상고시대부터 주대 사이는 제사가 생활의 중심을 이루는 신앙적 성격이 강한 시대이다. 이때에 봉건국가가 완비되어 천자가 제후를 통해 대리통치를 하였다. 평왕이 동천한 이후 500년간을 동주東周 춘추전국春秋戰國시대라고 하는데 정치적으로 극히 혼란하였으나 제자백가의 시대이기도 하다. 이후부터는 철기시대로 접어들었다.

참조 춘추전국시대의 제자백가

① 공자

공자는 기원전 5세기 춘추 말엽의 노나라에서 태어났으며 유교의 개조이다. 공자는 그 이전의 모든 전통에 대하여 합리주의적 정신으로 비판적 태도를 취하였으며, 괴이한 것이나 신비한 일에 관한 말을 꺼렸다. 공자 자신이 정치 문제에 깊은 관심을 보였고 스스로 관직에 나아갔으며 정치를 통한 도의 실현을 추구하였다. 주공周公◆을 꿈속에서까지 앙모하여 자신의 사표로 삼았다. 주공에서 공자에 이르는 과정은 종교적 신앙에서 인문정신으로의 전이로 합리적 정신이 강하게 작용하면서도 보수적 태도가 공존하였다. 공자는 예를 중시하며 태도를 경건히 하면서도 천명과 귀신을 멀리하고 인간의 내면적 도덕에 관심을 기울이기 시작하는 전환적 시기이다. 제자 안연顔淵이 인仁에 대하여 묻자 공자는 "자신의 사욕을 이기고 예로 돌아가는 것이 인이며, 단 하루라도 자신의 사욕을 이기고 예로 돌아간다면 천하가 모두 인으로 돌아올 것이다"라고 하였다.

② 맹자

맹자는 기원전 4세기, 공자가 일으킨 유교의 전통을 계승하여 공자의 합리적인 정신을 한층 더 발전시켜 인성人性과 천명天命의 문제를 추구하였다. 맹자에 와서 유교의 사상적 체계화가 요구되었으며, 맹자 자신은 인성을 통하여 밝히는 방법으로서 천인합일天人合一 사상을 바탕으로 하여 인성과 천명을 분석하였다. 이 과정에서 신앙은 수양으로 도덕화되고 합리화되었다. 인仁 · 의義 · 예禮 · 지智 4단四端을 설하였다.

③ 순자

순자는 인성의 본원적인 악을 파악하여 성악설을 주장하며, 선은 인위적인 노력에 의하여 달성되므로 그래서 특히 교육을 중시하였다. 천명사상을 부인하고 천을 다만 자연현상으로 보았으며, 천명을 구하는 것에서 인간의 퇴보가 일어난다고 강조하였다.

④ 노자

도가사상의 기틀을 마련한 노자는 덕德이 쇠퇴하는 단계의 최하위에 예禮를 언급하며, 예는 충신이 사라지고 혼란이 발생하는 데서 생긴다고 하였다. 만물은 무위자연의 도道로부터 생성되므로 평등하고 차별이 없으며, 이상적인 삶은 자연에 순응하며 절대적 자유를 누리는 것이므로 무위자연의 도에 기초한 순박하고 평화로운 사회의 건설을 추구하였다.

◆ 주공: 무왕의 동생으로 새로운 법도와 예악을 제정하여 주나라의 기틀을 다졌으며 나이 어린 조카 성왕을 도와 선정을 폈다.

⑤ 묵자

하류계층 출신으로 짐작되는 묵자는 엄격한 규율과 조직체계를 바탕으로 검소하고 절제된 생활을 하며, 예의 실질을 중시하고 의절의 번잡을 피하였다. 자기희생을 통한 천하의 이익을 가르친 겸애兼愛사상을 제시하였다.

(3) 현대의 관혼상제와 가정의례

사람이 평생을 살아가며 거치는 통과의례로서 우리의 전통 가정의례는 근세에 급격히 변화하였으며, 1970년대 이후 「가정의례 준칙」에 의하여 더욱 간소화되었다.

① 관례

현대 관례의 의미는 성년식으로 형식적인 기념일이 되었다. 만 20세가 되는 해의 생일이나 그해의 성년의 날인 5월 셋째 주 월요일에 법률적이나 사회적으로 정당한 권리에 참여하는 어른으로서의 책무를 일깨우는 성년식을 행하고 있다.

② 혼례

현대의 혼례는 1920년대 전후 서양문화의 영향으로 혼례식이 신부 집이 아닌 예식장 등에서 행하여지고 있다. 혼례의 절차 역시 전통 서양식도 아니고, 전통 종교예식도 아닌 우리 전통 관습과의 절충 혹은 혼합의 형태로 국적 불명의 혼례식이 거행되고 있다. 전통혼례의 납채와 납폐는 약혼식으로 이루어지며, 폐백이나 예물을 보내는 절차가 놀이식의 함 파는 일로 전락되기도 하였다. 신랑 신부가 첫날밤을 보낸 후 시댁으로 우귀하여 올리던 폐백은 예식 후 즉시 예식장에서 치러지며, 엄숙하고 경건해야 할 첫날밤도 신혼여행이라는 관광의 한 수단이 되었다.

신혼여행지에서 신부 집에 먼저 들러 이바지를 준비하여 시댁으로 들어가는 것은 전통혼례에서 우귀시 상수床需와 사돈지查頓紙를 가지고 가는 절차의 변화된 모습이다. 상수는 신부집에서 혼례식에 사용하던 음식물을 신랑 집에 보내는 것이며, 사돈지는 신부의 어머니가 신랑의 어머니에게 보내는 편지로 신부 어머니의 음식솜씨와 신부 집의 예의범절을 대표하였던 것이다. 일생의 대사로 올리는 대례가 정신은 국적불명이 되고 절차는 더욱 복잡해진 것이다.

③ 상례

상례는 「가정의례준칙」에 의하여 많은 부분 간소화되었으며 절차의 대부분을 전문기관에 맡기고 있다. 장례는 부득이한 경우를 제외하고는 사망일에서 3일이 되는 날 치러지며, 부모 · 조부모 · 배우자의 상喪 기간은 100일로 하고 그 외에는 장일까지로 한다. 상복도 따로 마련하지 않고 흰색 혹은 검정색 한복이나 양복으로 하며 왼쪽 가슴에 상장이나 흰 꽃을 달고 머리에 두건을 쓴다.

④ 제례

조선시대에 4대조까지 올리던 제례는 「가정의례준칙」에 의해 제주로부터 2대조까지 지내고 있다. 사망한 날 첫새벽에 올리던 제사는 사망하기 전날 해진 뒤에 지내고 있으며 제수 역시 간소화 되었다. 또 종교예식으로 생략 또는 변화하여 지내기도 한다.

2. 예절과 에티켓

1) 예절

예절〔禮儀凡節〕이란, 자연스러운 행동규범으로 절도 있고 규모 있는 생활을 영위하는 방법이다. 예절은 행동거지에 절제된 교양이 있어 경박하지 않고 품격을 갖추는 것이며, 생활 자체가 질서 있고 정연하여 일상의 살림살이에까지 분수에 맞는 조화가 이루어져야 한다. 어떠한 마음가짐으로 일상의 행동을 행하는가가 곧 예절이므로 충분한 덕성을 쌓는 것이 우선시되어야 한다. 한 사람이 인간으로서의 충분한 인간성을 발휘하며 덕행을 이루어가는 것이 예절인 것이다. 차생활을 통해 차를 다루면서 닦아가는 정성스러운 행동거지와 수신修身은 일상생활과 격리되지 않고 똑같이 행해져야 하는데, 완성된 인간의 모습을 만들어가는 이러한 차생활은 예절을 이루는 가장 적합한 방법이 된다.

성종 때 소혜왕후◆가 비빈과 부녀자들을 훈육하기 위해 한글로 옮겨 펴낸 《내훈內訓》(1475) 〈언행장言行章〉에 예의 실제 모습을 다음과 같이 기록하고 있다.

> 성 위에 올랐을 때는 손가락질을 하지 않는 것이며, 성 위에서는 소리쳐 부르지도 아니 하는 것이다. 토방에 오를 때에는 반드시 소리를 내어 알게 하며, 방 밖에 신이 두 켤레가 있을 때는 안에서 말소리가 들리거든 들어가고, 안에서 아무런 말소리도 들려오지 않거든 들어가지 않는다. 방으로 들어갈 때는 눈길을 반드시 아래로 나직이 하며, 방 안으로 들어서서 빗장을 닫을 때에는 여기저기 두리번거리지 말 것이다. 문이 열려 있었을 때에도 그대로 열어두고, 문이 닫혀 있었으면 전과 같이 닫아두며, 뒤따라 들어올 사람이 또 있으면 닫아도 꼭 닫지 않는다. 남이 벗어 놓은 신발을 밟지 말 것이며, 다른 사람이 앉아 있는 좌석을 밟고 건너지 않는다.
>
> 방에 들어서면 옷을 걷어 추스르고 구석자리를 찾아 앉으며, 대답을 할 때에도 '예' 하며 순종하고 조신한 태도를 가져야 한다. 시선을 얼굴에만 두면 오만한 인상을 주고 허리띠에 두면 근심 띤 인상이 되며, 너무 기울이면 간사한 인상을 준다. 모든 행동은 공경스럽지 않으면 안 된다. 용모가 근엄하면 생각이 깊어 보이고, 하는 말이 편안하면서도 분명한 데가 있으면 사람들의 마음을 편안하게 해 준다. 오만한 태도는 절대로 기를 것이 못 되며, 욕망은 좇을 것이 못 된다. 뜻은 자신의 능력에 너무 가득 차게 하여서도 안 되며, 즐거움은 너무 극에 달하게 해서도 안 된다.
>
> 나보다 어질고 현명한 사람이면 허물없이 친하게 지내는 사이라도 공경하며, 꺼려하는 사이라도 사랑한다. 또 내가 사랑하는 사람이라도 그의 잘못된 점을 볼 줄 알아야 하며, 내가 미워하는 사람이라도 그의 좋은 점을 볼 줄 알아야 한다. 재물은 모아도 풀어서 쓸 줄 알아야 하며, 비록 편안한 것을 편히 즐길 줄 알면서도 경우에 따라서는 과감히 그것을 옮길 줄도 알아야 한다. 재물을 얻을 때에도 억지로 얻으려고 탐내지 않으며, 어렵고 위급한 일을 만나서

◆ 소혜왕후(1437~1504): 좌의정을 지낸 한확의 딸로서 세조의 큰며느리이다. 세자인 남편 장暲(추존왕 덕종)이 왕위에 오르지 못하고 일찍 죽었으나 아들 성종이 왕위에 오른 후 인수대비의 칭호를 받았다. 《내훈》〈발문跋文〉에 세조가 항상 효부라 칭찬하여 '효부孝婦'라는 인장을 만들어 하사하였다고 하며, 성품이 매우 엄격하고 예의가 바르고 부도婦道를 몸에 익혀 부모에 대한 효성도 지극하였다 한다.

도 구차하게 빠져나오려 하지 말아야 한다.

서로 의견을 달리하여 다투게 되는 일이 있어도 굳이 이기려고 하지 말며, 물건을 나누어 갖게 될 경우라도 굳이 많은 것을 가지려고 하지 않아야 한다. 자신이 잘 모르는 의심스러운 일에 대하여는 구태여 함부로 밝히려 들지 말 것이며, 이미 올바르게 밝혀진 일에 대해서도 이런 저런 아무런 말도 더는 하지 말 것이다."

5

이는 언행의 실제적인 행동거지, 마음가짐과 더불어 주위와 편안히 화합할 수 있는 예절의 종합적인 모습을 말하고 있다. 《내훈》은 서양의 예절인 에티켓만이 강조되고 있는 요즘, 우리 생활예절의 모범으로 활용되어야 할 중요한 귀감서이다.

현대 예의 종류에는 필요에 따라 국가의례, 사회예절, 직장예절, 가정예절, 학교예절, 공공예절, 국제예절, 식탁예절, 언어예절, 교통예절, 부부간의 예절, 고부간의 예절, 형제간의 예절, 여행예절 등이 있다.

2) 에티켓

현대 생활에 예절의 의미로 에티켓Etiquette이 많이 사용되고 있다. 에티켓의 사전적 의미는 '① 남에게 폐를 끼치지 않고, ② 남에게 호감을 주고, ③ 남을 존경한다'로 요약된다. 즉, 에티켓은 남을 대할 때의 마음가짐이나 태도를 말하는 것으로 '자연스럽고, 보기 좋고, 기분 좋은 것으로 멋지다, 지혜롭다, 호감이 간다' 등 인격이나 교양의 기준이며, 상대를 인정하고 상대에게 폐를 끼치지 않으며 상대를 존중하는 것이며, 훌륭한 태도를 말하는 것이다. 에티켓은 남녀 간의 예의, 복장, 소개, 결혼, 흉사, 자리의 순서, 편지, 경례, 경칭, 테이블 매너 등 생활 전반의 분야에 이른다.

디너에티켓은 정찬 중 지켜야 할 테이블 매너나 복장 등이 있고, 대화에티켓에는 '누가, 무엇을, 언제, 어디서, 어떻게, 왜'를 응용하여 합리적으로 대화하며 언쟁은 피하고 상대가 무엇을 생각하고 있는지를 측정하여 자신의 다양한 체험을 이용하여 대화하며 공손함에는 지나침이 없어야 한다. 매너는 일상생활 속에서의 관습이나 몸가짐 등 일반적인 것이며, 에티켓은 보다 고도한 규칙, 예법, 의례 등으로 요구도가 높은 것을 말한다.

3) 에티켓의 실제

(1) 소개와 악수

이성 간에는 남성을 여성에게, 동성 간에는 아랫사람을 윗사람에게, 후배를 선배에게, 미혼자를 기혼자에게, 나이어린 사람을 나이 많은 사람에게 소개한다. 소개 시 모두 일어서는 것이 예의이지만 여성의 경우 앉은 채로 인사해도 된다. 그러나 성직자나 고관, 고령자를 대할 때에는 반드시 일어나야 한다.

소개를 받으면 인사로 악수를 하는데, 반드시 일어서서 상대방의 눈을 쳐다보면서 부드럽게 미소를 지으며 손을 팔꿈치 높이만큼 올려서 잠시 상대방의 손을 꼭 잡았다 놓는다. 너무 세게 잡아도 안 되고, 잡은 손을 지나치게 흔들어도 안 된다. 지위가 높은 사람이나 나이가 많은 사람이 먼저 손을 내밀며, 남성의 경우 여성과는 여성이 먼저 손을 내밀 경우만 악수한다. 그러나 남성이 습관적으로 손을 내밀었을 경우 여성이 자연스럽게 악수를 해 주는 것도 에티켓이다. 악수는 남녀 모두 장갑을 벗은 후 해야 하지만 여성이 정장차림의 일부로 긴 장갑을 착용한 경우나 길거리에서는 벗지 않아도 된다. 악수는 서양식 인사이므로 악수할 때 절을 같이 하지 않는다. 요즘은 가까운 사이나 오랜만일 경우 악수보다 훨씬 깊은 애정의 표현으로 가볍게 안아주는 포옹을 하기도 한다.

(2) 방문

일상적인 방문은 대개 점식식사 후부터 저녁식사 전까지의 시간에 반드시 상대방의 편리한 시간을 알아보고 약속한다. 서양에서는 보통 병문안이나 조문 외에 오전 중에는 방문을 하지 않는 것이 상식이다.

방문 시 현관에서 인사를 하고 집안에 들어가면 남자는 모자와 외투를 벗어야 하나, 여성 또는 잠깐 방문 시는 남녀 모두 외투를 벗지 않아도 된다. 여성의 경우 장갑을 벗지 않아도 되지만 차나 커피가 나올 때 급히 벗는 것보다는 객실에 들어서면서 미리 장갑을 벗는 것이 좋다. 실내에 들어가면 방안을 두리번거리지 않으며, 앉기를 권할 때까지 서 있는 것이 에티켓이다. 서양에서는 출입구 쪽이 하석이고 그 반대가 상석이다. 응접실에는 대개 긴 소파와 안락의자가 있는데 소파가 손님용으로 상석이다.

방문을 받은 사람은 되도록 빠른 시일 안에 반드시 답방을 하는 것이 원칙이다. 미리 약속을 하지 않고 방문한 경우 상대방이 집에 없다고 하면 더 이상 묻지 말고 명함을 두고 온다. 이때 직접 방문했다는 것을 표시하기 위하여 명함 좌측 상단 귀퉁이를 접는 관습이 있는데, 국제적으로 교양 있는 사람들 사이에 아직도 널리 성행되고 있다.

(3) 승차

5

차에 탈 때는 윗사람이나 여성이 먼저 타고, 내릴 때는 아랫사람이나 남성이 먼저 내려 윗사람이나 여성이 편안히 내릴 수 있게 차문을 열어 준다. 여성은 특히 정장 차림 시 승용차를 타고 내릴 때 운전자나 동반한 남성이 문을 열어준 다음에 타고 내린다. 차를 탈 때는 차 밖에서 먼저 차 안으로 앉은 다음 다리를 가지런히 차 안으로 들여놓는 것이 보기에 좋다. 내릴 때도 차 좌석에 앉은 채 다리를 모아 차 밖으로 내놓고 좌석에서 일어나면서 나오도록 한다.

승용차에 기사가 있을 경우 뒷좌석 운전자와 대각선의 자리가 상석이고 그 옆이 다음이고 운전석 옆자리가 다음이다. 뒷좌석 가운데자리와 운전석 옆자리가 말석인데, 5명 승차 시 뒷좌석의 가운데 자리에 되도록 여성을 앉히지 않는 것이 예의이다. 승용차의 주인이 운전할 경우는 주인의 옆자리가 상석인데, 운전자의 부인과 동승할 경우 반드시 부인이 운전자의 옆 좌석에 앉는다. 기차나 버스는 창가의 자리가 상석이고 통로 쪽이 하석이다. 비행기는 상급자나 여성이 마지막에 타고 먼저 내리는 것이 순서이며 창가가 상석이고 옆자리가 차석, 통로 쪽이 하석이다.

(4) 전화

전화는 목소리로 보여주는 자신의 얼굴이다. 용건만 간략하게 하는 것이 현대인의 교양이며 새벽이나 밤 10시 이후에는 긴급한 일이 아니면 걸지 않는 것이 예의이다.

전화를 걸면 반드시 본인을 밝히고 난 다음 용건을 말하며, 받을 때도 본인을 밝히고 상대방이 누구인가를 확인한 후 인사를 교환한다. 용건이 끝나면 먼저 건 사람이 끊을 때를 기다려 수화기를 내려놓는다. 전화가 잘못 걸렸을 경우 반드시 잘못 걸렸음을 확인 사과한 후 끊고, 잘못 걸려온 전화를 받은 경우도 친절하게 응대한다.

휴대전화는 발신음을 가능한 진동상태로 하며 통화는 다른 사람에게 피해를 주지 않도록 목소리를 조심한다.

(5) 테이블매너

바른 자세로 앉고, 음식을 주문할 때는 속으로 미리 정한 요리가 있다하더라도 먼저 메뉴를 보고 난 후에 주문하는 것이 좋다. 식기가 부딪치는 소리를 삼가며 나이프나 포크로 물건을 가리키지 않으며 나이프를 입에 대지 않는다. 요리에 따라 나이프와 포크를 이용하여 상식적인 방법으로 대화를 즐기며, 다른 사람과 보조를 맞추어 음식을 먹는다.

초대를 받았을 경우, 주인이 먼저 냅킨을 펴면 따라서 펴고 식사가 끝나면 두세 번 접어 자기의 왼쪽 테이블에 올려놓는다. 식사 도중 잠시 자리를 뜰 경우 냅킨을 식탁위에 올려놓지 않고 의자에 가지런히 두고 다녀온다. 식탁에 처음부터 빵이 놓여 있더라도 보통은 수프를 먹고 난 다음, 손으로 한입에 먹을 만큼 떼어서 먹는 것이 좋다. 버터 그릇에 담겨 나온 버터는 버터나이프를 이용하여 한 조각 떠서 자신의 빵 접시에 옮긴 후, 한 번에 먹을 만큼 작게 떼어낸 빵 조각에 발라 먹는다.

서양의 식탁에서는 반드시 나이프와 포크를 사용하는 것이 원칙이지만 샌드위치, 올리브열매, 체리, 캔디 등은 손으로 먹어도 된다. 새우나 게의 껍질을 벗길 때도 손을 사용하며 사용 후 반드시 핑거볼에 손을 닦아야 한다.

참조 에티켓의 유래

에티켓이란 고대 프랑스어의 동사 Estiquier(붙이다)에서 유래한 말로 '나무 말뚝에 붙인 표지'라는 의미에서 표찰標札의 뜻이 되고, 상대방의 신분에 따라 달라지는 편지 형식이라는 말에서 궁중의 각종 예법을 가리키는 말로 변하였다. 따라서 궁중의 사람이나 각국 대사의 순위를 정해야 하고, 그에 수반하는 예식의 절차를 정해야만 한다. 프랑스에 정착된 것은 15세기부터이며, 루이 13세(재위 1610~1643)의 비로 루이 14세(재위 1643~1715) 초기에 섭정을 한 안 도트리시의 노력으로 궁정 에티켓이 발달하여 17세기에 완전히 정비되었다.

루이 16세(재위 1774~1792) 때에는 엄격성이 해이해지고 혁명으로 인해 잠시 쇠퇴하였으나 나폴레옹이 이것을 부활시켜 1830년의 법령에 의해, 현재에 이르는 공식의전 형식을 확정하였다. 프랑스에서 19세기 말의 부르주아 사교계의 관례Usage 및 예의범절Civilité이 오늘날 프랑스 에티켓의 기초가 되었고, 국제 간의 외교의례를 프랑스어로 프로토콜Protocole이라 한다. 현대에 와서는 에티켓의 어의가 변천되고 일반인에게도 그 적용이 보편화되었다.

2 차생활과 예절

5

1. 차생활과 수신

차문화는 헌다獻茶, 진다進茶 등의 행다의례行茶儀禮와 정신을 맑게 하여 완성된 인격형성을 위한 끝없는 수행修行, 그리고 진리탐구를 위한 철학의 의미 등을 포함하고 있다. 도덕적 수양 없이는 완성된 인격형성을 이루기 어렵고 나아가 안정된 사회, 안정된 국가를 이루기 어렵다. 차를 한 잔 마시는 것은 평소의 검박한 차림과 몸가짐으로 주변의 모든 일상 용구가 청결하고 질서 정연하게 정돈되어 있는 곳에서 분에 맞는 조화를 이루며 차를 살림하는 것이다.

차나무를 가꾸어 정성스레 제다하는 과정에서부터 차를 한 잔 달여 마시기까지의 차에 관한 모든 살림살이를 꾸려나가는 것을 '차살림'이라 한다. 차살림은 전 과정을 통해 철저한 청결이 필수적이며 이를 유지하기 위해 절제된 행동이 몸에 베이게 되고 나아가 수신에 이르게 한다. 차를 다루는 도구가 다른 물질에 조금이라도 오염되면 제대로 된 차의 맛을 음미하기 힘들고, 차를 다루는 데 있어 절제된 행동거지가 생활화되지 못하면 역시 차맛을 음미하기가 어렵다. 사람이 정신적인 영역을 넓혀 가려면 절제하는 겸손함을 가져야 한다.

자기 자신의 절제와 정리를 기본으로 하는 차살림의 지속적 유지는 도덕적 수양의 좋은 방편이 된다. 안정된 찻자리에서 도리에 맞는 자연스러운 제 멋에 따라, 평형의 법칙에서 동과정이 정중동靜中動, 동중정動中靜◆하면서 중도에 맞게 조화를 이루며, 편안하고 겸손하게 차를 음미하는 모습이 일상생활에서의 모든 행동거지나 의식에 똑같이 행해지게 되기 때문이다. 분에 맞는 단정한 찻자리 살림은 단지 차를 마시며 차맛을 음미하고 건강을 도모하고자 하는 것만이 아니다. 차의 일상생활화를 통해 정신 · 문화적인 체험을 하며 이를 통해 수신으로 연결되어 고아한 품격과 인성을 완성하는 것이다. 차를 겸허하게 즐기며 이어가는 생활은 차를 음미하는 심리적 체험을 통해 심신을 수양하고 풍요로운 정신적 만족을 얻고자 하기 때문이다.

차생활은 인격을 함양하기 위한 일상의 절제된 생활이므로 부단히 자신을 관리하여 삶을 윤택하게 진화시킨다. 만사, 즉 우리의 마음가짐에 의해 이루어지는 세상의 모든 인간사는 봄눈이 녹는 것과 같이 가벼울 수 있지만 그 가운데 스스로 한 조각 없애버리지 못할 것이 있는데 그것이 바로 덕성德性이다〔萬事從來春消雪誰知個中自有一段難磨滅(艸衣)〕. 덕을 쌓는 일은 봄 눈 녹듯이 쉽게 녹아 없어지지 않는, 사람이 추구하여 닦아야 할 근본이다. 차생활은 항심◆을 가지고 꾸준히 반복 수련해 나가면 반드시 덕을 쌓는 도의 경지에 도달하게 될 것이다.

차생활을 하는 궁극적인 목적은, 사람의 원초적原初的이고 시원적始原的인 삶에 접근하여 결과적으로 도에 도달하기 위함이다. 사람의 생각은 말과 행동으로 나타나며, 언행의 반복은 습관이 된다. 생각과 느낌을 바르게 말로 나타내며 행동을 정성스럽게 갖는 것은 가장 높은 덕에 이르는 길이다. 좋은 습관의 반복은 품성이 되며 품성이 쌓이면 덕이 쌓이게 되므로, 결국은 사람의 행복을 추구하기 위한 방편이 되는 것이며, 차생활은 수련의 대상이 되는 것이다.

◆ 정중동靜中動, 동중정動中靜: 멈춤이 있으면 움직임이 있고, 움직이면 쉬어야 하는 것처럼, 차를 다루는 마음가짐과 행동에 맺고 끊음, 움직임과 쉼이 정확하여 표현이 분명한 것을 말하며, 차를 다루는 행동거지에 절도가 있어야 함을 말한다.

◆ 항심恒心: 우공이 태산을 치우는데 항심으로 하자 옥황상제가 감동하여 도와주었다고 한다. 항심은 그저 꾸준히 한결같은 마음으로 이루어 나가는 것이다.

2. 차를 다루는 마음가짐

일상에서 차를 생활화하면서 차를 다루는 마음가짐은 검소하고 소박하면서 상황에 따른 응용과 변통으로 적절하게 조화를 이루어 나가는 것이 중요하다. 그리고 온고이지신溫故而知新의 마음으로 옛것을 돌아보며 적절한 시대감각을 지니고, 지은知恩, 보은報恩하는 감사의 마음으로 화합和合하는 마음이 필요하다.

5

차를 잘 다루고 일상생활에 잘 적용하여 수시로 많이 마시는 것은 건강한 삶을 위하여 중요한 일이지만, 차를 다루는 마음가짐에서 가장 중요한 것은 때마다 진심으로 행하여야 하며, 때마다 내면의 정신이 차 속에 묻어나도록 몰입하는 것이다. 《예기禮記》에 "온화한 기색이 있는 사람은 반드시 얼굴빛에 기쁨이 넘쳐 있으며, 얼굴빛이 밝은 사람은 반드시 몸가짐이 단정한 것"이라 하였다. 차를 행할 때의 훌륭한 태도가 바른 자세로 일상의 생활에 똑같이 적용되어야 한다.

"물과 불에는 기가 있으나 생명이 없고, 풀과 나무는 생명은 있으나 지각이 없고, 새

와 짐승은 지각은 있으나 의지가 없고, 오직 인간에게는 기가 있고 생명이 있고 지각이 있고 그 위에 의가 있으므로, 이 세상에서 사람이 최고의 존재니라〔荀子〕"라고 한다. 생각하는 능력이 있기 때문에 도를 구하고자 하며, 완벽을 추구하고자 하는 목표가 있는 것이다. 인간은 만물의 영장靈長으로 뛰어난 지혜와 사고력으로 이 세상의 주인 노릇을 해왔다. 영장이란 도道를 통하고 선인仙人이 된 사람을 말하는 것으로, 차는 초기에 선인들에 의하여 이용되기 시작하였다. 삶의 가치를 부단히 추구하는 심오한 마음가짐으로 행하는 차생활은 일상이 수신修身과 연결되어 인간이 만물의 영장됨을 증명해 줄 수 있는 좋은 방법이 된다.

5

1) 다도용심

다도용심茶道用心이란 '일체의 찻일〔茶事〕을 행하는 마음의 씀씀이'로, '어떠한 마음가짐으로 차를 대하는가?' 그리고 '이 마음가짐이 결과적으로는 현실에서 일상생활에 어떻게 적용이 되는가?' 하는 것이다. 그래서 결국에는 차를 행하는 마음의 씀씀이, 즉 용심用心이 일상생활의 사소한 일들과 똑같이 평범하고 일상적인 평상심 자체가 되어 행하여지고, 결국에는 인간성 또는 역사의식 등의 대사회성 회복에까지 가서 닿아야 하는 것이다.

2) 다도무문

다도무문茶道無門이란, 차생활을 행함에 특별한 것이 따로 있는 것이 아니고 다도가 곧 일상생활과 꼭 같다는 말이다. 각성의 참된 인간생활을 목표로 하는 다도에 있어서 각성의 생활로 나아갈 수 있다고 생각하는 것은, '평상심이 곧 도〔平常心是道〕'라는 평범하고 일상적인 생활을 통해 그 온전함을 자각하고 터득하는 것이다. 지극히 평범한 일상을 실천하는 속에서 결국에는 각성의 생활로 나아갈 수 있는 것이다.

3) 다선일미

다선일미茶禪一味는 오직 차 마시는 일에 집중하여 찻일을 수행하는 것은 선을 향한 구도와 한가지로 같다는 뜻이다. 차와 선을 통해 얻어지는 삼매三昧의 경지가 하나라는 다선일매茶禪一昧나 다선일여茶禪一如와도 같은 의미로 사용되고 있다.

조선시대 추사가, "초의가 스스로 만든 차를 보내왔는데, 그 맛이 (중국의) 몽정차나 노아차보다 못하지 않다. 그 글로 보답하고자 한다. 백석신군비의 뜻을 따라 병거사가 쓰다〔艸衣寄來自製茗 不減蒙頂露芽 書此爲報 用白石神君碑意 病居士隷〕"라고 적어 명선茗禪이라는 글을 초의에게 보내었다. 이는 차가 유학자나 참선을 즐기는 수행자에게나 수행을 위한 같은 도구로 쓰였다는 것을 보여 주고 있다.

5

3. 차생활과 예

1) 차례

차례茶禮는 명절 낮에 지내는 제사로, 정월 초하루에 지내는 명절〔年始祭〕과 추석에 지내는 절사節祀, 한식날의 제사가 있고, 음력 매달 초하루, 보름, 조상 생일 등에 비교적 간단히 낮에 찻물을 바치는 사당참배 등이 있다. 사당참배는 보름의 사당참배가 가장 간략한데, 성복하고 사당의 위폐마다 찻잔탁과 찻잔반을 하나씩 신주 앞에 놓고 차를 올린다.

차례에는 주로 주부가 진다進茶(차를 내는 일)하여 집안의 큰 딸이나 큰 며느리가 받아 들고 차를 올릴 헌다자에게 전해주어 차를 올렸다. 차례에는 주로 말차를 점다하여 올렸다고 하는데, 현대에는 잎차를 많이 올리고 있다.

2) 다례

(1) 왕실의 다례

조정의 의례는 왕권의 위용을 과시하기 위해 대부분 거국적으로 성대하게 치러지므로 다례茶禮 역시 성대하게 이루어졌다. 신라시대는 가락국의 종묘를 신라 종묘에 합사(661, 문무왕 즉위년)하여 술 · 떡 · 과일 · 차 등으로 제사지냈으며, 고려시대는 연등회, 왕자 · 왕희(비빈)의 책봉, 공주의 하가, 왕자탄생, 왕태자 책봉, 군신연회, 중형주대의, 북조(거란)의 사신을 맞는 다례 등이 다양하게 행하여졌다. 조선시대의 다례행사는 의례절차의 일부로 나타나지만, 사신접대는 독립된 행사로서 장엄하게 이루어졌다. 사신접대에서는 차를 먼저, 진찬의궤에서는 술과 음식 후에 차가 맨 나중에 진행되었다. 또 왕이 친히 성균관에 납시어 성균관 유생들에게 차를 하사하는 다례가 있었다.

5

(2) 불가의 다례

신라시대는 불가의 화엄사상과 관련하여 신문왕의 왕자인 보천과 효명태자가 오대산에서 매일 문수보살에게 차를 공양하였으며, 미륵신앙으로 경덕왕에게 차를 바친 충담사는 경주 남산 삼화령 미륵세존에게 차를 달여 공양하였다는 기록 등이 전해지고 있다. 고려와 조선시대는 헌공의 다례茶禮가 불가의례의 한 예식으로 자리 잡아 다게茶偈를 올리며 거행되었다.

(3) 유가의 다례

유가의 관혼상제에 다례茶禮가 포함되어 행해진다. 관례의 절차에 주인이 빈〔戒賓〕이 될 분의 집에 찾아가서 차를 마신 후 자식의 가르침을 청하며, 3일 전 사당에 고하는 다례와, 당일에 당사자가 성복成服하고 자〔冠字〕를 받고 어른으로서 시작하는 의미에서 차와 술을 받는 다례의식이 포함되어 있다. 혼례의 납채에는 신랑 집에서 아침 일찍 일어나 신부 집에 보낼 편지를 받들어 사당에 고하면서 다례를 행하였다. 상례는 한 점 흐트러짐 없이 단 하나의 실수도 용납하지 않게 엄격하게 지켜졌는데, 성복 후 조존, 상식, 석존에 다례가 있었고, 졸곡에도 다례를 행하였다. 제례는 낮에 올리는 명절이나 사당참배의 제사를 차례茶禮로 올리며, 기제忌祭에도 헌다의 순서가 포함되어 있다.

(4) 도가의 다례

도교에서는 절에 있는 칠성각, 도교의 도관, 소격서 등에서 옥황상제, 보화천존, 사해용왕 등의 신에게 단잔으로 다례를 올렸다. 도가의 신을 모신 서울 삼청동 소격서昭格署에서는 헌관과 서원이 모두 흰옷에 검은 두건 차림으로 제사를 지내는데, 제물로 과일, 떡, 찻물을 차려서 향을 사르고 백번 절을 하였다. 찻잔은 청화백자를 이용하여 찻잔 속에 푸른빛의 차를 넣어 올렸다.

(5) 무가의 다례

제석상에 일곱 잔의 찻물을 올리는 다례가 있다.

5

(6) 여염집의 손님맞이 다례

여염집에서 귀한 손님이 찾아오거나, 초대하여 정성스레 예의를 갖추어 맞이하면서 다례를 행하였다.

3) 다도

다도茶道는 차를 다루어 손님에게 권하거나 마실 때의 예법으로, 찻잎 따기에서부터 차를 만들어 우려서 마시기까지의 찻일의 반복으로 몸과 마음을 정갈히 하여 덕을 쌓아 결국에는 도에 이르게 되는 수행의 과정을 말한다.

4) 다예

다예茶藝는 현대에 대만을 중심으로 활성화되었는데, 체험을 통해 차를 다루는 기술을 숙달시키는 것으로 일종의 기예의 절정을 추구하는 것이라 할 수 있다. 이를 통해 심신을 수양하며 도에 접근한다는 의미에서 다도와 동일시 생각될 수도 있지만 다예의 역사는 짧다.

5) 차례와 다도, 다예

차례와 다도는 한국, 중국, 일본의 동양 3국에서 공통적 또는 특색 있는 방향으로 전개되어 왔다. 관용적으로 한국은 화례花禮로 쓰이고, 중국은 화예花藝, 일본은 화도花道로 표현하고 있는 것처럼, 차례나 다도, 다예도 한국은 차례(다례)와 다도, 중국은 다예와 다도, 일본은 다도 등으로 쓰인다고 이해할 수 있다. 그러나 이들에 함축된 의미는 차후에 역사적으로 더욱 깊게 고찰되어야 할 것이다.

생각해 봅시다

동양의 예와 서양의 에티켓은 어떤 점에서 차이가 있을까? 또 교양과 인격의 향상을 위한 차생활에서 마음의 씀씀이를 어떻게 운용해야 할까? 차를 행하는 일에 있어 일상의 차생활과 더불어 차례, 다례, 다도, 다예 등의 의미를 생각해 봅시다.

5

녹차, 그리고 도라지정과

茶生活文化

[제6장] 차생활문화의 실제

본 장에서는 차생활의 실제에 이용되는 차도구와 다과 등을 이해하고,
차를 다루는 찻자리 장식의 연출을 이해한다.

1 찻자리

1. 찻자리 2. 정과 누
3. 조선의 한옥구조

2 차도구와 관리

1. 차의 선택과 관리 2. 차도구의 종류
3. 조선 찻사발의 감상

3 찻자리의 꽃

1. 한국의 전통 꽃예술 2. 화례
3. 찻자리 꽃

4 다과

1. 다과 2. 다과의 종류

5 향

1. 우리의 향문화 2. 우리의 향문화 역사
3. 찻자리의 향

1 찻자리

1. 찻자리

찻자리는 차를 행하는 자리로 차를 나누는 공간이다. 주변이 고요하여 마음을 가라앉히기에 적당한 자리에서 차를 나누는 것이 좋은데, 우리의 전통 주거생활에서는 별도의 독립된 공간이 아닌 안방이나 건넌방, 대청, 사랑 등의 공간에서 차를 마시면 이곳이 곧 차를 마시는 찻자리로 이용되었다. 사찰에서는 큰방 옆에 지대방이라는 작은 방이 별도의 휴식 공간으로 있어, 참선의 여가에는 찻자리로 이용되기도 하였다.

자연의 넓은 바위 위 또는 경관이 수려한 곳에 세워진 정亭, 대臺, 누樓 등이나 헌軒, 각閣, 재齋, 당堂, 옥屋, 실室 등에서도 차를 마셨다. 이들이 우리의 전통 찻자리인 것이다. 현대의 주거생활에서는 거실이나 또는 차를 마시기 위하여 준비한 별도의 방이 찻자리(차실)로 이용되고 있으며, 필요에 의해 야외에서 이루어지기도 한다.

2. 정과 누

1) 정

정亭은 사방이 트인 경치 좋은 곳에 건립한 낮은 마루 집으로, 휴식이나 사색, 경관 감상, 다회, 연회, 공연 등의 장소로 왕궁이나 민가, 자연 등에 세워졌다.

(1) 창덕궁 후원의 정자

창덕궁 후원은 왕과 왕족들의 휴식처로 태종 때 만들어져 고종 이후에 비원으로 불리어지고 있다. 낮은 야산과 골짜기에 자연 그대로의 모습을 간직하고 있으며 꼭 필요한 곳에만 사람의 손을 댄 우리나라의 으뜸가는 정원이다. 부용정芙蓉亭과 부용지芙蓉池, 주합루宙合樓와 어수문, 영화당暎花堂, 불로문不老門, 애련정愛蓮亭, 연경당演慶堂 등 많은 정자와 못들을 볼 수 있다. 일제의 흔적이 남아있는 관람정觀纜亭은 배를 매는 닻줄을 보는 정자라는 뜻으로 국내 유일의 부채꼴 모양이며, 일부가 반도지半島池라는 연못 안에 위치하고 있다.

〈그림 6-1〉 정

① 창덕궁 부용정과 부용지

① 창덕궁 애련정

② 활래정

③ 식영정 현판

④ 식영정

(2) 활래정

활래정活來亭은 강릉 선교장 정원에 판 인공연못 위에 세운 정자(1816)로 정 안에 차실의 기능을 위한 부속공간이 있다.

(3) 식영정

담양의 식영정息影亭은 조선시대의 대문장가인 서하당 김성원이 1560년 스승이자 장인인 임억령을 위해 지었다고 한다. 임억령은 괴마 임백령의 형으로 을사사화 때 임백령이 윤원형의 소윤 일파에 가담하여 대윤의 선비들을 몰아내고 위사공신衛社功臣이 되자 선비로서 부끄러움을 느끼고 벼슬길에서 물러나 이곳에 은거하였다고 한다.

임억령은 그림자가 쉬고 있는 정자라는 뜻의 식영정이라 이름 짓고 수많은 문인과 학자들을 불러 문장을 짓고 시를 읊었다고 한다. 그중에 정철, 고경명, 김성원, 임억령을 식영정 사선四仙이라 불렀고, 이들의 문장이 지금도 식영정 안에 현판으로 남아있다. 정철의 「성산별곡」은 계절에 따라 변하는 주변의 풍경과 식영정의 주인 김성원의 풍류를 그리고 있다. 뒤로는 오래된 소나무가 숲을 이루고 앞으로는 광주호와 호수 건너로는 무등산이 한눈에 보여 정자가 들어선 위치의 절묘함을 느끼게 한다.

2) 누

누樓는 성곽 위나 대 위에 지은 다락집으로 무장들이 모여서 시를 읊기도 하였으며, 휴식, 사색, 경관 감상, 연회, 시회, 공연, 외부감시 등의 기능을 하였다.

(1) 창덕궁 주합루

정조임금이 신하들과 책을 읽고 토론하던 곳으로 창덕궁 최고의 절경인 부용지 연못 안에 위치하고 있다. 문을 열거나 들어 올리면 개방감이 극대화되며, 연못과 함께 다리와 수목으로 조성된 공간 속에 있다.

(2) 경복궁 경회루

태종의 명에 의하여 1412년 경복궁 안에 큰 방지(사각의 연못)를 파고 경회루를 창건하였는데, 임진왜란 때 불타서 폐허가 되었다. 지금의 경회루는 1867년 흥선대원군에 의하여 재건된 것으로, 방지의 크기는 동서가 128m, 남북이 113m로 못 안에 방(사각)형

〈그림 6-2〉 누

① 창덕궁 주합루

② 경복궁 경회루

③ 광한루

④ 죽서루

의 섬을 만들고 거기에 누를 세웠다.

(3) 남원 광한루

지금의 광한루는 1638년에 재건된 것으로 연못에 면하여 남향으로 세워졌으며, 툇마루 주위에 난간을 돌리고 기둥 사이에는 모두 사분합문四分閤門을 달아 여름에는 개방하도록 하였다.

(4) 삼척 죽서루

조선 초기에 건립된 죽서루는 동해안 관동팔경 중 유일하게 바다가 아닌 강을 끼고 있는 누각으로 인공적 조원 없이 자연요소 위에 위치하고 있다. 루를 받치고 있는 기둥의 길이가 바위의 모양에 따라 각각 다르다.

(5) 진주 촉석루

고려 말 진주성을 지키던 주장主將의 지휘소로 1365년 창건된 것으로 전해지는데, 《동국여지승람》에 김주金湊가 영남루嶺南樓를 중건할 때 촉석루를 본보기로 하였다고 되어 있다. 임진왜란 때 의기 논개가 낙화落花하여 순국한 곳으로도 유명하며, 현재의 건물은 1973년에 재건된 것이다.

3) 조선의 한옥구조

조선시대의 전통가옥은 남향집으로 동쪽에 사랑채, 중앙에 안채, 서쪽에 별당이 위치한다. 조선시대 사대부 한옥의 일반적인 구조는 외부에서 대문을 통해 들어서면 사랑채, 고방, 행랑채가 위치하고 중문을 통해 안채로 들면 안마당과 본채, 대청, 안방, 건넌방, 부엌 등이 자리하고 있다. 대청에서는 액자의 그림처럼 뒤란에 위치하는 장독대가 보이며 뒤쪽 조붓한 길을 통해 사당에 이어지게 되어있다. 전형적인 기와집이며 들창, 들문 등 공간을 가변적으로 이용할 수 있는 구조로 되어있어 외부의 자연변화를 집안에서 마주할 수 있는 구조를 하고 있다.

〈그림 6-3〉 윤증고택의 사랑채

6

참조 **윤증선생 고택(충남 논산시 노성면 교촌리, 중요민속자료 제190호)**

숙종 때 학자인 명재 윤증◆의 고택으로 현존 건물은 후대의 증축으로 19세기 중엽의 건축 양식을 보이고 있다. 이산尼山을 배산으로 하여 인접한 노성향교와 나란히 남향으로 배치되어 있다. 집앞에 넓은 바깥마당이 있는데 인공 방형의 연못을 파고 조그마한 석가산을 조성한 훌륭한 정원이 조성되어 있다.

정원에서 4단으로 된 돌계단을 오르면 오른쪽 앞으로 돌출한 사랑채가 있고, 중문을 통해 안채와 연결되어 있다. 안채는 중앙에 정면 3칸, 측면 2칸의 넓은 대청이 있고 그 왼쪽으로 2칸 윗방, 2칸 안방을 두고, 오른쪽에는 2칸 건넌방, 1칸 마루방 앞으로는 2칸 안사랑방과 1칸 부엌을 달아내었다. 대청 좌우의 각 방들은 툇마루나 마루에 의하여 서로 연결되었으며, 대청의 배면은 기둥을 벽면보다 두드러지게 심벽을 처리하고 쌍여닫이 골판문을 설치하여 놓았다.

사랑채는 정면 4칸, 측면 2칸을 중앙에 전퇴前退◆를 둔 2칸의 사랑방이 놓이고 그 오른쪽에 대청이 배치되었다. 사랑방 좌측에는 1칸 마루방과 하부에 부엌을 둔 작은 사랑방이 배치되어 있다. 사랑방 뒤퇴에는 드나드는 입구에 작은 마루방이 배설되어 사랑방과 연결되며, 작은 사랑방의 뒷방과도 통하도록 되어 있다. 중문은 정면 5칸, 측면 1칸으로 좌측 두 번째 칸에 중문을 내고 안채가 바로 보이지 않게 1칸 돌아 들어가게 하였다.

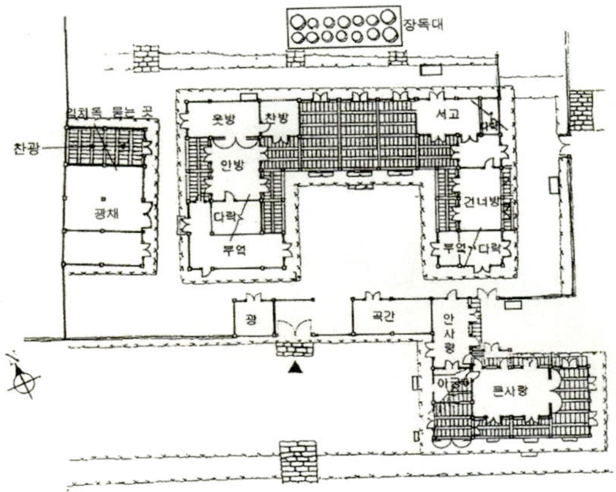

〈그림 6-4〉 한옥의 배치구조 – 윤증고택

◆ 명재 윤증明齋 尹拯(1629 ~1714): 소론의 영수로 학문이 알려지자 선비들에 의해 추천되어 왕의 얼굴을 보지 못한 채 세 번이나 벼슬에 제수되었다. 숙종 35년(1709)에는 우의정에 제수되었으나, 평생을 한 번도 출사하지 않았다. 조선시대 왕의 얼굴을 못보고 삼공三公의 지위까지 제수된 사람은 오직 윤증 한 사람뿐이며, 그가 서거하였을 때 숙종은 '유림에서는 그의 도덕을 존중하는데 나 또한 그를 이미 흠모했거늘 평생에 얼굴을 본 일이 없는 채 그가 세상을 떠나니 한이 쌓이네〔儒林尊道德 小子亦嘗欽 平生不面識 沒日恨彌深〕'라고 애도하였다 한다.

◆ 전퇴前退: 집채의 앞쪽에 다른 기둥을 세워 만든 조그마한 칸살.

2 차도구와 관리

차생활은 차를 살림살이해 나가는 과정이므로 매일 차를 마시는 생활을 하려면 일상생활의 살림도구와 마찬가지로 차살림에 필요한 도구가 준비되어야 한다. 일상의 살림살이에서 음식을 분에 맞게 하며, 간을 맞추고, 그릇을 청결히 하며, 그릇 자체가 음식과 어울리게 하는 것이어야 하듯이, 차 살림살이도 구색에 맞는 차도구를 갖추어 알뜰하게 살림을 하는 것이다.

차도구란 차살림에 사용하는 모든 기물을 말하는데, 개인의 취향과 감상에 따라 다양한 종류들을 사용할 수 있다. 차를 우려마시는 용도에 맞게 기능적이면서 세련된 것이 좋으며, 정결하고, 도구 자체가 찻자리의 구색과 어울리는 것이어야 한다. 분에 맞게 차와 차도구를 선택할 수 있는 안목이 차살림의 요체이다. 차도구는 거처하는 방이나 집에 있어서 모든 것이 청결하고, 모든 생활도구가 정연한 질서와 조화된 위치에 놓여 있어야 하는 것처럼 항상 정결히 관리해야 한다.

〈그림 6-5〉 분청 5인용 다기

1. 차의 선택과 관리

1) 녹차의 선택

녹차는 찻잎의 채엽시기와 만드는 방법이나 제다기술에 따라 다양한 특색을 가지고 있다. 일반적으로 좋은 녹차는 ①겉모양이 가늘게 잘 말려 있고, ②잘 건조되어 있고, ③찻잎이 부스러지지 않고 완전하며, ④찻잎의 크기나 두께 등이 균일하고, ⑤색이 맑고 선명하며, ⑥향이 맑고 풋풋하며 은은하다. 누런 빛이 나는 차는 신선도가 떨어졌을 가능성이 있다. ⑦우려낸 찻물의 색은 탁하지 않고 맑고 밝아야 하며, ⑧찻물을 마셨을 때 목에 부담이 없고 순수하고 부드러운 느낌의 맛이 나는 것이 좋다. 대체로 좋은 차일수록 쓰거나 떫은맛이 적고 뒷맛이 부드러우며, 하급의 차일수록 쓰거나 떫은맛이 강하고 뒷맛이 껄끄럽다. ⑨차를 우려마신 후 남은 차찌꺼기는 가능한 찻잎이 온전히 보존되어 있고 색깔이 밝고 선명한 것이 좋다. 녹차는 보통 유통기간이 2년이지만 1년 이내의 것을 확인하고 구입하는 것이 좋다.

2) 녹차의 보관

녹차를 개봉한 후 사용하고 남은 차는 밀봉을 정확히 해 두어야 품질의 저하를 줄일 수 있다. 요즘은 지퍼 식으로 만들어진 포장지가 많이 쓰이지만, 일반적인 차 봉투를 처음

〈그림 6-6〉 많은 양의 차를 가득 채울 수 있는 토기 찻독 (몸체높이 43cm×최대폭 38cm)

〈그림 6-7〉 작은 양의 차를 넣어 보관할 수 있는 토기 차항아리 (몸체높이 18cm×최대폭 20cm)

개봉할 때에는 반드시 가위로 개봉면을 매끄럽게 절단하여 집게 등으로 잘 집어 두어 가능하면 공기가 통하지 않도록 하는 것이 좋다. 실온에서는 습기와 직사광선을 피하여 보관하며, 요즘은 차전용의 소형 냉장고를 준비하여 간편하게 보관하기도 한다.

냉장고를 이용할 경우 냉동보다는 5도 정도의 냉장저장이 좋으며, 냄새나는 다른 물질을 함께 보관하면 차가 냄새를 많이 흡착하여 차맛을 변질시키므로 특히 조심하여야 한다. 물론 일반 음식을 넣는 냉장고에 함께 보관하는 것도 금물이다. 차를 냉장보관하더라도 자주 꺼내어 쓰는 것은 가능하면 소량씩 덜어 실온에서 보관하며, 좀 더 적극적인 방법으로는 작은 옹기나 토기를 차항아리로 이용하여 덜어 두고 사용하는 것이 좋다. 냉장과 실내온도의 급격한 변화로 인해 습도에 차이가 생겨 품질이 저하될 수 있기 때문이다.

예전에는 옹기나 토기◆로 만들어진 항아리를 찻독이라 하여 차 보관에 이용하였다. 요즘도 냉장고 대신 찻독에 차를 보관하는 것이 좋은데, 오래 두고 쓰는 차는 큰독에 보관하고 자주 쓰는 차는 가능하면 작은 독을 이용하는 것도 요령이다.

2. 차도구의 종류

1) 다기

다기茶器는 자기와 사기, 유리제품 등이 있는데, 녹차를 우려마시는 경우 일반적으로 자기 제품이 좋다. 자기 제품으로는 백자와 청화백자, 분청, 청자 등의 종류가 있다. 차의 종류나 양, 특성 등을 고려하여 다기의 크기나 모양을 선택하는데, 흰색이나 연한색이 은근하고 소박하여 차분한 찻자리에 어울린다. 다기를 손에 잡았을 때 사용하기가 편해야 하며 너무 무겁거나 가볍지 않아야 한다. 새로운 다기를 처음 사용할 경우 깨끗한 물

◆ 토기: 토기는 선사시대부터 삼국시대를 거쳐 고려와 조선시대에 이르기까지 일상생활에서 흔히 쓰이던 전통그릇이다. 유약을 바르지 않고 소나무 장작으로 5~6일간 서서히 불꽃을 높이면서 강한 불로 소성시킨 후 가마의 전 구멍을 막아 연기가 기물의 속까지 스미게 하여 10일 정도 식혀 완성된다. 그릇이 연기를 머금어 자연스럽게 색을 입힌 토기는 질박하면서도 실용적이고, 빛깔은 투박하면서도 온화한 짙은 회색을 띠고 있다.

〈그림 6-8〉 손잡이 모양과 크기가 다양한 다관들과 내부 거름망의 모습

로 닦아서 사용하며, 사용 후 반드시 깨끗이 닦아서 잘 건조시켜 보관한다. 분청다기는 사용에 따라 연륜이 묻어나는 변화를 감상할 수 있으므로 처음부터 찻물에 삶아 물을 들이는 것은 감상의 기회를 잃을 우려가 있다.

(1) 다관

다관茶罐은 뚜껑에 꼭지와 통기구멍이 있고 몸통에 부리와 손잡이가 달려있다. 잎차를 우려마실 때 사용하므로 절수가 잘 되어야한다. 손잡이의 위치에 따라 상파上把◆, 횡파橫把◆, 후파後把◆의 형태가 있다. 입구부분과 뚜껑은 잘 맞아야 하며, 물이 나오는 부리부분은 입구 부분과 같은 높이를 이루는 것이 절수 조절에 좋다. 몸통부분의 거름망 구멍은 간격과 크기, 방향이 일정한 것이 좋은데, 구멍이 너무 크면 찻잎이 많이 나오게 되고 너무 적으면 쉬 막혀 사용에 불편을 준다.

◆ 상파上把: 윗손잡이.

◆ 횡파橫把: 옆손잡이.

◆ 후파後把: 뒷손잡이.

(2) 숙우와 거름망

숙우熟盂(물 식힘 사발, 귀때그릇)는 물을 쉽게 따를 수 있도록 한 쪽에 귀가 달려 있는 그릇이다. 익은 물을 식혀 적정한 온도로 맞추거나 또는 차를 나누어 마실 때 사용하므로 절수가 잘 되어야 한다.

다관에서 우린 찻물을 숙우에 따를 때 찻잎이 함께 흘러나오는 것을 걸러 주고 싶다면 거름망을 이용한다. 그러나 녹차의 경우는 함께 나오는 찻잎을 그대로 찻물과 함께 이용하는 것이 무방하다.

(3) 찻잔과 찻잔받침

찻잔은 잎차를 마실 때 사용하는 작은 잔으로 찻잔받침과 함께 사용한다. 찻잔받침은 찻잔과 같은 소재 또는 은 · 동 · 철 · 나무로 만든 것을 이용하는데, 나무로 만든 받침을 이용하면 그릇끼리의 마찰을 완화시켜 편안히 사용할 수 있다.

〈그림 6-9〉 숙우

〈그림 6-10〉 찻잎을 거르는 거름망들

〈그림 6-11〉 토기 헌다용 찻잔과 찻잔받침
(전체높이 13.5cm×잔높이 7cm×입지름 7cm×밑지름 5cm,
잔 받침높이 7cm×입지름 13.5cm 밑지름 10.5cm, 뚜껑지름 8.5cm)

〈그림 6-12〉 나무로 만든 찻잔받침들

〈그림 6-13〉 거름망에 차를 넣어 찻잔 안에 적당한 온도의 물을 붓고 쉽게 우려마실 수 있는 1인용 찻잔

〈그림 6-14〉 내부에 거름망이 있고 2중의 유리로 되어 휴대가 간편한 1인용 찻잔

(4) 물버림그릇

물버림그릇[退水器, 떨이]은 찻자리에서 사용한 물을 버리거나 찻그릇을 닦는 데 사용하는 다소 큰 그릇으로 다관이나 숙우, 찻잔 등과 적당한 비례를 이루는 크기가 좋다.

〈그림 6-15〉 분청 물버림그릇

〈그림 6-16〉 토기 물버림그릇

(5) 차통, 차호, 차합

일단 개봉한 차는 공기가 통하지 않게 밀봉하여 차통(제품의 통)에 보관하여야 신선함을 유지할 수 있다. 찻상에서 차를 소량 덜어 이용하는 그릇으로는 뚜껑에 꼭지가 달린 차호茶壺와 꼭지가 없는 차합茶盒이 있다. 차호나 차합에 속 마개가 따로 없는 경우는 소량을 덜어 잠시 동안 사

〈그림 6-17〉 차합과 차호

용하고, 남은 차를 장기 보관할 경우는 다시 밀봉하여 별도의 차통 또는 차항아리에 보관하는 것이 좋다.

〈그림 6-18〉 분청 찻사발
(높이7cm×입지름 14cm×밑지름 6cm)

(6) 찻사발

찻사발〔茶碗〕은 가루차를 마실 때 사용하는 잔이다.

2) 차도구

(1) 화로와 탕관, 포트

차를 우리는 물을 끓이는 화로火爐와 탕관湯罐은 한 벌로 구성되어 있어 숯으로 불을 피워서 사용하지만, 요즘에는 화로 안에 전기선을 넣어 편리하게 이용하기도 한다. 일상적인 차생활에서는 흔히 간단하게 전기포트를 사용하지만, 화로와 탕관은 찻자리의 운치를 보여주는 중요한 기물이다.

〈그림 6-19〉 화로와 탕관

(2) 물바가지

물바가지〔瓢子〕는 탕관과 물항아리의 물을 떠서 옮기는 데 이용하는 것으로 간단한 차생활에서는 이용도가 낮지만, 구색을 갖춘 찻자리에서는 필수적인 도구이다. 천연의 표주박이나 대나무 또는 옻칠을 한 종류들이 있는데, 물바가지의 재료나 상태에 따라 물맛이 좌우된다.

〈그림 6-20〉 물바가지

(3) 물항아리

찻자리에 사용할 물을 보관하는 비교적 큰 항아리로 다른 도구와 조화를 이루는 것이 좋다. 자기나 토기, 도기류들은 물을 보관할 때 정수의 기능을 하므로 수돗물 등을 이용하여 차를 마실 경우는 필수적으로 필요하다. 요즘은 정수기 등의 보급으로 자주 사용되지는 않지만, 물항아리는 찻자리의 조화를 보여주는 주요 기물이다.

〈그림 6-21〉 분청 물항아리
(높이 16cm×윗지름 15cm×밑지름 11cm×최대폭 22cm)**와 소나무 태움질 받침**
(높이 5cm×지름 19cm)

(4) 찻상과 찻상보

사용하는 차도구를 배열하기에 적당한 크기의 상을 선택하고 찻상보茶床褓는 찻상茶床보다 조금 여유 있는 크기가 좋다. 차를 마시는 찻상은 시야에 부담이 없을 정도로 보통 20cm 이하가 좋으며 차를 나르는 다반茶盤(보조상) 등을 함께 사용한다. 특별한 찻상이 없을 경우에는 식탁이나 거실의 탁자 위에 정갈한 찻상포를 깔고 그 위에 찻그릇을 배열하여 이용하는 것도 무방하다.

〈그림 6-22〉 소나무 다기함 찻상
(높이 15cm×윗면 55cm×32cm)**과 덤벙 분청의 차도구**

〈그림 6-23〉 다양한 크기의 오동나무 찻상

〈그림 6-24〉 소나무 태움질 찻상

참조 태움질

200년 이상 되는 홍송을 순간온도 700~800℃에서 구워 다른 칠을 하지 않고 자연마감처리를 한다. 전통기법인 태움질을 하면 습기에 안정되어 뒤틀림이 없는 순수한 자연의 생명력이 있다.

(5) 찻상포

찻상의 판위에 삼베, 무명 등의 물기를 잘 흡수하는 찻상포茶床佈를 깔아서 판을 보호하기도 한다. 계절감이나 찻자리의 성격에 맞게 찻상과 조화를 이루는 색을 이용하지만 대체로 흰색이 무방하다.

〈그림 6-25〉 찻상보(청홍포와 조각보)

(6) 차행주

행주는 흐르는 물을 닦거나 다기를 닦는 데 이용하며, 부드럽고 먼지가 잘 털어지는 재질의 마 또는 면이 좋다. 보통 한 번에 여러 개를 준비하여 놓고 수시로 이용하는 것이 좋다.

〈그림 6-26〉 차행주

(7) 찻숟가락

찻숟가락은 차를 차통이나 차호에서 덜어 다관에 넣을 때 사용한다. 처음에는 금 · 은 · 갑골 · 상아 등으로 만들어진 약용스푼에서 유래되었는데, 지금은 주로 나무나 대나무 등의 제품을 이용한다. 수저모양을 갖춘 것을 차시茶匙라 하며, 기타 나무로 만든 것을 차칙茶則이라 한다. 정식의 차 다루기에서는 차시를 사용하지만, 일상에서는 사용이 다소 편한 차칙을 주로 이용한다. 말차는 말차용 찻숟가락을 이용한다.

〈그림 6-27〉 잎차용 찻숟가락

〈그림 6-28〉 말차용 찻숟가락과 찻솔

〈그림 6-29〉 찻솔과 찻솔꽂이

〈그림 6-30〉 찻자리의 향

(8) 찻솔

찻솔[茶筅]은 찻사발에 말차를 넣어 거품을 일으키며 젓는 데 이용하는 솔이다. 대나무로 만들어지며 대나무를 가른 굵기에 따라 80본, 100본, 120본 등이 있다.

(9) 향로

향로는 찻자리의 향을 꽂는 도구로 사용하는데, 정갈하게 찻자리를 정돈하고 나서 천연 재료의 향을 하나 피우면 분위기를 한층 차분하게 할 수 있다.

(10) 다과상

차를 내는 찻상과 별도로 손님을 위한 각상으로 준비하거나 차를 마시는 중간에 다과를 준비하는 상이다. 다과는 찻자리에 미리 놓아두기도 하지만, 차를 한두 잔 마신 다음에 준비한 다과를 다과상에 올린다. 보통 다과상 위에 손님의 차를 함께 올려놓고 마실 수 있다. 요즘의 거실 문화에서는 탁자나 큰 찻상을 이용하여 주인과 손님이 동일한 상에서 차를 나누어 마시기기도 하지만, 일반의 찻자리용 찻상을 이용하여 차를 내는 경우는 손님에게 따로 다과상을 준비하는 것이 좋다. 우리 문화의 정서는 남에게 대접할 때에 상위에 두지 않으면 존중받지 못한다는 느낌을 받게 하므로 꼭 필요한 도구이다.

〈그림 6-31〉 소나무 태움질 다과상
(높이 22cm×상판 55cm×25cm)

(11) 다식그릇

다식을 담아 내놓는 다식그릇은 용도에 따라 크기가 다양한데, 큰 그릇에 많이 담을 경우 개인용 앞 접시인 다식접시가 이용된다.

〈그림 6-32〉 다식을 담는 그릇들

(12) 찻자리 꽃병

찻자리를 장식할 꽃을 꽂는 병이다. 실내에서 차를 음미하면서 유일하게 계절을 즐길 수 있는 것이 찻자리의 꽃이다. 찻자리의 꽃은 혼자 차를 마실 경우 고요히 자연의 경이로움을 음미할 수 있으며, 손님과 함께 동질감을 느끼며 감상할 수 있는 정취를 준다.

〈그림 6-33〉 꽃병

① 분청 꽃병

② 토기 꽃병

3. 조선 찻사발의 감상

도자기는 점토와 구울 때의 온도에 따라 단단함과 투명성, 흡수성 등이 다른 도기陶器나 자기磁器가 된다. 높은 온도로 구울수록 더욱 단단해지는데, 백토로 성형하여 유약을 입혀 1,300℃ 이상의 고온으로 가마에서 구우면 흙과 유약이 완전히 자화磁化되어 반투명질의 자기가 된다. 17세기 백자를 만드는 기술은 요즘의 반도체 이상의 첨단 기술이었다고 하는데, 도자기 기술이 전무하던 일본이 임진왜란으로 한국의 기술을 가져가기 전까지 백자를 만들 수 있는 나라는 한국과 중국뿐이었다.

당시 일본에서 조선의 백자는 '최첨단의 신제품'이었으며, 조선의 서민들이 밥그릇이나 국그릇, 술잔 등으로 이용하던 투박하고 소박한 막사발은 '환상의 도자기'였다고 한다. 말 그대로 함부로 빗어 서민들이 막 쓰던 막사발이 '거침없는 손길로 빗은 신의 작품'으로 도요토미 히데요시豊臣秀吉(1536~1598)에게 진상되기도 하였던 것이다. 혹자는 막사발이 되는대로 아무렇게나 만들어 쓰던 것이 아니라 불가에서 석가모니의 법열을 꿈꾸며 수행 삼아 경건한 마음으로 만들었던 불교 미술품이라고 추정하기도 한다. 이에 대한 진위 여부와는 별도로 우리 민족이 누구나 일상으로 이용하던 식생활 용기들의 미적 가치는 상당한 문화적 자부심을 느끼게 한다.

일본의 국보로까지 추앙받고 있는 많은 우리 도자기들은 그 품격을 인정 받아 세계 경매시장에서도 고가의 가격을 호가하고 있다. 일본의 다도 성립에 지대한 역할을 한 우리의 찻그릇들은 이제 더 이상 일본의 전유물로만 남겨두어서는 안될 일이다. 이를 만들어낸 종주국으로서 우리 그릇에 대한 충분한 자부심으로 무한히 포용하며, 심미안적 가치를 재발견하며, 일상에서 말 그대로 막사발처럼 널리 사용하여야 할 소중한 문화유산이다.

〈그림 6-34〉 전통 장작가마의 불때기

〈그림 6-35〉 그릇을 소성하기 위한 가마의 내부

〈그림 6-36〉 조선의 찻사발

① 계룡산 철화문 찻사발

② 귀얄 찻사발

③-a 덤벙 찻사발

③-b 반덤벙 찻사발

④ 인화문 찻사발

⑤ 흑유 찻사발

① 계룡산 철화문 찻사발: 그릇 표면에 분장토를 바른 후 철분으로 그림을 그려 소성시킨 것이다.
② 귀얄 찻사발: 올이 굵은 풀비 같은 귀얄 붓으로 백토분을 내외 면에 발라 소성시켜 만든 것이다.
③ 덤벙 찻사발 또는 반덤벙 찻사발: 성형된 기물을 백토분(분장토)에 덤벙 또는 반쯤 담가서 분장하여 소성시킨 것이다.
④ 인화문 찻사발: 성형한 기물의 표면에 다양한 인화문 도장을 규칙적으로 또는 자유롭게 시문하여 백토를 메우고 투명유를 발라 구운 것으로 조선시대 분청에서 가장 많이 이용된 기법이다.
⑤ 흑유 찻사발: 고려시대부터 꾸준히 생산되어 왔으며 표면에 흑유를 시유하여 소성시킨 것이다.
*「오백년만의 귀향 조선찻사발특별전」 청주불교방송, 2004.

생각해 봅시다

차생활에 사용되는 차도구의 종류와 효과적인 사용 방법과 청결한 관리 등에 관해 생각해 봅시다.

3 찻자리의 꽃

6

1. 한국의 전통 꽃예술

꽃은 아름다움의 대명사로 번영과 풍요, 존경과 사랑, 재생, 영원불멸의 의미를 담고 있다. 우리나라의 전형적인 꽃꽂이 형태는 1세기경 불교의 '공화'가 전래되기 전부터 '굿'에서 토착문화의 한 형식으로 전해진다. 무속에서 신의 강림통로가 되는 신장대에 항상 상상의 꽃인 칠성꽃, 서리화, 수파련 등이나 생화로 장식해 신과의 매개체가 되고 있다.

한국의 전통 꽃예술은 자연에 순응하는 마음으로 지나친 인공적인 표현이나 기교를 피하고, 신과 인간, 자연이 하나가 되는 경지를 원리로 한다. 소박하고 세련된 아름다움을 추구하며, 고도의 인위와 기술적인 표현 속에서 찾는 자연미를 추구하는 것이다.

2. 화례

꽃은 고조선에서 조선에 이르기까지 궁중에서 장원급제한 사람에게 하사하거나 연회,

음식상 등 많은 행사에 다양하게 이용하였다〔花禮〕. 궁중에는 꽃을 전달하는 사람, 꽂는 사람, 운반하는 사람 등의 관직이 있었으며, 조선시대에는 상화롱장狀花籠匠이라는 꽃을 전문으로 만드는 조화공이 제사나 시호에 관한 일을 주관하는 관청인 봉상시에 배속되어 있었다. 또 예식에서 조화 또는 생화를 이용하여 병에 꽂는 병화 또는 상위에 꽂는 종이 꽃인 상화, 여관의 목에 걸거나 대신들 모자에 꽂는 수공화, 천정에 매단 꽃 등이 있었다.

3. 찻자리 꽃

차 마시는 자리에 놓는 꽃〔茶花 또는 茶席花〕은 양보다는 질이며, 계절감을 살려서 자생화 등을 이용하여 자연스럽게 소박한 아름다움을 살려, 절제된 자연미를 표현하여 장식한다. 일반적으로 찻자리에 꽂는 꽃은 향이 너무 진한 꽃은 피하며, 야생화라도 이름이 없는 꽃은 쓰지 않으며, 집안 뜰의 꽃도 가능하면 이용하지 않는 것이 좋다. 뜰의 꽃은 뜰에서 감상하면 되기 때문이다. 또 화려함과 흐트러짐을 절제하기 위하여 많은 종류의 꽃을 함께 꽂지 않는다. 그러나 필요에 의해서 화원의 꽃이나 많은 양의 꽃을 양껏 꾸며 파격의 장식이 가능한 것도 찻자리의 꽃이다. 파격

〈그림 6-37〉 찻자리 꽃

① 소나무와 인동, 망개나무 열매, 동백, 철화문분청화병

② 동백꽃, 골동토기화기

은 자칫 다소 난해한 모습이 될 수 있으므로 절묘한 절제와 함께 어우러져야 한다. 찻자리의 꽃은 찻자리를 보다 고아하게 하면서, 자연의 순환을 절실히 느낄 수 있는 정취를 주므로 장식의 효과가 아주 크다.

참조

봄: 동백(그대를 누구보다 사랑한다), 수국(변하기 쉬운 마음), 매화(인내, 고귀, 결백), 수양버들(비애, 추도), 버들강아지(노력), 영산홍(첫사랑, 사랑의 즐거움), 복수초(영원한 행복), 유채꽃(쾌활), 자란(서로 잊지 않는다) 등.

여름: 연꽃(連生貴子: 연이어 귀한 아들을 얻는다), 능소화(여성, 명예), 무궁화(일편단심), 단풍(사양, 무언), 패랭이(순결, 부인의 사랑), 원추리(교태), 모란(부귀, 품격, 왕자), 다래덩굴(깊은 사랑), 나팔꽃(기쁨), 과꽃(아름다운 추억), 쑥부쟁이(청초, 인내), 강아지풀(동심) 등.

가을: 달맞이 꽃(소원, 기다림), 코스모스(애정, 소녀의 순결), 국화(성실, 고상), 억새(친절), 분꽃(소심, 겁쟁이), 옥잠화(조용한 사람), 도라지꽃(상냥한 미소), 조팝(헛수고), 기린 초(기다림), 엉겅퀴(고독한 사람) 등.

겨울: 모과(조숙), 소나무(영원한 불변), 매화, 동백, 쥐똥나무, 국화 등.

③ 수국, 연밥, 설악초, 현대화기

④ 국화와 분청화병

⑤ 차나무, 동백꽃, 골동청자화기와 토기화기받침

4 다과

6

1. 다과

다과란, 차와 곁들여 먹는 한 입 크기 정도의 다식이나 약과, 떡, 과자, 과일 등이다.

〈그림 6-38〉 다과 구절판: 위로부터 시계방향으로 땅콩다식, 깨강정, 흑임자다식, 율란, 곶감쌈, 송화다식, 청태다식, 대추다식

2. 다과의 종류

1) 다식

곡식가루, 한약재, 꽃가루, 녹말가루 등을 생으로 먹을 수 있는 것은 그대로, 그렇지 않은 것은 볶아서 가루 내어 꿀에 반죽하여 다식판에 여러 모양으로 박아낸 것이다. 다식茶食은 조선시대에 가정마다 다식을 박는 판이 상비되어 있을 만큼 널리 이용되어 오던 대표적인 우리의 전통 먹거리이다.

원재료의 고유한 맛을 느낄 수 있는 다식은 색의 조화를 생각하여 삼색다식, 오색다식 등의 각색다식으로 송화다식, 녹말다식, 콩다식, 미숫가루다식, 오미자다식 등이 있다.

잔칫날에는 꽃문양 등이 쓰였고, 무병장수를 위한 긴 줄무늬나 귀갑문양, 또는 수복강녕, 사군자, 길상문양 등이 있으며, 제사 때에는 국화문양 등을, 단옷날에는 수레문양과 물고기문양 등을 이용하였다. 요즘은 여러 가지 곡물가루를 시중에서 쉽게 구할 수 있으므로 다식판만 갖추고 있다면 가정에서 간단하게 만들어 다과나 간식으로 이용할 수 있다. 다식반죽은 가루 한 컵에 꿀 세 큰술 정도가 좋으며 설탕시럽 또는 물엿으로 반죽하여도 된다.

〈그림 6-39〉 떡과 흑임자다식
(지름 45cm의 철화분청다식접시)

〈그림 6-40〉 꽃떡과 고깔떡, 옥춘떡

〈그림 6-41〉 가죽나무로 만든 다식판

2) 강정

찹쌀가루 반죽을 크고 작은 여러 모양으로 만들어 말렸다가 기름에 튀겨 조청을 바르고 다시 고물을 묻힌 것이다.

〈그림 6-41〉 흑미와 오미자 물을 들인 강정

3) 유밀과

밀가루나 쌀가루에 참기름과 꿀을 넣어 반죽하여 판에 박아내거나 예쁜 모양으로 빚어서 기름에 지져 꿀에 담근다. 유밀과에 속하는 약과는 밀가루에 참기름, 꿀, 술을 넣고 반죽하여 약과 판에 박아낸 후 끓는 기름에 오래 지져내어 조청에 담가낸 것으로 꿀과 기름이 촉촉하게 배어 있어 부드럽고 독특한 풍미가 있다.

〈그림 6-42〉 약과와 분청 다식그릇 (폭 22cm)

4) 매작과

밀가루를 소금과 생강즙만으로 반죽하여 모양을 만들고 이를 기름에 튀겨 꿀물을 묻힌 전통한과로, 바삭하게 튀겨진 것을 꿀물이나 설탕물에 담갔다가 바로 건져서 잣가루나 볶은 통깨를 뿌린다.

〈그림 6-43〉 백련초, 치자, 가루녹차로 색을 낸 매작과

〈그림 6-44〉 밤초와 대추초

〈그림 6-45〉 검은콩다식

6

5) 엿강정

강정은 찹쌀가루로 만드는 유과에 속하는 것이고, 엿강정은 견과류나 곡식을 가루를 내지 않고 그대로 엿을 고아서 섞어 끓인 후 뭉쳐 놓은 과자이다. 참깨, 들깨, 흑임자(검정깨), 땅콩, 검정콩, 호두, 잣 등 고소하고 향기가 있는 재료들을 각각 손질하여 엿물에 섞어 버무린다.

6) 숙실과

과일이나 식물의 뿌리를 꿀에 조려 갖가지 열매 모양으로 만든 과자이다. 종류에는 율란(밤), 조란(대추), 생란(생강), 밤초, 대추초 등이 있다. 율란은 밤을 으깨고 생란은 생강을 갈아서 체에 걸러 사용하며, 조란은 대추를 곱게 다져서 꿀과 계피를 넣어 알 모양으로 뭉쳐 만든다.

대추초는 큰 대추를 씻어 한쪽 면을 잘라내고 씨를 발라낸 다음 안쪽에 꿀을 바르고 가운에 통잣을 두세 개씩 넣어 꼭꼭 오므려 붙이고 꼭지에 잣을 하나 박아서 윤기 있게 조리며, 밤초는 밤을 겉껍질과 속껍질을 벗기고 꿀물이나 설탕물에 넣고 윤기 있게 조린다.

7) 정과

과일이나 무, 동아, 박, 연근, 도라지, 유자, 산사육, 모과, 석류, 청매, 천문동, 죽순, 생강, 인삼, 귤, 달래, 살구, 앵두 등 수분이 적은 뿌리나 줄기, 열매 등을 꿀 또는 설탕물, 물엿으로 오래 졸여 만든 과자이다. 과일이나 식물 뿌리를 저며서 물을 붓고 끓인 후 무르면 꿀이나 설탕 녹인 것을 넣어 쫄깃쫄깃하고 끈끈한 상태로 조려낸 젖은 정과와 꿀물로 끓이다가 빛이 누렇게 되기 전에 건져서 흰 설탕에 버무려 물기 없이 빳빳하게 굳힌 마른 정과가 있다.

6

8) 과편

과일 중 신맛이 나는 과육에 꿀을 넣어 끓여 잼처럼 엉키게 만들어 네모나게 썬 것이다.

〈그림 6-46〉 오미자로 색을 낸 땅콩, 호두, 말차 입힌 땅콩 등 견과류로 만든 다과 바구니와 육포, 말차 입힌 멸치, 육포와 호두로 만든 다식의 다과 바구니

〈그림 6-47〉 각종 정과

① 감자 정과와 호박 정과로 만든 다과 모둠-1

② 감자 정과와 호박 정과로 만든 다과 모둠-2

③ 동아정과 (젖은 정과)

④ 도라지정과 (마른 정과)

⑤ 장미와 타래의 호박 정과 (마른 정과)

6

5 향

1. 우리의 향문화

향은 정성을 다하는 자리에 피우는 것으로 정화를 통해 정신을 맑게 하고, 신과 통한다고 하여 제사 의식에 향을 피우기도 하였다. 《격몽요결》◆에 "제사나 차례에서 다른 것을 갖추지 못하여도 향은 피웠다"고 한다. 향문화는 의례에서만이 아니라 우리의 일상생활 속에서도 다양하게 향유되어 왔던 고유문화이다.

옛 사람들은 심신수양의 방법으로 거처하는 방 안이나 책을 읽거나 차를 마실 때 그리고 맑고 운치 있을 때에 향을 피워 '문향聞香' 즉 향을 듣는다고 하며 소중히 즐겨왔다. 또 향을 주머니에 넣어 향낭香娘을 만들어 몸에 지니고 다니거나 향목을 장식품으로 만들어 사용하기도 하였는데, 궁중에는 임금님의 처소에 향낭을 차고 다니는 향낭각시가 있었으며, 놀이에서는 기생이 향낭각시가 되어 기생이름 가운데 '향'자가 많았다.

향의 종류는 향나무와 백단白檀, 침향沈香, 정향丁香 등의 나무, 유향乳香, 안식향安息香 등의 수지樹脂, 사향麝香, 용연향龍涎香 등의 동물 분비물 등이 이용되어 왔다. 울릉

◆ 《격몽요결擊蒙要訣》: 1577년 율곡 이이가 지은 어린이용 학습서

도에는 특히 향나무가 많아 뱃사람들이 바다에서 길을 잃고 헤매다가도 이 향내를 맡고 육지를 찾을 정도였다고 한다.

일반적으로 사용하는 것은 향나무를 잘게 깎아서 쓰는 향목香木과 향목을 가루로 만들어 사향이나 용연향 따위의 동물성 원료를 섞어 반죽하여 모양을 만든 연향練香이 있다. 예전에는 향목을 그대로 잘게 깎아서 사용하였으나, 요즘에는 연향 중에서 사용하기 쉬운 가는 선線 모양의 선향線香을 많이 사용한다.

우리의 향문화는 단오의 창포물이나 추석의 솔잎향 송편, 모깃불, 향을 피워 옷에 향기가 스미도록 하는 훈의薰衣, 머리와 눈을 맑게 하는 국화 배게, 종이나 옷에 향물을 입히는 등으로 생활 문화에 응용 전승되고 있다. 요즘은 종종 향이 제사나 사찰에서만 사용하는 것으로 오해되고 있으며, 또 외래의 향수 등에 밀려 외면당하고 있지만 향문화는 우리나라와 동서양 모두에서 전통적으로 향유되던 고급의 문화이다.

2. 우리의 향문화 역사

우리의 향문화는 묘향산妙香山에서 신단수神檀樹를 타고 신시神市◆로 내려온 환웅桓雄을 기념하여, 하늘과 땅이 하나 되게 향을 올린 것에서 시작되었다고 본다. '밝은 나무'인 밝달나무라는 뜻으로 새기고 있는 단檀은'향기로운 나무'라는 뜻으로 곧 '향'을 의미하기도 한다. 또한 장례의 염습殮에서 향나무를 삶은 물로 머리를 닦고, 쑥을 삶은 물로 몸을 닦는 풍습은 환웅의 신단수와 웅녀의 쑥이 생활 속에 이어진 것으로 해석되고 있다.

우리나라의 향에 관한 최초의 기록은 《한단고기》에 "색부루단군이 병진 원년(기원전 1285)에 날을 택해 7일 동안 몸과 마음을 깨끗이 한 후 대백두산의 천단에서 제사를 행하는데 향과 축문을 올렸다"고 한다. 또한 순임금의 봉선의식◆은 우리선조들의 제천

◆ 신시神市: 천신이 정사를 보는 도읍이자 천신에게 기도하고 제사를 드리는 제단

◆ 봉선의식封禪儀式: 중국의 천명天命을 얻어 왕이 된 천자가 하늘封과 땅禪에 제사지내고, 천하태평의 공훈을 보고하여 국가의 영속을 기원하는 의례

의식*에서 비롯하였다고 한다. 제천의식에서 시작된 향은 신라시대 일반에까지 이미 널리 퍼져있었던 것으로 보인다.

최치원이 지은《진감국사비문》에 "진감국사는 태어나면서 울지 않았는데, 곧 일찍부터 소리가 작고 말이 없는 거룩한 싹을 타고 났던 것이다. 이를 갈 무렵이 되자, 아이들과 놀 때에는 반드시 나뭇잎을 태워 향이라 하고, 꽃을 따서 공양으로 삼았으며, 간혹 서쪽을 향해 바르게 앉아 해가 기울도록 움직이지 않았다"고 하여 어린아이의 놀이로까지 행하여졌었음을 보여 주고 있다. 또 "어쩌다 좋은 향을 선물하는 이가 있으면 질그릇에 잿불을 담아 환을 짓지 않은 채로 사르면서 말하기를 '나는 냄새가 어떠한지 분별하지 못한다. 마음만 경건하게 할 따름이다'라고 하였다"라는 기록도 보인다.

신라를 방문한 여러 아랍인들이 남긴 기록에 "신라는 중국의 저쪽에 있는 매우 아름다운 나라이다. 맑은 공기와 물, 비옥한 토양 때문에 그곳 백성은 병들지 않는다. 주민들의 모습도 매우 아름답고 건강하다. 환자는 아주 드물게 발견된다. 알려진 바에 의하면 집안에 물을 뿌리면 호박琥珀향내가 퍼진다고 한다"고 신라가 향이 나는 향기로운 나라였다는 것을 표현하고 있다.

또 신라시대 종교적 결사체로서 화랑을 포함한 향도香徒가 있었는데, 이들은 미륵불의 하생을 기원하며, 향나무가 물에 가라앉는 침향沈香이 되면 미륵불이 하생한다 하여 향나무를 땅에 묻고〔埋香〕 곳곳에 매향탑이나 매향비를 세웠다. 이것은 지금까지도 매향리 등의 지명으로 흔적이 남아 있다.

* 제천의식祭天儀式: 제천의식은 고조선부터 조선 말기까지 이어지면서 우리 민족문화를 구성하는 기반으로 민족정서에 큰 영향을 미쳤다.《삼국지三國志》〈위지동이전〉에 부여는 영고, 고구려는 동맹, 동예는 무천제라는 제천의식을 올렸 다고 한다. 삼한에는 제천의식을 행하는 천군天君이라는 사제가 있었다. 이들 제천의식은 나라 전체의 큰 행사로 음주가무飮酒歌舞가 곁들여지는 성대한 행사로 일종의 추수감사제와 같은 성격을 지녔던 것으로 보고 있다. 조선에 와서 일시 중단되기도 하였으나 대한제국 수립 후 고종이 황제로 즉위하면서 황제의 권위를 나타내는 상징적 의례로서 제천의례를 실시하였다. 현재는 10월 3일 개천절에 강화도 마니산 참성단과 강원도 태백산의 천제단 등에서 하늘에 제사를 지내 국가의 태평과 국민의 안정, 민족의 무궁함을 기원하는 의식을 행하고 있다.

3. 찻자리의 향

향은 찻자리에서 고아한 정취를 즐기는 중요한 요소이다. 찻자리를 말끔히 정돈하여 차를 즐기기 전에 향을 하나 사룸으로써 마음을 정갈하게 하며, 향을 사르는 향로나 도구들은 찻자리의 감상을 한층 돋우게 한다. 그러나 실제로 차를 다루어 음미하는 동안에는 향이 차의 은은함을 만끽하는데 방해가 될 수 있으므로 향을 사루지 않는 것이 좋다. 향은 고상한 기운을 북돋아 마음을 편안하게 하지만 찻자리를 정돈하기 전이나 후 또는 쉬는 동안 등 사루는 시간을 때에 맞추어 적절히 하여야 그윽한 효과를 즐길 수 있다.

6

생각해 봅시다

차문화는 일종의 종합문화예술이다. 차를 행하는 예를 비롯하여 차를 다루는 장소와 꽃이나 향 등의 장식 연출까지 또 차와 더불어 준비해야 하는 다과 등이 생활의 모든 분야와 밀접하게 접목되어 있는 것이다. 종합문화예술로서의 차생활에 대하여 생각해 봅시다.

〈그림 6-48〉 12세기 고려의 청자기린형 향로
(전체높이 20.9cm, 높이 9.7cm×입지름 9.9cm×몸통지름 18cm, 뚜껑높이 12cm×입지름 12.2cm : 디아모레뮤지엄 소장)
상상의 동물 기린麒麟(태평성대에 나타나는 신령스런 동물)을 상형화한 뚜껑과 삼족의 화로로 전형적인 고려의 청자향로이다. 연기는 반쯤 열린 입으로 나오도록 구성되어 있다.

녹차, 그리고 오미자로 색을 낸 검은콩정과

[제7장]

차 다루기의 실제

본 장에서는 찻자리를 마주하고 앉아 한 잔의 차를 홀로 음미하기와
손님에게 대접하기의 차 다루기 실제에 관하여 이해한다.

1 차를 다루는 마음

1. 차 다루는 요령
2. 차 다루기의 실제
3. 차를 다루는 차인의 정서
4. 차의 덕과 정취

2 차 다루기의 실제

1. 홀로 마시는 차 다루기
2. 손님맞이 차 다루기
3. 말차 다루기

3 차례와 헌공다례

1. 차례
2. 불가의 헌공다례

1 차를 다루는 마음

7

1. 차를 다루는 마음가짐

차생활은 찻자리가 꾸려지는 차실의 정돈된 분위기, 차도구의 청결한 관리, 그리고 일상행동이나 언어에 이르기까지 검박한 옷차림에서부터 말씨나 음성이 유순하고 겸허하며, 의사표현이 분명한 의지 등을 익혀가는 살림살이이다. 이런 차살림은 차를 행하는 사람 자신이 은연중에 일상적이고 평범한 생활 속에서 온전함을 깨달아 체득하고, 궁극적으로는 각성된 인간 생활에 이르는 것을 말한다.

"옛부터 성현들이 모두 차를 사랑하니, 차는 군자와 같아 그 성질에 그릇됨이 없기 때문이다〔古來聖賢俱愛茶 茶如君子性無邪: 초의〕"라고 한다. 차생활은 일상의 모든 것으로부터 은연중에 덕을 쌓으며 닦아가는 생활, 곧 '군자의 생활'이다. 재주와 덕을 함께 갖추면 성인이라 하고, 재주와 덕이 모두 없으면 우인愚人이라 하며, 덕이 재주보다 나으면 군자, 재주가 덕보다 나으면 소인이라 한다. 소인을 얻는 것보다 우인을 얻는 것이 낫다고 하니, 소인이 덕이 부족한 재주를 빌미로 정당치 못한 일을 할까 경계하여 차라리 어리석은 우인을 얻는다는 말이다.

사람이 군자나 소인이 되는 것은 어떠한 마음가짐으로 살아가고 있는가에 달려 있다. 군자와 닮은 성품의 차를 가까이 하여 때때로 익히며 닦아가는 차생활은 덕이 함양되어 모르는 사이에 생활 전반에 스며들게 되는 정직한 방법이다. 각성된 인간의 생활을 자각하여 인격 수양의 수단이 되는 차생활이 일상생활에서도 똑같이 절도 있고 규모 있게 영위하는 예의범절禮節로, 또한 "스스로 비굴하지 않고 뽐내지 않는〔不自詘 不自崴〕"의 연함으로 항심을 기르며 덕을 닦아 나가는 방법인 것이다.

또한, "배울 것이 끝이 없으므로 다하지 못한 것과 같이 생각하고 배운 것을 잊을까 두려워하라〔論語曰學如不及 惟恐失之〕"고 한다. 그리고 "일이 비록 작더라도 그것을 하지 않으면 이루어지지 않는다〔莊子曰事雖小, 不作不城〕"고 한다. 차생활은 실제적인 행동으로 차살림을 꾸리며 부단히 실천해 나가는 것이다. 이러한 차생활의 습속은 현대의 물질주의 사회에서 도덕적 가치관을 회복하여 덕으로 이루어지는 사회를 확립하는 데 지대한 공헌을 할 수 있는 충분한 수단이 되므로 종교와 인종을 초월하여 널리 보급이 확대되어야 할 것이다.

술은 우리의 의식을 몽롱하고 혼미하게 하는데 반해, 차는 두뇌를 맑게 해주고 몸을 상쾌하게 해준다. 차는 눈과 귀를 밝게 하고, 술을 깨게 하며, 잠을 적게 하며, 피로를 풀어주어 건강에 이롭고, 또 사람으로 하여금 예를 알게 하며, 각성된 마음으로 사물을 보게 하는 것이다.

2. 차를 다루는 요령

차는 색과 향과 맛이 고루 만들어내는 은은한 조화를 음미하는 것이다. 차를 잘 달이려면 좋은 차와 좋은 물, 그리고 달이고자 하는 차의 종류나 양에 마땅한 다기를 선택하여 이들의 특성에 맞게 적절한 조화를 이루며 다루어야 한다. 설령 바쁜 일상에서 차 마시는 절차를 간소화하여 단지 건강을 위한 음료로 이용한다 하더라도 차의 맛은 중요하며, 그 맛은 사람에 의해 결정된다. 차의 맛은 사람이 만드는 것이다. 그러므로 좋은 차맛을 내려면 우선 사람이 변화하여 다듬어진 심성으로 은근하게 차를 즐기는 고아한 품성을 습득하여야 할 것이다. 모든일에서경험이 중요한 것처럼, "배우고 때때로 자주 익히면 이 또한 매우 기쁘지 아니한가〔學而時習之不亦設乎〕(《논어》)"라는 마음으로 충분한 경험을 체득하는 것이 필요하다. 차문화의 질적 향상을 도모하여 멋진 문화로 승화하기 위해서는 좋은 차 맛을 만들어내는 경험의 체득이 가장 중요한 요소이다.

1) 차

차의 선택은 개인의 기호가 다양하므로 경험에 의한 기호품을 택하며, 생산일자를 확인하여 가능하면 오래되지 않은 신선한 것을 구입하는 것이 좋다. 온도나 습도의 변화가 크지 않고 직사광이 비추지 않는 곳에 밀봉하여 보관한다.

7

제다한 지 너무 오래되었거나 보관이 잘못되어 상한 차는 절대 이용하면 안 된다. 혹 오래되어 묵은 차가 상하지 않아서 이용할 만한 경우라면, 솥이나 자기류를 이용하여 약한 불로 가열하여 살살 섞어주며 다시 건조시키면, 묵은 냄새가 다소 경감되고 차 향이 어느 정도는 회복된다.

이때 사용하는 솥이나 자기류는 기타의 음식에 이용하던 것은 음식의 냄새를 차에 옮기므로 피해야 한다. 불의 온도는 따끈한 정도로 너무 높지 않은 것이 좋고 건조시간은 불(火)과 차의 상태에 따라 10분 이내로 길지 않게 하는 것이 좋다. 양질의 녹차인 경우는 차를 우려 마신 뒤 남은 찌꺼기를 음식 등에 활용하여 먹는 것도 좋다.

2) 차도구

차도구는 처음부터 완벽하게 갖추기보다는 차생활을 하면서 쌓아가는 안목에 따라 서서히 준비하는 것이 좋다. 안목은 보는 만큼 경험과 더불어 변하므로 세심한 관심을 가지고 익혀가면서 준비하는 것이다. 한번 준비한 차도구는 소모성이 아니므로 일상의 살림도구와 마찬가지로 평생을 두고 이용하게 된다. 따라서 처음에 무리하게 준비한 것에 대하여 후회하는 일이 종종 생길 수 있다.

3) 물

차를 우리는 물은 샘물이나 생수가 좋으며, 수돗물의 경우라면 물항아리에 하루 정도 보관하였다가 이용하면 냄새 등을 완화시켜 준다. 반드시 끓여서 익힌 물을 적절한 온도로 식혀서 이용하는데, 물을 끓일 때 너무 센 불이거나 오래 끓이지 않는다. 오래 끓은 물은 노수老水가 되어 차맛이 제대로 어우러지지 못한다. 정수기의 온수는 끓지 않은 물이므로 맹탕이라 하여 차의 맛을 충분히 발휘할 수는 없지만, 바쁜 일상에서 손쉽게 활용할 수 있는 좋은 도구이다.

4) 잎차 우리기

차를 우릴 때는 먼저 찻잔을 예열하는 것이 좋으며, 녹차를 우리는 물의 적절한 온도는 차의 종류에 따라 조금씩 다르지만, 대체로 어린잎은 60~70℃, 큰 잎일수록 80℃ 정도까지 온도를 조금 더 높여 준다. 차의 양이 많거나 너무 오래 우려내어 진해진 차를 '짜다'라고 하며, 물의 양이 많거나 짧게 우려내어 연한 차를 '싱겁다'고 하여 '차의 간'이라고 한다. 차는 간이 맞게 마시는 것이며 '차의 간은 적절한 온도와 농도'이다. 일반적으로 1인분은 보통 2g 내외의 차를 사용하지만 개인의 취향과 차의 특성에 따라 가감할 수 있으며, 개인의 기호에 맞게 물의 온도와 차의 양을 조절하여 간을 맞추어 이용한다.

5) 정리

차도구는 이용한 자리에서 탕관에 남은 물과 물버림그릇(퇴수기)을 이용하여 정갈히 세척하여 정리하는 것이 좋다. 요즘의 경우는 보통 주방의 싱크대 등을 이용하기도 한다. 찻자리를 떠나 차도구를 세척할 경우는 기타의 음식그릇과 섞이지 않게 하는 것이 냄새나 오염을 막을 수 있다.

3. 차를 다루는 차인의 정서

차를 좋아하고 즐기는 사람을 차인茶人이라 한다. 문화인이나 예술인처럼 한 분야의 전문적인 식견을 가지고 있음을 인정하여 부르는 말이다. 언제부터 차생활을 시작하였고 또 어느 만큼의 차를 마셨는가는, 차인에게 경험에 의한 식견 형성에 도움을 줄 수 있지만 그다지 중요하지는 않다. 차인에게 중요한 것은 차를 수단으로 하여 인격의 수양에 어느 만큼의 공헌을 하고 있는가이다. 문화의 시대에 부응하여 진정한 문화적 소양을 갖춘 차인은 하나의 문화 또는 차문화에 대하여 모방인지 독창성인지에 대한 정확한 분별력을 가지고 있어야 한다.

글로벌시대를 살고 있는 지금, 우리 것에 대한 충분한 이해보다는 외국산에 대하여 너무나 지대한 관심을 가지고 있는 경우가 종종 있다. 이제 다양한 문화나 정보, 물자들에 대한 국경선이 한층 완화되어 말 그대로 '세계는 하나'이다. 문화는 수시로 전파되어 여러 곳에서 다양한 모습으로 발전하고 있으므로 하나의 문화를 단지 종주국이라는 이유로 우열을 가리기는 어려운 일이 되었다. 얼마나 더 안정적으로 향상된 문화로 발전되고 유지되고 있는가의 정황으로 우열을 가리게 되는 것이다.

이러한 시대를 사는 문화인은 다양한 문화를 향유하면서, 이들을 개인에게 좀 더 안정적인 모습으로 향상시켜 습득해 나가는 안목과 요령이 필요하다. 우리의 독창적 전통문화인 녹차나 차도구 등을 중국이나 일본과 비교하여 우열을 평가하거나 또는 우리 차문화의 정통성을 중국에 빗대어 이해하는 행위 등은 시급히 지양되어야 할 중요한 문제이다. 단지 우리의 전통이라는 이유만으로 우리 문화가 우월하다고 평가하는 것은 좀 더 정확한 이해가 필요한 일이겠지만, 지금 이 시점에서 우리가 향유하고 있는 우리의 문화는 함께 향유하고 있는 우리의 잣대로 이해하고 저울질하여야 한다.

외래의 문화 내지는 상품을 멀리하자는 이야기가 아니다. 혹 기예나 쇼처럼 변질되거나 형식과 관념에 얽매어 의미부여에 집착하는 태도 등은 지양되어야 한다는 것이다. 또 실제의 일상 속에서 아름다운 습관을 기르며 삶의 질을 향상시킬 수 있는 차생활이, 복잡한 형식에 얽매이거나 실생활과 격리되어 특정 계층의 전유물이 되어서는 안되는 일이다.

최근 차의 건강적 효능으로 일반인들의 관심이 한층 고조되고 있는 이때에 차생활문화에 대한 좀 더 폭 넓은 이해로 전통 차문화의 발전 계승과 더불어 제대로 된 우리의 차 마시는 속성이 국민 건강 음료로 널리 대중화되어야 할 것이다.

4. 차의 덕과 정취

1) 차의 덕

차의 덕이란 사람에게 행복의 조건을 만족시켜 주는 것으로, 졸음을 방지하여 머리를 맑게 하고, 마음의 기운을 안정시키며, 병을 치료하고, 각성작용과 기억력을 증진시켜 학업에 도움을 준다. 또 공경하는 마음을 갖고 예의롭게 하며, 수신에 도움을 주고, 아름다움을 알게 하며, 전통문화를 계승하고, 차를 마시며 동질감을 이루어 타인과 서로 화합하게 한다.

차를 마시는 것은, 아름다운 습관을 길러 삶의 질을 종합적으로 향상시켜, 결국은 행복의 조건을 만족시켜가는 실질적인 방법이다. 《시경詩經》에서는 행복의 조건을 수壽 · 부富 · 강녕康寧 · 유호덕有乎德 · 종명終命이라고 말하고 있다. 오래 사는 것과 부유하게 되는 것, 건강하고 마음이 편한 것, 도덕 지키기를 낙으로 삼는 것, 천수를 다하는 것이 행복의 조건이라는 것이다. 차로서 수신을 하여 건강과 강녕, 유호덕하면 더불어 부와 종명이 따르는 것이다.

《동다송》에서 "차를 오래 복용한 사람은 힘이 있고 뜻도 기쁘다"고 하였고, 《다경》에 "속이 답답하거나 머리가 아프고 눈과 팔 다리가 번거롭고 백절이 펴지지 아니하는 자는 차를 네댓 번만 마셔도 제호, 감로와 더불어 세력을 다툰다"고 하였다.

《대관다론大觀茶論》에서는 "차는 산천의 신령스런 기운이 집중되어 있어 가슴을 열며 체기滯氣를 씻으며 맑고 화창한 기분을 내게 한다"고 한다. 차는 우리의 마음을 상쾌하게 하는 기호품이며, 뜻한 일이 생각대로 이루어지지 않아 가슴이 답답할 때 마시는 한 잔의 차는 몸을 가볍게 하는 청량제의 역할을 충분히 하며 가슴을 열게 하는 정취가 있다.

2) 차의 정취

차의 정취는 기분이 어수선하고 마음이 복잡할 때 따뜻한 차 한 잔만으로도 무겁던 마음을 가라앉히고, 어지러웠던 마음을 진정시킬 수 있다. 한 잔의 차가 사색의 공간을 넓혀주고 마음의 눈을 뜨게 해주는 것이다.

「황산곡黃山谷」◆은 "고요히 앉아 차를 반쯤이나 마시니 향기는 처음과 같고, 우주

◆ 황산곡黃山谷(1045~1105): 중국 송대의 화가, 서예가인 황정견黃庭堅으로, 자는 노직魯直, 호는 산곡도인山谷道人, 부옹涪翁 등이다. 소동파蘇東坡(1036~1101)의 문하로 소동파, 미불米芾(1051~1107), 채양蔡襄(1012~1067)과 함께 '송의 4대가'라 불린다.

본연의 그 미묘한 때에 물이 흐르고 꽃이 피네〔靜座處 茶半香初 妙用時 水流花開〕(추사 김정희의 글씨로 유명)"라고 차를 마시는 정취를 노래하였다. 차를 마시고 있는 자리를 우주 본연의 특성 그대로인 그때와 연결하여, 언제 어디서나 물이 흐르고 꽃이 피어나는 자연의 본모습처럼 차를 마시는 찻자리의 정취 역시 그 모습 중의 하나임을 말하는 것이다. 차에 대한 깊은 이해로 차와 물을 품평하는 것을 좋아하였다는 명대의 허차서許次紓(1549~1604)는 《다소茶疏》(1597)의 「음시飮時」에 차를 마시는 때를 다음과 같이 말하고 있다.

> 마음과 손이 한적할 때, 책 읽기와 시 읊기에 지쳤을 때, 기분이 어수선할 때, 가곡을 들을 때, 노래를 마치고 가락이 끝났을 때, 문을 닫아걸고 바깥일을 피할 때, 북을 치고 거문고를 타며 그림을 볼 때, 깊은 밤 함께 이야기할 때, 밝은 창가에서 깨끗한 책상을 대할 때, 아늑한 방이나 아름다운 누각에 있을 때, 손님과 주인이 정성스럽게 친할 때, 아름다운 손님이나 애첩과 있을 때, 벗을 방문하고 갓 돌아왔을 때, 날씨가 맑고 바람이 온화할 때, 가볍게 흐리고 가랑비가 내릴 때, 작은 다리에 그림 같은 배를 대었을 때, 울창한 숲과 긴 대숲을 바라볼 때, 꽃을 가꾸고 새를 보살필 때, 연못가 정자에서 더위를 피할 때, 작은 집에서 향을 사를 때, 술자리가 끝나고 손님이 돌아갔을 때, 아이들의 글방을 들여다 볼 때, 맑고 조용한 절이나 도관을 찾을 때, 명천괴석에 다다를 때.

모든 일상에서 잠시 돌아보는 시간이 필요할 때에 차를 마시는 정취를 즐기는 것이다. 또 "일을 할 때, 연극을 볼 때, 글을 베끼거나 편지를 쓸 때, 큰 비나 눈이 내릴 때. 소란한 큰 잔치 때, 책장을 넘겨볼 때. 인사에 몰리어 몹시 바쁠 때, 차 마시기에 마땅한 때(음시)와 서로 반대될 때"는 차 마시기는 정취를 느끼기에 좋지 않은 때이며, "나쁜 물이나 깨끗하지 않은 행주, 그늘진 방, 떠들썩한 것, 거칠고 촌스러운 사람 등을 피하고, 맑은 바람과 밝은 달, 이름난 꽃과 옥 같이 아름다운 나무 등은 찻자리의 정취를 즐기는 좋은 벗"이라 하였다.

2 차 다루기의 실제

차 다루기는 차와 차도구, 물의 선택, 찻자리의 선택과 배치, 차를 음미하는 등 차를 다루는 실제적인 행동이므로 행다行茶라고도 한다. 정갈하게 준비된 찻자리를 마주하고 앉아 향 하나를 그윽하게 사루며, 계절감 있는 꽃을 화병에 장식하여 놓고, 때로는 좋은 그림이나 글을 걸어놓고, 또 그 앞에서 글을 읽거나 쓰기도 하고, 그림을 그리고, 음악을 들으며, 고요히 앉아 명상에 잠기거나 조용하고 소박하게 정담을 나누거나 차를 음미한다.

정갈한 찻자리는 불필요한 도구가 없이 소박하며, 차를 다루는 방법은 간소한 것이 좋다. 차를 통해 예절바른 생활과 사색을 즐기는 성품을 기르고, 풍류의 멋을 가꾸며, 알뜰한 마음을 익혀 일상적인 생활에까지 깨달아 나가는 것이다.

차생활은 보여주기 위한 것이 아니라 스스로 즐기는 것이다. 언제 어디서든 어색하지 않고 편안하게 다반사로 차생활을 하면서 서서히 훈습하여, 의연한 자태로 자연스럽고 품위 있는 모습이 생활화되어야 한다. 차생활을 향유하는 차인들은 다양한 차 다루기 예법들을 익히고 있으며, 요즘 월등한 방법들이 많이 소개되고 있다.

차를 다루는 과정의 처음부터 끝까지, 출렁거리거나 멈칫거리지 않고, 막힘없이 자연스럽게 흘러가는 물의 흐름과 같이, 급하게 서두르거나 느려지지 않도록 적절한 조화를 이루는 모습을 유지하도록 하는 것이 중요하다.

본 장의 차 다루기 실제는 차생활의 응용으로서 제시되는 한 가지 방법이며, 그

렇기 때문에 일반적인 여러 형식 등이 포함되어 있다. 그렇지만 형식에 특정한 의미를 부여하여 이해하기보다는 각자의 안목과 취향에 따라 다양하게 응용하여야 할 것이다. 차는 특별한 공간이나 제약 없이 일상에서 실제적인 행동으로 다반사로 향유되어야 한다.

7

1. 홀로 마시는 차 다루기

1) 잎차 다루기

(1) 차도구 준비

다관, 숙우, 찻잔, 찻잔받침, 차행주, 찻숟가락, 물버림그릇, 차호(또는 차통), 찻상, 찻상보, 탕관과 화로(또는 포트) 등을 항시 이용할 수 있게 적절하게 정렬하여 준비하여 둔다.

(2) 찻상의 배열

일반적으로 찻상의 배열은 다관은 왼쪽에 위치하며, 숙우는 오른쪽, 찻잔은 뒷줄의 왼쪽, 찻잔받침은 오른쪽에 위치한다. 차호는 찻상과 차도구의 크기 등을 고려하여 찻잔과 찻잔받침 사이 또는 찻잔과 숙우, 찻숟가락의 중간 정도에 위치하는 것이 이용하기에 편리하다. 차통을 이용할 때는 상위에 올리지 않고 찻상 옆에 놓고 이용한다.

〈그림 7-1〉 오동나무 찻상에 분청 5인 다기를 배열한 예

(3) 차 다루기

차 다루기는 혼자 마시는 경우를 중심으로 예시하였으며 손님과 함께 할 경우를 보충적으로 덧붙여 설명하였다. 차 다루기 순서 예시에 사용한 차도구는 소나무찻상, 청화백자, 숯불화로와 옛날 은주전자이다.

〈그림 7-2〉 차 다루기 순서

① ② ③a ③b

① 찻상을 마주하고 자리를 바로 하여 앉는다[그림 7-2 ①].

② 찻상에서 다포를 거두어 탕관 옆에 가지런히 정리해 둔다[그림 7-2 ②].

③ 찻잔을 바르게 돌려놓는다[그림 7-2 ③a].

손님과 함께 할 경우는 객의 숫자에 맞게 찻잔을 돌려놓는다[그림 7-2 ③b].

④a

④b

⑤a

⑤b

⑥a

⑥b

④ 끓인 물을 숙우에 붓고[그림 7-2 ④a].
숙우의 물을 다시 다관에 부어 다관을 덥힌다[그림 7-2 ④b].

⑤ 다관의 물을 찻잔에 따라 잔을 예열한다[그림 7-2 ⑤a].
여러 잔일 경우 오른쪽부터 왼쪽방향으로 따른다[그림 7-2 ⑤b].

⑥ 찻잔의 물을 물버림그릇에 버린다[그림 7-2 ⑥a, ⑥b].
여러 잔일 경우 오른쪽 찻잔부터 순서대로 물버림그릇에 물을 버린다[그림 7-2 ⑥c].

⑥c

⑦a

⑦b

⑦c

⑦d

⑦ 숙우에 녹차 우려마실 물을 부어 식히며[그림 7-2 ⑦a],
다관 뚜껑을 열어 놓고, 오른손으로 차호를 옮겨[그림 7-2 ⑦b],
왼손 위에 편하게 올려놓는다[그림 7-2 ⑦c].
찻숟가락을 이용하여 차를 적당량 덜어 찻숟가락이 다관 안으로 깊이 들어가지 않도록 주의하면서 다관에 넣는다[그림 7-2 ⑦d]. 물의 양은 잔 크기에 따라 70% 가량이 되도록 조절하며, 차 1인분은 약 2g이다. 손님이 여럿일 경우 찻자리의 손님에 맞추어 차의 양을 적절하게 조절한다.

⑧a

⑧b

⑧c

⑨a

⑨b

⑨c

⑧ 찻숟가락을 제자리에 내려놓고, 다관 뚜껑을 닫고[그림 7-2 ⑧a],
차호 뚜껑을 닫아[그림 7-2 ⑧b],
차호를 제자리에 놓는다[그림 7-2 ⑧c].

⑨ 다관 뚜껑을 열고[그림 7-2 ⑨a],
숙우에서 약 60~70℃ 정도로 식힌 물을 다관에 붓고[그림 7-2 ⑨b]
뚜껑을 닫는다[그림 7-2 ⑨c]. 찻잎의 크기나 상태에 따라 온도를 정하는데, 세작은 50~60℃가 적당하다.

⑩a

⑩b

⑩c

⑪a

⑪b

⑩ 잠시 자리를 바로 하여 차가 우러나길 기다린 후 다관을 들어[그림 7-2 ⑩a] 찻물을 따른다[그림 7-2 ⑩b]. 일반적으로 약 2~3분 기다리지만 찻잎의 상태나 품질 또는 차의 양에 따라 조절한다. 다관에 남는 물이 없도록 전부 따른다. 다관에 물이 남아 있을 경우 다음 잔의 맛에 영향을 주므로 좋지 않다. 여러 잔일 경우는 오른쪽 찻잔부터 왼쪽으로 순서대로 1/3정도씩 왕복하면서 농도가 고르게 따른다[그림 7-2 ⑩c]. 순서대로 한잔 전체의 양을 한꺼번에 따르면 처음 따르는 잔과 마지막 따르는 잔의 농도 차이가 많아지므로 나누어 따른다.

⑪ 찻잔받침을 오른손으로 들어다 왼손 위에 놓고[그림 7-2 ⑪a], 찻잔을 옮겨 올려놓고[그림 7-2 ⑪b] 잠시 차의 색과 향을 살짝 음미한다. 여러 잔일 경우, 맨 오른쪽 잔은 차를 다루는 사람의 잔이므로 남겨 두고 두 번째 잔부터 왼쪽방향으로 순서대로 찻잔받침과 찻잔을 옮겨 손님에게 대접한다. 맨 오른쪽에 있는, 차를 내는 사람의 찻잔은 마지막에 옮겨 찻상에 올려놓는다.

⑫

⑬

⑭

⑮

⑯a

⑯b

⑫ 찻잔과 받침을 두 손으로 들어 올려 잠시 색과 향을 본 후 찻잔받침을 상위에 내려놓고 두 손으로 정중하게 찻잔을 들고 한 모금씩 음미하며 소리 나지 않게 2~3회에 나누어 마신다[그림 7-2 ⑫]. 혼자 마시지만 가볍게 목례하고 마시는 것도 좋다. 마시는 중간에는 가슴 높이 정도로 찻잔을 들어 준다. 손님과 마주한 경우는 서로 가볍게 목례한 후 음미한다.

⑬ 두 번째 잔부터는 다관에서 우린 찻물을 숙우에 담아서 찻잔에 나누어 따라 마실 수 있다[그림 7-2 ⑬]. 혼자 마시더라도 두 잔 정도 분량의 찻물을 함께 우려내 나누어 따라 마시는 것도 무방하다. 숙우는 가능하면 입술 부분에 손이 가지 않도록 조심해 따르지만, 편의상 입술 부분에 손이 닿더라도 안으로 빠지지 않도록 하며 편안히 잡는다. 손님에게는 인원수에 맞추어 차를 우려내 숙우 또는 작은 나눔 다관을 이용하여 전달한다. 차를 나누는 데 도움을 주는 다동 등이 있다면 작은 다반을 이용하여 차를 옮겨 전달하게 한다.

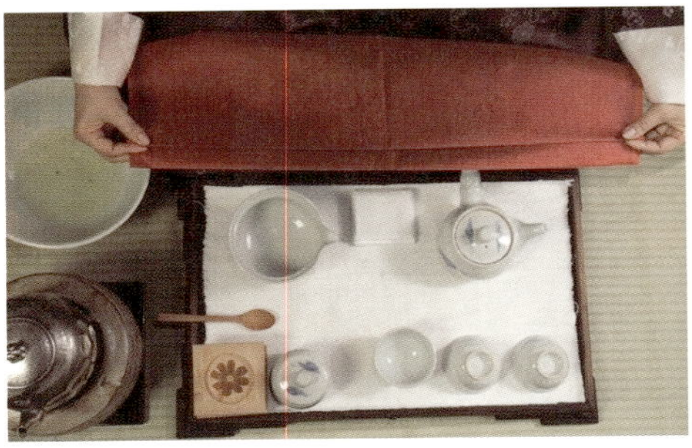

⑯c

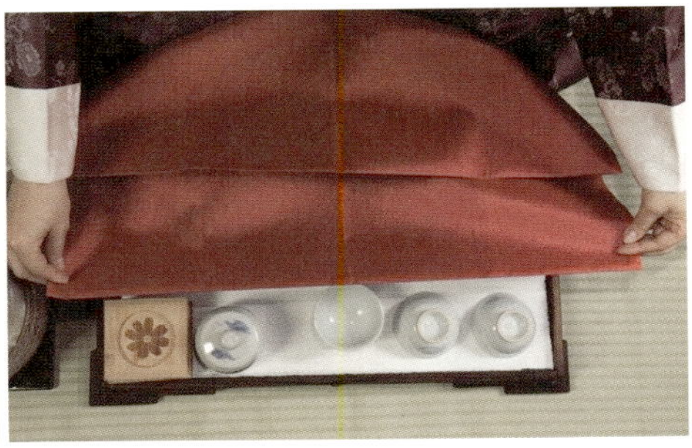

⑯d

⑰a

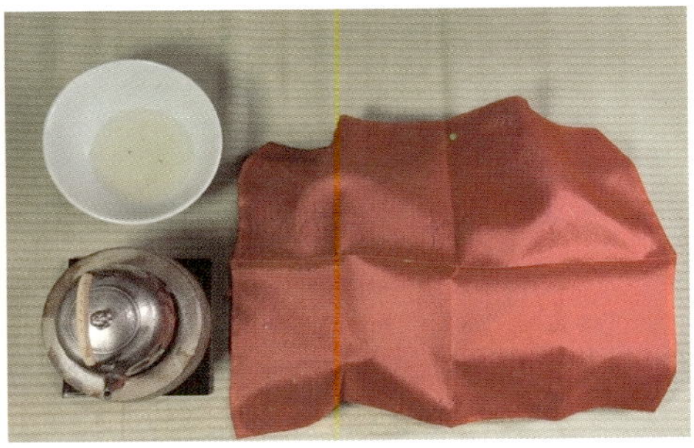

⑰b

⑭ 차 마시기를 마치면 잠시 자리를 바로하고 앉는다[그림 7-2 ⑭].

⑮ 찻잔받침과 찻잔을 함께 들어 올려 왼손에 찻잔받침을 놓고 오른손으로 찻잔을 먼저 제자리로 내려놓고 찻잔받침을 오른손에 옮겨 쥐고 내려놓는다. 손님에게 대접했던 찻잔도 순서대로 옮겨, 찻잔을 먼저 내려놓은 뒤 찻잔받침을 내려놓아 정리한다[그림 7-2 ⑮].

⑯ 찻상을 정돈한 후 가지런히 정리해 두었던 다포를 들어[그림 7-2 ⑯a], 단정히 펴서[그림 7-2 ⑯b] 상 전체가 덮이도록 앞 쪽에서[그림 7-2 ⑯c] 뒤로 가면서 덮어 찻자리를 가지런히 정리한다[그림 7-2 ⑯d]. 차 설거지는 물버림그릇을 이용하여 찻자리에서 끝낸다. 그러나 필요에 따라 찻상에 찻잔을 바로 하여 정리하고 상보를 덮어 자리를 파한 후에 주방의 싱크대를 이용하여 청결히 세척하기도 한다. 이때 기타의 음식 그릇과 확실히 구분하여 세척하는 것이 좋다.

⑰ 찻상은 항상 이용할 수 있도록 상보를 덮어[그림 7-2 ⑰a], 편안한 장소에 놓아 둔다[그림 7-2 ⑰b].

(4) 차 마시기

차를 마실 때 찻잔은 찻잔과 찻잔받침을 함께 두 손으로 가슴 높이까지 들어 올려 잠깐 색과 향을 살펴본 후, 왼손으로 잠시 찻잔을 옮겨잡고 오른손으로 찻잔받침을 찻상에 내려놓는다. 다시 두 손을 모아 찻잔을 들어 한 모금 입안에 잠시 머금고 차의 은밀함을 음미한 후 삼킨다. 찻잔을 가슴높이로 유지하면서 2~3번에 나누어 다 마시고 찻잔은 다시 찻잔받침 위에 내려놓는다. 두 번째 잔부터는 찻잔받침은 그대로 두고 찻잔만을 들어 올려 마시며, 두세 잔 정도 마신 후 다과를 곁들이며 담소를 나눈다.

2. 손님맞이 차 다루기

1) 손님맞이

현대사회에서는 손님맞이를 간편히 가정 밖에서 하려는 경향을 보이지만, 우리 전통에서는 손님접대에 대한 정성스러운 마음이 매우 지극하였다. 극진하게 손님을 맞이해야 하는 경우 지금과는 주거생활수준의 차이가 있었지만 방 안 도배를 다시 하기도 하였다.

조선 후기의 학자 송시열宋時烈(1607~1689)이 출가하는 딸에게 교훈으로 삼게 하기 위하여지어준 글인《계녀서戒女書》에 "성인이 가르치시되 검박하라 하시었으니… 의식이 용렬하면 부인네를 업신여기나니…손님이 오면 음식을 보고 남편이 나가면 의복을 본다고 하였으니… 부인이 민첩하지 못하면, 음식이나 의복이 모두 꼴답지 않고, 부인이 능란하면 한 가지 음식, 한 가지 의복을 하여도 봄직하니 부디 정淨하게 하여 남이 웃지 않게 하여라"고 하였다. 검박하면서 용렬하지 않은 차림새와 분에 맞는 음식을 가르치는 글이다. 또 "손이 아니 오면 가문이 자연히 무식하고 남편과 자식이 사람노릇을 할 리가 없을 것이니, 부디 손님 대접을 극진하게 하여라"고 하여 정성스런 손님대접은 사람이 살아가는데 반드시 필요한 기본예절임을 강조하고 있다.

(1) 현대의 손님맞이 예절

요즘에는 손님을 모시는 접대문화가 집 밖에서 행해지는 경우가 흔하며, 집으로의 초대는 극히 제한된 경우에 행하여지고 있다. 손님맞이를 집에서 하면 음식 준비 등으로 바쁜 현대의 생활에서 번거로움이 많기는 하다. 그러나 음식을 대신하여 간단한 차도구와 다과를 준비하여 향기로운 차 한 잔을 접대한다면 간략하면서도 더욱 빛나게 손님접대를 할 수 있다. 또 계절에 맞는 꽃이나 정갈한 다식을 준비하여 손님맞이 찻자리를 만들고 음악과 더불어 시나 그림을 완상하며 진솔한 차 벗과 함께 계절을 즐길 수 있다.

손님을 맞이할 때에는 방문의 성격과 형편에 따라 장소, 일시, 초대 안내 등을 미리 계획하며, 대접할 음식이나 또는 차, 과일 등의 다과를 지나치지 않게 분수에 맞도록 준비한다. 손님 접대에 앞서 집안을 구석구석 청소하여 깨끗이 정돈하고, 차림새를 단정히 하여 반갑게 맞이하여 정성스럽게 접대한다.

손님을 맞은 주인이 음식 등을 준비하느라 분주하면 손님이 불편해 할 수 있으니 주의하여야 한다. 손님의 소지품 등을 가지런히 놓아둘 공간을 미리 마련해두는 것이 좋으며, 벗어놓은 신발을 가지런히 정리하여 놓는다.

7

(2) 현대의 방문예절

방문을 할 경우는 미리 약속하는 것이 원칙이며 상대방에게 폐를 덜 끼치도록 배려하며, 간단한 선물을 준비하는 것도 좋다. 너무 이르거나 늦은 시간, 식사시간, 휴일에는 방문하지 않도록 한다. 동행자가 있을 경우 미리 밝히며, 벨은 한두 번 정도 누르고 여유 있게 기다린다.

외투나 머플러 등은 현관에서 벗어들고 들어가며, 적당한 옷걸이에 걸거나 물어서 처리하도록 한다. 한복의 경우 양복과는 반대로 남자는 두루마기를 입은 채로, 여자는 현관에서 벗어들고 들어간다. 핸드백은 든 채 실내로 들어가 안내된 자리나 적당한 위치에 앉는다. 집안에서 아무도 없는 방에 들어가거나 기웃거리지 않는다. 선약속 없이 방문하게 되면, 들어오라는 말이 있기 전까지 외투를 벗지 않는다.

2) 손님맞이 차 다루기

(1) 손님맞이

윗사람을 맞을 때는 문 밖까지 나가서 맞이하며, 아랫사람일 경우 문 안에서 들어오기를 권한다.

(2) 방 안으로 안내하기

마당이 있는 주택일 경우, 마루에 손님이 먼저 오르도록 하며 뒤따라 올라서서 방문을 열고 방 안으로는 주인이 먼저 들어가 들어오기를 권한다.

(3) 인사하기

자리에 안내한 다음 일상의 방문시에는 서로 평절로 인사한다. 현대의 가벼운 인사로는 자리에 앉아 가볍게 목례로 대신하기도 한다.

(4) 차 접대하기

차를 준비하여 손님에게 대접하고 대접 받는 자리는 주인과 손님이 한 자리에 그 시간을 같이 즐기는 과정이다. 차와 다과가 차려진 상에서 차도구를 바로 하여 찻그릇을 예온한 후 차를 준비한다. 잎차는 다관, 숙우, 찻잔, 찻잔받침, 차행주, 찻숟가락, 물버림그릇, 차호, 찻상보, 찻상, 탕관과 화로 또는 전기포트, 말차는 찻사발, 찻숟가락, 찻솔, 찻상과 찻상보, 물항아리, 물바가지, 차행주, 탕관과 화로 또는 전기포트의 차도구를 준비한다. 기타 손님상과 다과그릇, 다과젓가락, 계절의 꽃을 장식하거나 기호로 즐기는 음악 등을 준비한다. 차 접대는 가족의 일원이 하며, 집안의 주부나 딸, 또는 며느리가 차를 다루거나, 다동◆의 역할을 한다. 차를 준비하여 손님에게 내어 놓을 때는 각 상이나 한 상에서 주인이 손님과 마주 앉아 차를 마신다.

(5) 차 권하기

주인이나 다동이 간단히 권하는 말을 하면서 차를 상에 놓으면 서로 목례하고 두 손으로 찻잔을 들어 색을 보고 향을 맡으면서 고요히 마신다.

(6) 다과 권하기

한두 잔의 차를 음미한 다음 다과를 권하며, 상황에 맞게 여러 차례로 차와 다과를 손님께 권한다. 다식이 먼저 손님상에 차려져 있을 경우 잎차의 자리에서는 보통 한두 잔 정도의 차를 마신 후 다식을 먹으며, 말차의 자리에서는 차를 내는 사람이 찻상보를 걷을

◆ 다동茶童: 주인을 거들어 차를 내는 어린 사람, 또는 어른일 경우 시자侍者라고도 함.

때에 맞추어 손님이 미리 먹기도 한다.

(7) 찻자리 즐기기

여러 차례 차와 다과를 곁들이며 담화나 감상, 놀이 등을 하며 찻자리를 즐긴다.

(8) 송별하기

찻자리가 끝난 후 손님이 돌아가실 때 현관이나 댓돌의 신을 바로 돌려놓는다. 손님을 맞이 할 때와 같이 배웅할 때에도 웃어른의 경우 문 밖까지 나가 인사한다.

7

참조 절하기

절[拜禮]은 상대편에 대한 존경의 표시이자 문안인사로, 감사의 마음을 전하기 위하여 공경을 나타내는 기초적인 행동예절이다. 사람과 공경해야 할 대상을 상징하는 표상에 대하여도 절을 한다.

① 기본자세

- 기본적인 자세는 공손한 자세인 공수拱手의 자세로 두 손을 앞으로 다소곳하게 모아 잡는다.
- 공수는 남성은 평상시 왼손이 위로, 흉사 시 오른손이 위로 가도록 포개며 여성은 반대이다.
- 소매가 넓은 예복을 입었을 때에는 공수한 팔이 수평이 되도록 하고 소매가 좁은 평상복일 때에도 공수한 손이 배꼽 근처에 오도록 한다.
- 앉았을 경우 공수한 손을 남자는 두 다리 중앙에, 여성은 오른쪽 다리에 얹으며, 한쪽 무릎을 세웠을 경우 남녀 모두 세운 무릎 위에 얹는다.

② 절의 종류

- 큰절은 답배를 하지 않아도 되는 높은 어른이나 의식행사에서 행하며 남자의 큰절은 계수배稽首拜, 여자의 큰절은 숙배肅拜를 한다.
- 평절은 답배 또는 맞절을 해야 하는 웃어른이나 같은 또래 사이에 한다.
- 선생님, 연장자, 배우자, 형, 같은 또래, 친족이 아닌 15년 이내의 연하자에게, 남자는 돈수배頓首拜, 여자는 평배平拜를 한다.
- 반절은 평배의 약식으로, 남자는 공수배拱首拜, 여자는 반배半拜를 한다.
- 절의 모양은 지역이나 가문에 따라 특색을 지닌다.

③ 절의 모양

■ 남자의 큰절

- 공수하고 대상을 향해 선다.
- 허리를 굽혀 공수한 손을 바닥에 짚는다.
- 왼쪽 무릎을 먼저 꿇고 오른쪽 무릎을 가지런히 꿇는다.
- 왼발이 아래(앞)가 되게 발들을 포개며 뒤꿈치를 벌리고 엉덩이를 내려 깊이 앉는다.
- 팔꿈치를 바닥에 붙이며 이마를 공수한 손 등에 댄다.
- 큰절은 이마를 잠시 머물러 있다가 머리를 들며 팔꿈치를 바닥에서 뗀다.

■ 남자의 평절

- 큰절과 같이 앉아, 이마를 공수한 손등에 머리를 잠시 대었다가 곧 일어난다.

■ 남자의 반절

- 반절은 이마를 바닥에 대지 않고 엉덩이에서 머리까지 수평이 되게 엎드렸다가 일어난다.
- 오른쪽 무릎을 먼저 세운 후 공수한 손을 바닥에서 떼고 일어나 발을 가지런히 모은다.
- 공수한 손을 원위치로 하고 바르게 선다.

■ 여자의 큰절

- 공수한 손을 어깨 높이로 수평이 되게 올려 고개를 숙이고 이마를 공수한 손등에 붙인다.
- 어깨를 너무 올리지 않으며 엄지 안쪽으로 바닥을 볼 수 있게 한다.
- 왼쪽 무릎을 바닥에 먼저 붙이며 오른쪽 무릎과 가지런히 하여 엉덩이를 깊이 내려 앉는다.
- 손등이 이마에서 떨어지지 않게 하며 윗몸을 45도 정도 앞으로 굽힌다. 이때 머리를 깊이 숙이면 머리에 얹은 장식이 쏟아질 수 있으므로 고개는 숙이지 않고 동정이 목에 닿을 정도로 하여 윗몸을 숙인다.
- 잠시 머물러 있다가 윗몸을 일으킨다.
- 오른쪽 무릎을 먼저 세우고 일어나면서 발을 가지런히 모은다.
- 수평으로 올렸던 공수한 손을 원위치로 내리며 고개를 든다.

■ 여자의 평절

- 공수한 손을 자연스럽게 옆으로 내리며 왼쪽 무릎을 먼저 꿇고 오른쪽 무릎과 가지런히 꿇는다.
- 오른쪽 발이 아래(앞)가 되게 발등을 포개며 뒤꿈치를 벌리고 엉덩이를 깊이 앉는다.
- 손가락을 가지런히 모아 손끝이 양 옆을 향하게 무릎과 가지런히 바닥에 대며 윗몸을 45도 정도 앞으로 굽힌다.
- 잠시 머물러 있다가 윗몸을 일으키며 두 손바닥을 바닥에서 뗀다.

- 오른쪽 무릎을 먼저 세우고 일어나 왼쪽 발과 가지런히 하여 공수하고 선다.

■ 여자의 반절

- 평절의 약식으로 하며, 앉은 채로 두 손으로 바닥을 짚는 것으로 대신하기도 한다.

④ 절의 횟수와 요령

- 남자는 최소의 양수인 한번, 여자는 최소 음수인 두 번이 기본 횟수이다.
- 산 사람에게는 기본 횟수를, 의식행사와 죽은 사람에게는 기본 횟수의 배를 한다.

■ 절의 횟수와 종류

- 절을 받을 어른이 시키는 대로 변경할 수 있으며 절을 할 수 없는 장소에서는 경례로 대신한다. 경례를 하였더라도 절을 할 수 있는 장소로 옮겼으면 절을 한다.
- 맞절시 아랫사람이 하석에서 먼저 시작해 늦게 일어나고 웃어른이 상석에서 늦게 시작해 먼저 일어난다.
- 16년 이하의 연하자라도 아랫사람이 성년이면 반드시 답배를 하는데, 웃어른은 아랫사람이 절을 시작해 무릎을 꿇는 것을 본 다음에 시작해 아랫사람이 일어나기 전에 답배를 끝낸다.
- 절을 받으실 어른에게 '앉으세요', '절받으세요' 등의 말은 수고를 시키거나 명령하는 말이므로 실례이다.
- 답배해야 할 사람이 많이 낮은 사람이면 남녀 모두 앉은 채로 두 손으로 바닥을 짚는 것으로 답배하기도 한다.

⑤ 인사

- 표정은 부드러우면서도 밝게, 시선은 믿음과 정성어린 눈으로, 고개는 반듯하게 들고, 턱은 자연스럽게 당겨서 어깨의 힘을 빼고 균형을 유지한다. 편안한 자세로 무릎, 등, 허리를 자연스럽고 곧게 펴며, 입은 다소곳이 다물고, 양손을 둥글게 쥐어 바지 옆선에 붙이고(여자는 공수한다) 차려 자세로 선다. 발꿈치는 붙이고 양발의 각도는 30도 정도, 상체를 1초 간 숙인 후 1초 간 멈추고 2초 간 천천히 허리를 들어 바른 자세로 선다.
- 걸을 때에는 상대방과 2~3m 정도의 지점에서 기본자세를 갖춘 후 인사하며 상급자인 경우는 지나간 후에 움직이도록 한다.

⑥ 경례

- 경례는 입식생활에서의 절로, 한복을 입었을 경우 반드시 공수하며 양복을 입었을 때에도 조직생활이나 제복이 아니면 공수하고 경례해야 공손한 경례가 된다.

• 혼례나 상례 · 제례 등의 의식경례는 90도로 굽히며, 큰 경례는 큰절에 해당하며 45도로 굽혀 잠시 있다가 일어난다.

⑦ 악수

• 악수는 지위가 높은 사람, 연장자, 여성이 먼저 청하는 것이 원칙이며, 손과 눈, 다시 손을 쳐다보며 가볍게 미소 짓고 손을 조금 힘주어 잡는다.
• 악수가 곧 서양식 인사이므로 절을 함께 하지 않아도 충분하다.

생각해 봅시다

현대의 변화된 주거환경에서 개인적으로 손님을 정성스레 맞이하여 간단한 차를 접대하는 손님맞이 차 다루기의 실제적인 방법을 생각해 봅시다.

3. 말차 다루기

1) 차도구 준비

찻사발, 찻순가락(말차시), 찻솔〔茶筅〕, 찻상과 찻상보, 물항아리, 물바가지〔瓢子〕, 차행주, 다과그릇, 다과젓가락, 화로와 탕관 또는 전기포트 등을 상시 이용할 수 있도록 적당한 장소에 적절히 갖추어 찻상보를 덮어 놓는다.

〈그림 7-3〉 말차 상차림 배열의 예

2) 찻상의 배열

상위에 찻사발은 앞줄 중앙에 위치하며, 찻숟가락과 찻솔은 오른쪽, 차호는 뒷줄에 위치한다. 화로와 탕관 또는 전기포트 등은 찻상의 오른쪽 앞으로 위치하며, 뒤에 물항아리와 물버림그릇을 위치한다. 물바가지는 별도의 작은 상을 준비하여 여분의 차행주 등과 함께 올려놓거나 또는 물항아리에 올려놓는다.

3) 차 다루기

차 다루기 순서 예시에 사용한 차도구는 분청 숯불화로와 탕관, 물항아리, 소나무 태움질 물항아리 받침, 토기찻사발과 차호, 물버림그릇, 괴목찻상이다.

〈그림 7-4〉 말차 다루기 순서

①

②a

②b

②c

②d

③

① 찻상 앞에 바로 정좌하고 앉아 찻상보를 걷는다[그림 7-4 ①]. 찻상보를 걷을 때에 맞추어 다과가 준비되어 있을 경우 손님은 다과를 먹는다.

② 탕관의 뚜껑을 열고 물항아리에 올려놓았던 물바가지를 들어[그림 7-4 ②a] 바르게 잡는다[그림 7-4 ②b]. 탕관의 물을 물바가지로 떠서[그림 7-4 ②c] 찻잔에 붓는다[그림 7-4 ②d].

③ 왼손으로 찻잔을 잡고 찻솔로 잠시 저어 예열하고 물을 퇴수기에 버린다[그림 7-4 ③].

④a

④b

⑤

⑥a

⑥b

⑦a

④ 차행주로[그림 7-4 ④a] 찻잔을 닦고[그림 7-4 ④b] 차행주를 제자리 놓고 정리한다.

⑤ 차호를 들어 왼손에 받쳐 들고 오른손으로 찻숟가락을 가져온다[그림 7-4 ⑤].

⑥ 뚜껑을 내려놓고 찻숟가락으로 2g 정도의 차를 2번에 나누어 찻잔에 넣는다[그림 7-4 ⑥a, ⑥b].

⑦ 찻숟가락을 제자리에 놓고[그림 7-4 ⑦a] 차호 뚜껑을 덮어 제자리에 놓는다[그림 7-4 ⑦b].

⑦b

⑧

⑨a

⑨b

⑨c

⑨d

⑧ 탕관에서 50~60ml 정도 적량의 물을 물바가지로 떠서 찻잔에 붓는다[그림 7-4 ⑧].

⑨ 찻솔로 찻잔의 차와 물이 고루 섞이게 저어 준다[그림 7-4 ⑨a, ⑨b, ⑨c, ⑨d].

⑩

⑪a

7

⑪b

⑫

⑩ 찻솔을 내려놓는다[그림 7-4 ⑩].

⑪ 받침을 왼손 위에 올려놓고, 찻잔을 들어 올려 두 손으로 모아 잡고, 잠시 향과 색을 음미한 후 받침을 내려놓고 마신다[그림 7-4 ⑪a]. 손님에게 대접하는 경우 다반을 이용하거나 직접 손님상에 옮겨 놓는다[그림 7-4 ⑪b]. 손님은 두 손으로 받침과 찻잔을 함께 들어 잠시 차의 색과 향을 음미한 후 왼손으로 찻잔을 들고 오른손으로 받침을 상위에 내려놓는다. 두 손으로 정중하게 찻잔을 들고 가볍게 목례한 후 한 모금씩 음미하며 소리 나지 않게 2~3회로 나누어 마신다.

⑫ 차 마시기가 끝나면 받침과 찻잔을 함께 들어 올려 왼손으로 찻잔을 잡고 오른손으로 받침을 자리에 내려놓고 찻잔을 오른손에 옮겨 쥐어 내려놓는다. 손님에게 대접했던 찻잔도 순서대로 옮겨 받침을 먼저 내려놓은 후 찻잔을 내려놓아 정리한다. 탕관의 물을 보충하고 물바가지를 제자리에 내려놓고 탕관 뚜껑을 닫는다[그림 7-4 ⑫]. 차 설거지는 물버림그릇을 이용하여 찻자리에서 끝내는 것이 좋으며 찻상을 정리한 후 다포를 덮는다.

3 차례와 헌공다례

1. 차례

오늘날 차례 시 헌다獻茶의 순서에, 간단한 차도구를 이용하여 비교적 간편하게 잎차를 우리거나 말차를 점다하여 차를 올릴 수 있다. 말로만 남아 있는 차례의 절차를 실제적으로 행하는 것이다. 제례 시 차는 보통 주부가 달여서 집안의 딸이나 며느리가 들고 가서 헌다자에게 전한다. 차를 간단히 준비하여 올리는 한 예는 다음과 같이 행할 수 있다.

1) 잎차 올리기

① 차례상의 오른쪽 앞에 찻상을 놓고 다관과 숙우, 찻잔과 받침, 찻순가락, 차를 담은 차호, 차행주를 정열하고 정좌하고 앉는다.

② 찻그릇을 예열하고 다관에 차를 2~3g 넣는다.

③ 차를 우려 찻잔에 담고 헌다자에게 찻잔을 전해 준다.

④ 헌다자는 차례상의 술잔 자리 또는 술잔의 옆에 올린다.

2) 말차 올리기

① 차렛상의 오른쪽 앞에 찻상을 놓고 차호와 찻그릇, 찻솔, 차행주, 찻숟가락을 찻상에 정열하고 정좌하여 앉는다.

② 찻그릇에 끓인 물을 부어 찻솔로 저어 예열하고 퇴수기에 쏟아 버린다.

③ 차호에서 차를 2g 정도 찻숟가락으로 덜어 찻그릇에 넣는다.

④ 끓인 물을 붓고 찻솔로 고루 잘 젓는다.

⑤ 헌다의 순서에, 헌다자가 찻잔을 받아들고 차례상에 차를 올리고 뚜껑을 열어 남쪽(앞쪽)에 내려놓는다.

7

3) 헌다시

① 차를 들고 갈 때 손이 상위로 올라오지 않게 잘 받들고 움직인다.

② 일반 상은 가슴높이로 들지만, 헌다하는 상은 눈높이로 들어 올려 이동한다.

③ 이동 후 무릎으로 앉아서, 차를 진설된 상 위에 올릴 헌다자에게 전한다.

④ 차를 올리는 사람은 찻잔을 두 손으로 받들어 눈높이까지 올렸다가 진설된 상 위에 올린다.

⑤ 찻잔의 위치는 진설된 상 위의 신위 앞, 술잔의 옆이며, 술을 올리지 않을 경우에는 술잔 위치가 찻잔의 위치이다.

2. 불가의 헌공다례

불가의 헌공다례가 포함되어 있는 육법공양은 신라시대부터 행하여 온 전통공양의식으로 불교계 행사의 필수 의식이다. 여섯가지의 공양물은 차공양과 더불어 향공양 · 등공양 · 꽃공양 · 과공양 · 쌀공양 등이 보편적으로 쓰였으며, 이 가운데 차와 꽃의 공양은 별도로 차문화와 전통 꽃꽂이 예술로 발전, 계승되고 있다. 여섯가지 공양물은 그 상징하는 바가 크다.

차는 감로차甘露茶로서 법문이 만족스럽고 청량하다는 것을 상징한다.

향은 한결같이 정법을 실현하겠다는 의지를 나타내는 해탈과 자신을 태워 주위를 맑게 하므로 희생 또는 화합과 공덕을 상징한다.

등은 지혜와 희생, 광명을 상징한다.

꽃은 꽃을 피우기 위한 인고의 수행, 장엄, 찬탄을 상징한다.

과일은 보리과로 깨달음을 상징한다.

쌀은 선열미禪悅米로 기쁨과 환희를 상징한다.

7

육법공양의 순서는 보통 향과 등이 먼저 공양되고, 이어 꽃, 과일, 쌀 그리고 차를 올린다. 과일공양은 제철의 과일로 올리며 쌀공양은 떡이나 다식 등으로 올리기도 한다.

생각해 봅시다

차생활을 하면서 소속된 특정 단체의 차 다루기 예법만이 옳다고 주장한다는 것은 참으로 모순된 모습일 것이다. 우리의 문화를 제대로 탐구하여, 혹 자기도취의 자만심을 경계하고, 진정한 차인으로서 차생활을 생각해 보아야 하는 것이다. 우리의 차생활문화의 정형이 특정한 형식을 가지고 있으며, 또 특정 형식으로 존속되어야만 한다는 것을 주장하기보다는, 차생활을 통해 단아하게 살아오신 우리 선조들의 모습에서, 삶의 방편으로 생활화되었던 차생활의 참모습을 음미하면서 우리 삶의 귀감이 되는 생활의 지표를 생각해 보아야 할 것이다. 중요한 것은 다반사의 차생활을 위하여 언제든 편하고 쉽게 차를 마실 수 있는 방법의 응용을 모색하는 것이다. 일상에서의 편안한 차생활과 차례, 헌다 등을 생활 속에서 실제로 실천할 수 있는 응용을 생각해 봅시다.

7

참조 기본자세와 동작

① 걸을 때

어깨를 곧게 편 자세로 시선은 전방을 향하고 고개는 떨구지 않도록 하며, 발바닥 전체가 바닥에 닿는 느낌으로 소리 내지 않도록 한다. 팔은 겨드랑이 15도, 팔꿈치 45도로 자연스럽게 흔들며 손이 바지 옆선을 가볍게 스치도록 하며, 양발을 11자 모양으로 나란히 하며, 팔짱을 끼거나 뒷짐을 지거나 주머니에 손을 넣고 걷지 않는다.

② 의자에 앉을 때

움직임을 멈춘 상태에서 상체를 곧게 세우고 얼굴을 정면으로 하여 남성은 다리를 어깨 넓이로 벌리고 앉아 주먹을 무릎 위에, 여성은 한쪽 발을 반 보 정도 뒤로 가져가 한쪽 스커트 자락을 가지런히 하면서 의자를 확인하고 옆모습으로 천천히 앉아 무릎과 발끝을 붙이고 손은 공수한 채 무릎 위에 얹는다. 의자와 등 사이의 간격은 주먹하나 들어갈 정도로 하며 시선은 상대를 보며, 다리를 꼬거나 무릎을 떨거나 팔짱을 끼는 자세는 금물이다.

③ 일어설 때

여자는 한쪽 발을 반보 정도 앞으로 딛고 일어서면서 양발을 가지런히 모으며, 남자는 바로 일어선다.

④ 바닥에 앉는 자세

웃어른이 앉으라는 말이 있은 후, 남자는 어른의 왼쪽 앞, 여자는 어른의 오른쪽 앞으로, 먼저 왼 무릎을 꿇고 다음에 오른 무릎을 꿇고 앉아 공수한 손을 무릎 위에 놓는다. 벽이나 가구에 등을 기대거나 손으로 바닥을 짚고 비스듬히 앉지 않고 의복이 앉은 주위에 넓게 펼쳐지지 않도록 정리한다. 어른보다 편한 자세를 취하거나 높은 곳에 위치하지 않으며 시선은 앉은키의 2배 정도의 바닥에 둔다. 방석을 밟지 않도록 하면서 방석을 당겨 무릎 밑에 반듯하게 놓고 중앙에 앉는다. 나갈 때는 방안에 있는 사람에게 뒷모습을 보이지 않으며 발소리가 나지 않도록 조심하며 문턱을 밟지 않는다. 두 손에 물건을 들었을 때는 물건을 내려놓고 문을 열고 닫는다.

⑤ 물건 다루기

물건은 두 손으로 다루는 것이 원칙이며 위아래나 속과 겉이 바뀌지 않도록 한다. 식기는 입에 닿는 부분을 손으로 잡지 않으며 손잡이가 있는 것은 상대가 잡기 편하게 준다. 앉은 사람에게는 앉아서, 서 있는 사람에게는 서서 건넨다.

참조 우리 옷 한복

여성 한복

여성의 한복은 사교복으로서 손색이 없다. 비싸고 잘 어울리지 않는 서양식 Cocktail dress나 Evening dress보다는 우리 여성의 몸에 잘 어울리는 한복이 더 이상적이다. 사교복으로 개량된 짧은 치마를 입을 수도 있으나 역시 고름을 단 긴치마가 고상하며, 고름대신 단추나 브로치 등을 달면 비공식적인 느낌이 든다.

한복은 그 자체가 아름다워 장식품을 보탤 필요가 없이 완벽하나, 비취(깊고 그윽한 광택으로 동양에서 어호하며 선명한 짙은 초록의 경옥과 비교적 가격이 저렴한 연옥)나, 옥, 진주 정도는 조화가 되며, 다이아몬드는 나이가 좀 든 여성이 반지와 귀걸이 정도로 이용한다. 한복에는 목걸이를 하지 않으며 가락지와 노리개가 어울린다.

여성 한복 갖추어 입기: ①짧은 속바지와 긴 속바지, 속치마를 입고 ②치마를 뒷 중심에서 양쪽으로 7cm 정도 여며지게 치마꼬리를 왼쪽으로 하여 입은 후, ③속적삼을 입고, ④버선을 수눅이 중앙을 마주 보도록 하여 신고(여성의 한복에서는 버선과 고무신을 필히 갖추는 것이 좋다) ⑤저고리의 동정니를 맞추어 안고름을 맨 다음 겉고름을 맨다. ⑥노리개를 착용하기도 하며 ⑦두루마기를 입을 시는 머플러를 꼭 맨다.

남성 한복

남성의 한복은 필히 두루마기를 갖추어 입어야 정장이 된다. 그러나 버선 대신 양말과 구두를 신는 것은 무방하다.

남성 한복 갖추어 입기: ①내의, 속고의를 입고 ②바지허리의 여유분을 앞 중심으로 모아 잡고, 왼쪽으로 주름이 가도록 접어서 허리둘레를 조절하여 끈을 맨다. ③저고리를 동정니를 잘 맞추어 입고 고름을 맨다. ④버선이나 양말을 신고 대님을 맨다. ⑤조끼 밑으로 저고리가 빠져나오지 않도록 입고 ⑥마고자를 입고 ⑦두루마기를 입고 머플러를 맨다.

- 고름 매는 법: ①고름을 반듯하게 펴서 아래로 늘어뜨린다. ②짧은 고름이 위로 가도록 하여, 짧은 고름을 안쪽으로 넣어 위로 올리고 긴고름을 밑으로 넣어 뺀다. ③짧은 고름을 돌려 잡고 긴 고름으로 고를 잡을 준비를 한다. ④고를 잡은 긴 고름을 짧은 고름 안쪽으로 집어넣는다. ⑤짧은 고름을 긴 고름 밑으로 넣어 당겨 가지런히 정리한다.

- 대님 매는 법: ①바지 마루폭의 솔기를 발목 안쪽 복사뼈에 댄다. ②대님을 뒤로 돌려서 발목을 싼 끝이 복사뼈에 닿도록 두 번 돌린다. ③안쪽 복사뼈에서 한 번 묶는다. ④나머지로 고름를 만들어 맨다. ⑤바지 끝을 내려 정리한다.

7

참조 〈그림 7-5〉 찻상보(다포) 접기

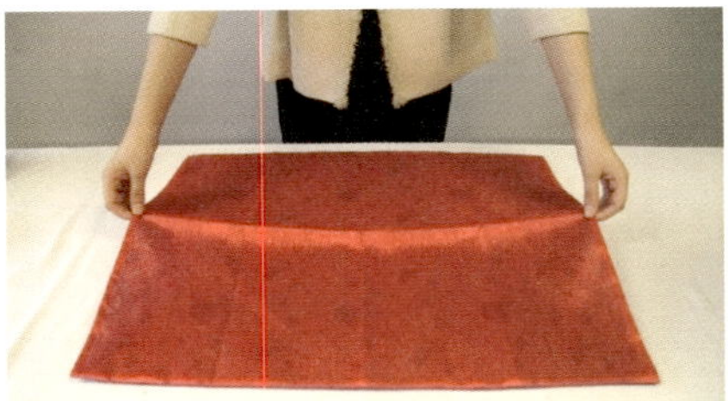
①

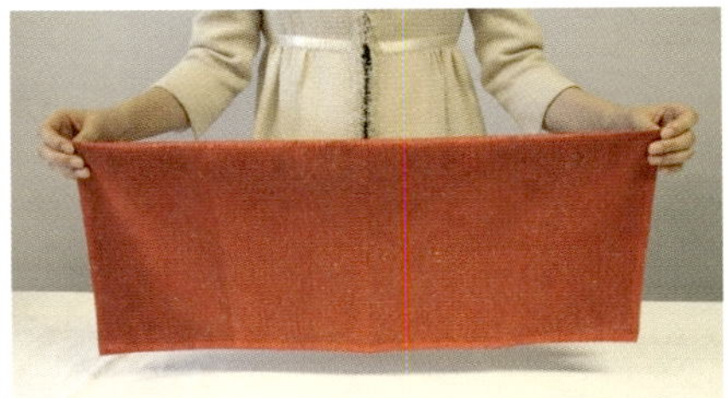
②

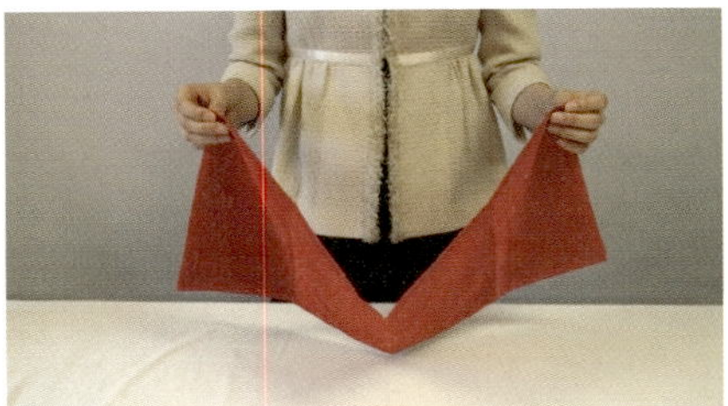
③

④

⑤

⑥

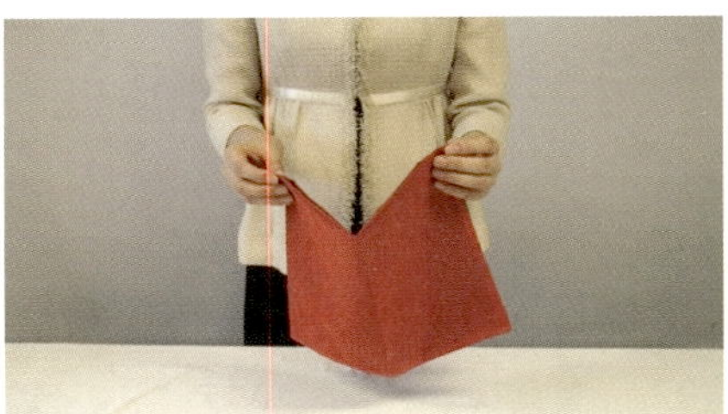
⑦

① 직사각형의 상보를 넓게 펴고 가로선의 양 중심의 끝을 가볍게 잡는다.

② 양 중심을 조심스럽게 들어 올린다. 상보의 아래 끝선은 바닥면에서 살짝 뜨는 정도로 한다.

③-④ 양손을 가볍게 앞으로 모으며 오른손으로 잡은 상보의 끝을 왼손으로 모아서 옮겨 잡는다.

⑤ 오른손이 편안하게 아래로 치우친 상보의 윗면을 정리하면서 오른쪽 상보의 끝으로 간다.

⑥ 오른쪽 상보의 끝을 잡고 두 손을 반듯하게 바로 한다.

⑦-⑧ 두 손을 중심으로 모으면서 오른손으로 잡은 상보의 끝을 왼손으로 모아서 옮겨 잡는다.

⑧

⑨

⑩

⑪

⑫

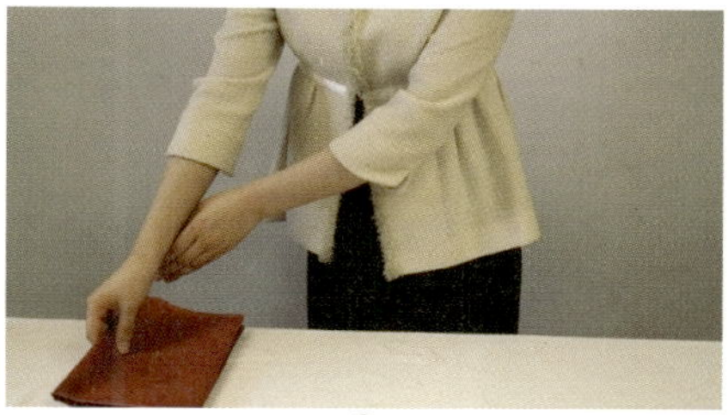

⑬

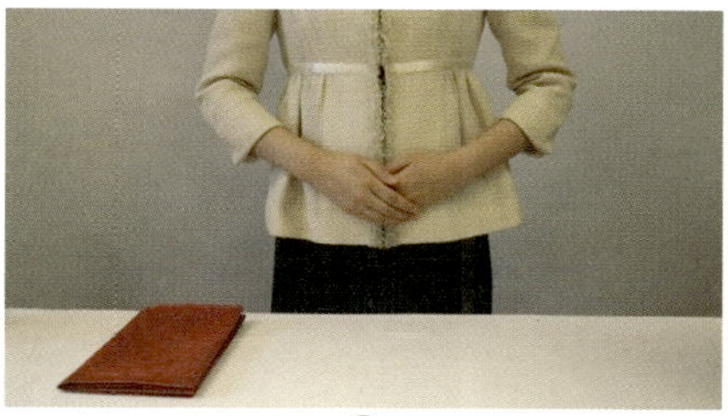

⑭

⑨ 접은 상보를 반듯하게 바로 한다.

⑩ 오른손으로 접은 상보의 오른쪽 중앙 부분을 가볍게 잡는다.

⑪ 왼손으로 왼쪽 면을 가지런히 하면서 중심 부분을 마주 잡는다.

⑫-⑬ 오른손으로 접은 상보를 오른쪽에 내려놓으면서 왼손은 가볍게 보조를 한다.

⑭ 상의 오른쪽에 상보를 가지런하게 내려놓고 정좌한다.

Tip. 상보의 접히는 부분을 미리 접어서 자국을 남겨두고 사용하면 쉽게 이용할 수 있다.

참조 〈그림 7-6〉 차행주(다건) 접기

①

②

③

④

⑤

⑥

① 차행주를 반듯하게 펼쳐 놓는다.

②-③ 아래(안)쪽 1/3면을 중심선에 맞추어 가지런하게 접는다.

④-⑤ 위(바깥)쪽 1/3면을 접혀진 선 위에 가지런하게 덮는다.

⑦

⑧

⑨

⑩

⑪

⑥–⑦ 두 손으로 오른쪽 1/4면을 가운데 중심선에 맞추어 가지런하게 접는다.

⑧–⑨ 왼쪽 1/4면을 가운데 중심선에 맞추어 가지런하게 마주 접는다.

⑩–⑪ 왼손으로 왼쪽의 접혀진 면을 오른쪽으로 모아서 정리한다.

녹차, 그리고 오미자와 말차로 색을 낸 매작과, 호두정과

[제8장]

차의 응용과 현대 차생활문화의 발전방안

본 장에서는 차의 기능성 성분의 이용과
다양하게 이용되는 공산품 등에의 응용에 관하여 이해하며,
차생활문화의 발전방안을 모색한다.

1 차 기능성 성분의 이용

1. 차의 이용
2. 보건효능 성분의 기능성 이용
3. 식품으로의 이용
4. 공산품 및 기타 이용법

2 차생활문화의 발전방안

1. 현대의 차생활문화
2. 차생활문화의 발전방안

1 차 기능성 성분의 이용

8

1. 차의 이용

차는 비타민류나 무기질류 등 주요 미량원소의 영양공급원이며, 독특한 맛 성분에 대한 관심으로 기호음료로 음용되며, 건강 보건적 효능을 나타내는 기능성 성분이 함유되어 약용으로도 이용되고 있다. 또 식품이나 요리 등에 응용되며, 현대에는 생활용품 · 공업용품 등에 기능성 성분을 보완하여 공산품 등에도 널리 활용되고 있다.

〈표 8-1〉 차의 기능성에 의한 분류

분류	기능성	내용
1차기능	영양	비타민류, 무기질류 등
2차기능	기호	• 맛 성분 : 아미노산류, 카테친류, 카페인, 사포닌, 펙틴 등 • 색 성분 : 엽록소, 카테친류 산화물 등 • 향 성분 : Terpene, Alcohol, Carbonyl ester류 등의 정유
3차기능	생체조절	Polyphenols(카테친류 및 산화물, flavcnol 등), 카페인, 복합다당류, 비타민류(항산화비타민 : 비타민 A, C, E), GABA, 사포닌, 무기성분(미량필수원소 : 아연, 망간, 셀렌 등) 등

2. 보건효능 성분의 기능성 이용

1) 카테친류

녹차에서 정제하여 100% 천연화합물Natural product로 추출된 카테친류는 신체의 혈액순환을 개선시키는 의약품을 비롯하여, 세균의 성장억제, 알코올해독, 피부질환의 치료, 당뇨병, 비만 등의 치료에 다양하게 이용되고 있다. 차의 항산화 효능은 화장품, 스낵류, 라면 등에 천연 산화방지제로 이용되며, 비누나 샴푸, 여드름치료, 구취제거 등에도 응용되고 있다. 또 차의 살균작용과 항균작용 등을 이용하여 화장품, 세제, 껌, 구강청결제, 주방세제, 공기청정제, 티슈, 물수건 등에 쓰이고 있다.

차의 추출물 중 특히 카테친류는 생체 내에서 화학물질의 변이원에 따라 발생되는 돌연변이에 대하여 항변이원 물질로 작용한다는 사실이 연구, 보고되고 있다. 즉 차의 카테친류는 변이물질을 불활성화 시키거나, 변이를 일으킨 DNA가 잘못된 유전정보를 보내지 못하게 하는 작용을 한다. 발암의 기작은 화학물질에 의해 DNA가 손상을 받거나, 손상 받은 DNA가 활동을 개시하여 잘못된 유전정보를 보내어 돌연변이인 암세포가 만들어 진다. 카테친류에 의한 항변이원의 주요 작용은 주로 녹차의 열탕 추출물에서 보고되고 있으며, 녹차 이외의 차엽에서는 보고된 바가 적다.

2) 기능성 가바차

차의 카테친류가 혈압상승을 억제한다는 연구가 밝혀져 있지만, 근래에는 차의 가바(GABA: γ-aminobutyric acid, $C_4H_9NO_2$) 성분을 증대시켜 의약품으로 이용되고 있다. 혐기적인 조건에서 식물의 발아와 어린 묘苗 등에서 생성되는 가바 성분은 혈압상승 억제와 이뇨작용에 효과가 있으며, 뇌의 산소공급량을 증가시켜 대사기능을 촉진시키며 신경안정과 불안감해소의 효과가 있다고 연구되고 있다.

실제로 차의 가바 성분을 증대해 시판되고 있는 가바차는 가벼운 증세의 고혈압에 대하여 양호한 효과를 보인다는 임상의 결과가 있다. 차의 생엽을 일정크기의 용기에 넣고 질소나 이산화탄소 등으로 용기 내의 산소를 제거하여 3~5시간 정도 혐기처리하면 가바 성분이 10~30배로 증가한다. 혐기처리 후 증열, 비비기, 중유, 정유, 건조 등의 공정으로 찐차로 제조하거나 덖음, 비비기, 건조의 덖음차 제조 공정으로 가바차를 제조한다.

〈표 8-2〉 식품의 차 카테친류 기능성 이용 현황

용도	응용제품
산화방지, 신선도유지	말린 생선
산화방지, 자외선에 의한 광산화방지	어유, 유지
항균, 향기	청량음료
항균, 항바이러스	과자, 사탕
지질감소	카테친卵
냄새제거, 선도유지	축산제품

8

3) 카페인

차는 각종 의약품의 원료가 되는 천연 카페인을 추출하는 주요한 생물자원이 되고 있다.

4) 복합다당류

차는 당뇨병의 치료약으로 사용되었던 기록을 가지고 있는데, 카테친류의 혈당강하작용과 더불어 근래에는 복합다당류의 활성을 연구한 결과 이 중 몇 종의 다당류 성분에 의하여 혈당 상승이 억제되는 작용이 밝혀지게 되었다. 차에서 추출한 복합다당류를 이용하여 천연물질의 당뇨병 치료제 개발에 응용하고 있다.

5) 엽록소

차의 엽록소 성분은 빈혈치료 및 외과적인 수술 등에 있어 새 조직의 재생을 촉진하므로 기능성 성분으로의 이용이 연구, 검토되고 있다.

6) 기타

차 추출액은 식중독과 세균성 설사에 대한 항균작용과 항충치작용 등의 효능으로 인해 관련 식품에 천연추출물로 첨가되고 있다. 또 차의 종자는 22~31%의 유지성분과 12% 정도의 사포닌 성분이 포함되어 있으며, 올리브유와 유사한 지방산 조성을 가지므로 차 종자유와 천연세제로 생산되고 있다. 사포닌은 천연의 계면활성제이다. 차종자유박은 새우양식장의 해충 및 어류의 살충제로 이용된다.

3. 식품으로의 이용

8

1) 가루녹차의 이용

가루녹차를 이용하여 차국수, 차아이스크림, 차쉐이크, 차사탕, 차초콜릿, 차껌, 차양갱, 차푸딩, 차빵, 차젤리, 차비스켓 등을 만든다.

2) 요리

음식의 맛은 간이 잘 맞아야 하고, 색과 향, 모양 등이 갖춰져야 하며, 조직감이 좋아야 한다. 차를 요리에 이용하면 생선냄새나 느끼한 맛을 제거할 수 있으며, 색이나 향을 개선시킬 수 있다. 차를 요리에 이용하는 것은 일상의 음식과 더불어 차를 더욱 적극적으로 섭취하기 때문에 건강을 증진시키며 삶의 질을 효과적으로 향상시킬 수 있다.

4. 공산품 및 기타 이용법

요즘은 삶의 질에 높은 관심을 가지므로 차의 기능성 성분을 추출하여 일상의 의류나 양말, 운동화, 구두, 기능성 베개, 이불 등의 생활용품이나 공업용품의 제조에 첨가하여 품질이 강화된 기능성 공산품을 만들어 이용하고 있다.

〈표 8-3〉 차를 이용한 요리의 종류들

내용	방법
가루녹차 마가린	실온에서 녹인 마가린(또는 버터)에 가루녹차를 넣어 고루 혼합하여 이용한다.
차떡, 차빵	떡이나 빵의 재료가 되는 쌀 등의 곡물과 함께 잎차를 우린 물이나 또는 잎차 전체를 성글게 부수어 첨가하거나 또는 가루녹차를 혼합하여 이용한다.
튀김류	튀김류의 옷을 입히는 밀가루나 옥수수, 감자 등의 전분에 가루녹차 또는 찻잎을 넣어 반죽하여 이용한다. 더욱 바삭하며 담백해진다.
육류요리	잎차를 그대로 소량 혼합하여 조리하거나, 잴 때에 이용한다. 또는 녹차 우린 물을 양념과 섞어 고기를 재우면 냄새제거에 탁월한 효과가 있다. 구운 육류요리는 육류를 구울 때 처음부터 첨가하면 모양이 지저분해질 수 있으므로 육류를 익힌 후 잎차를 손으로 성글게 부수어 뿌린다. 삼겹살에 아주 효과적이다. 또 가루녹차는 첨가하는 양에 따라 육류의 맛에 영향을 미칠 수 있으므로 충분히 고려하여 이용한다.
차라면	라면을 끓인 후, 잎차 또는 마시고 난 찌꺼기를 넣어 먹는다. 티백은 봉지 째 넣어 찻잎이 충분히 우러나면 거두어 내고 먹는다.
차튀김과 차전	잎차나 우려내고 남은 찻잎을 잘 말려서 튀김옷을 입혀 조리한다. 또 우려내고 남은 찻잎이나 가루차를 밀가루에 반죽하여 전으로 지진다. 가루차는 푸른색의 차전이 된다.
생선요리	생선조리 시 잎차나 마시고 남은 차찌꺼기를 첨가하여 이용한다.
차나물	마시고 남은 찻잎을 고추장 또는 간장으로 간을 하고, 깨소금과 참기름을 소량 첨가하여 나물로 무친다.
차장아찌	마시고 남은 찻잎을 잘 말려서 고추장이나 된장에 박아 장아찌를 만든다.
계란조림	완숙한 계란을 조릴 때 간장에 잎차를 적당량 섞어 이용한다.
차밥, 차죽	잎차를 우린 물이나 잎차 자체 또는 가루녹차를 첨가하여 조리한다.
소스와 샐러드드레싱	소스를 만들 때 용도에 맞게 잎차나 가루녹차를 첨가한다.
말차 커스타드크림	밀가루와 설탕을 섞고 우유를 소량씩 첨가하여 반죽하여 끓인 후 계란 노른자를 소량씩 저어가면서 넣고 다시 불에 얹어 잘 저어준다. 가루녹차를 열탕에 풀어서 넣고 잘 섞어 간식으로 식빵 등에 발라서 먹는다.
차 드링크	무당, 무착색의 천연 건강음료이다.
차 칵테일	위스키 등의 칵테일에 사용하거나 소주 1병에 녹차 티백 2개 정도를 담가 5분 정도 후 차색이 우러나오면 마신다.

〈그림 8-1〉 녹차라테

〈그림 8-2〉 말차 레모네이드

녹차셔벗	녹차 우린 물과 우유를 같은 양으로 섞어 당도를 맞춘 다음 냉동실에 넣어 얼린다.
녹차가루 뿌려 먹기	생크림이나 요구르트 혹은 샐러드 위에 뿌려 먹는다.
찜요리	깔개로 이용 새우처럼 콜레스테롤 수치가 높은 해산물 등의 찜요리에 우려마시고 남은 찻잎을 깔개로 활용한다.
녹차셰이크	우유와 바닐라 아이스크림에 가루녹차를 적당량 섞어 얼음과 함께 믹서에 30초 정도 갈아준다.

〈표 8-4〉 차의 활용방법

내용	방법
차베개	마시고 난 차찌꺼기를 잘 말려서 베개 속으로 이용한다. 말린 차찌꺼기 2kg에 메밀 껍질 1kg, 천궁 100~200g을 첨가하면 숙면에 도움이 된다. 이미 상품화되어 일부 시중에서 판매되기도 한다. 실내의 악취제거에도 효과가 있다.
차목욕	마시고 남은 찻잎이나 녹차 잎을 헝겊 주머니에 넣어 묶어서 목욕물에 넣어 차가 충분히 우러나게 한 뒤 목욕을 한다. 차는 피부 수렴작용과 살균작용이 있으며 항산화 작용에 의해 피부의 혈액순환을 도모하며 노폐물도 제거되고 피부가 부드러워진다.
녹차스킨	녹차로 스킨을 만들어 사용하면 피부가 청정하고 맑아진다. 녹차 티백 7개를 화이트 와인이나 소주 200ml에 넣어 2~3일 두었다가 티백의 물기를 짜내고 꺼낸다. 여기에 생리식염수 100ml과 또는 필요에 따라 소량의 글리세린을 섞어 냉장 보관하여 사용한다.
무좀 및 피부병 치료	차를 진하게 우려 사용하면 카테친류에 의한 살균작용과 수렴작용으로 무좀균의 증식이 억제된다.
악취 제거	마시고 남은 찌꺼기를 냉장고에 넣거나 말려서 화장실, 신발장 등에 넣어두면 냄새가 효과적으로 제거된다.
비료 효과	마시고 난 찌꺼기를 관상수나 화분에 주면 질소비료 대용으로 좋은 영양분이 되어 식물의 성장이 양호해진다.
머리비듬과 여드름 제거	우려낸 찻물로 머리를 헹구면 머릿결이 부드러워지고 윤기가 있으며 비듬 발생이 적어진다. 얼굴에 이용하면 여드름에 효과가 있고 피부가 부드러워 진다.
묵은 때 제거	우려내고 남은 찻잎 찌꺼기를 싱크대 위에 뿌리고 스펀지로 가볍게 문질러주면 묵은 때와 기름기를 제거할 수 있다.
녹 방지와 주방용품 보관	철제 주전자나 기구를 오래 보관할 경우 차를 우린 물로 한번 닦아두면 찻잎 중의 폴리페놀 성분과 철이 결합해 표면에 막을 형성하게 되어 녹슬지 않는다. 사용하지 않는 도자기제품, 주전자 등에 녹차 한 스푼을 넣어두면 오래 보관해도 냄새가 나지 않는다.
카펫 청소	찻잎 찌꺼기의 물기를 꼭 짜서 카펫 위에 고루 뿌려 3~4시간쯤 후 찻잎을 굴려서 먼지나 세균을 흡착시킨다. 청소기로 찻잎을 털어내고 통풍이 잘 되는 곳에 잘 말려 보관한다.
페인트 냄새	페인트 냄새가 가시지 않을 때, 프라이팬에 오래된 녹차를 태워 연기가 집안에 퍼지게 하면 냄새제거에 효과가 있다.
농약 세척	우린 찻물로 과일이나 야채를 헹구면 사포닌의 계면활성작용으로 농약이 씻겨 나가며, 세균 번식과 피부보호에도 효과가 있다.

곰팡이 방지	찻잎 찌꺼기를 말려 망사 주머니에 넣어 장롱 속에 걸어두거나 서랍에 넣어 두면 곰팡이 냄새를 없애 준다. 또 은은한 향기가 옷에 배어 입을 때마다 기분이 상쾌해진다. 좀벌레나 곰팡이가 생기지 않고 옷의 변색도 막아 준다.
해충피해 방지	벌레에 물렸을 때 찻잎을 진하게 우려 발라주면 해독작용과 진정작용으로 독성이 쉽게 풀린다. 또 찻잎 찌꺼기를 말려두었다가 야외에서 모깃불처럼 태우면 모기와 벌레들을 피할 수 있다.
입냄새 감소	향이 짙은 음식을 먹은 후 찻잎을 씹어 주면 냄새가 감소된다.
광택제	찻물로 거울이나 유리 기구를 닦으면 광택이 잘 난다.
차염색	차의 성분은 면, 견silk 등의 천연섬유에 친화성이 있으므로 천연염색의 재료가 된다. 색이 자연스러워 사람의 감성을 일깨우기에 충분하며 차의 염색물은 항균성이 있어 피부건강에 도움을 준다. 염색 후 색 빠짐을 방지하기 위해 매염제를 이용(섬유중량에 대비하여 2%미만의 양)하는데, 대부분 자연에 있는 원료는 매염제에 의해 색이 바뀐다(치자염색은 매염제에 의해 불변). 차 염색에서 구리 성분의 매염제는 베이지, 노랑, 갈색으로, 철성분의 매염제는 와인색 등으로 발색된다. 마시고 난 찌꺼기를 모아 사용하거나 오래 묵어 먹을 수 없게 된 차 또는 잎이 아주 큰 끝 물차(대작) 등을 물에 넣어 끓여서 찌꺼기를 걸러내고 우려낸 물에 미리 적셔 놓은 면이나 견을 천천히 고르게 담그고 얼룩이 지지 않게 잘 교반하여 10~20분간 염색한다. 염색한 직물을 잘 헹구어 매염액에 담가 적정해질 때까지 발색시킨 다음 깨끗이 헹구어 그늘에서 건조한다.

2 차생활문화의 발전방안

1. 현대의 차생활문화

우리는 역사적으로 오랜 세월 차를 마시며, 격조 있는 생활문화를 향유해온 문화민족이다. 차는 향과 더불어 최고의 예물로 최고의 예를 표하는 물품이었다. 이미 오래전 가락국(서기 48년)에서부터 현대에 이르기까지 차를 음용하며 격조 높은 문화를 일궈오고 있는 문화대국이다. 우리 민족에게 차는 건강을 위한 단순 기호음료를 넘어 인간의 심리적 수양의 방편으로 정신문화의 일맥을 계승하고 있다.

우리 전통 풍속의 차례는 세계의 어느 나라에도 유래가 없는 독창성을 간직하고 있는 문화이다. 찻자리가 행하여지는 차공간과 찻자리의 꽃장식인 찻자리 꽃, 찻자리의 음식인 다과, 찻자리의 정취인 시 · 서 · 화 · 가무 · 찻자리의 도구인 도자기 등을 포함하는 일종의 전통 종합문화예술을 형성하고 있다. 21세기 문화의 시대에 부응하는 진정한 문화인으로서, 우수한 우리 문화의 독창성과 모방에 대한 정확한 분별력을 키워, 전통문화의 왜곡을 막는 것이 진정한 문화대국의 자긍심을 지키는 길이 될 것이다.

근래 차문화의 발굴, 계승의 성행과 더불어 과학에 의해 증명된 차의 약리적 효능으로 인하여 일반인들에게 차에 관한 관심이 고조되고 있다. 이는 전통문화의 되살림으로 문화대국으로서의 자긍심을 고취하는 긍정적 효과가 있다. 그러나 우리나라 차의 현실은 사람들에게 회자되고 있는 것만큼 생활 속에 자리 잡고 있지 못하다. 일부 다도의 형식과 의미부여에 집착하는 태도는 일반인에게 단순한 호기심 이상의 접근을 막아 온 것으로 보인다.

말하자면 '차 마시기'는 '다도'라는 형식을 통해야 하므로 번거로움이 '차 마시기'의 한 '속성'으로 인식되고 있는 것이다. 이는 차의 대중화, 즉 생활차로서 자리 잡는 데 일부 저해 역할을 하고 있다. 따라서 실제로 차의 실질적이며 상징적인 유용성을 인정하면서, 차를 생활화하는 '생활차문화의 정착'이 필요한 것이다.

전통문화의 창달이라는 측면에서 올바른 차문화를 유지 발전시켜 국민의 정서함양에 기여함은 물론, 건강을 위하여 국민건강기호식품으로서의 위치를 정립해야 할 것이다. 우리나라의 연간 차소비량은 1인당 90~100g 정도(2010)에 불과하여 일본, 중국이나 영국 등의 1,000~5,000g 정도와 비교할 때 소비량의 증대가 대폭 요구되고 있다. 또 소비량의 증가에 따라 생산에 대한 공급요구량 역시 대폭으로 증대될 것으로 예상되고 있다.

차 산업의 확대는 실제로 많은 부분 팽창된 것은 사실이지만 아직까지는 답보상태이며 그나마 값싼 중국차 등의 도전을 심각하게 받고 있다. 또한 외국에서 수입되고 있는 허브류를 비롯한 다양한 차류도 소비자의 기호에 많은 영향을 주고 있다.

분명한 점은 이 시점에서 우리 차문화와 차 산업이 가지고 있는 많은 가능성을 단순한 가능성에서 벗어나 실제적이고 가시적인 움직임이 일 수 있도록 하는 방안이 필요하다. 차문화와 산업이 올바른 방향을 가지고 발전할 수 있도록 물꼬를 터 주어야만 한다.

2. 차생활문화의 발전방안

1) 국민 정서와 건강기호음료로 위치 정립을 위한 문화사업

(1) 간편한 차 마시기 등의 생활차 보급

차의 건강적 가치의 재인식과 더불어 간편하게 차를 마시는 '생활차 마시기'의 보급은 탁월한 건강 효능을 가진 차를 국민차로 정립시킬 수 있는 중요한 방법이 된다. 대부분의 소비자들은 쉽게 마실 수 있다는 이유로 거의 전부를 수입에 의존하고 있는 커피류를 포함한 수입 기호음료에 의존하고 있다. 특히 커피를 쉽게 마시는 것은 음용효과나 기호도의 차이라기보다는 커피와 차의 이미지 차이 때문일 것이다. 자판기와 각종 Take-Out 형식까지 커피는 아주 쉽게 접근할 수가 있으나 차의 접근은 그리 간단하지가 않다.

차가 국민의 정서와 건강을 위한 국민차로서 자리 잡기 위해서는 일정한 격식에 맞추어 행하는 다도로서의 실천 외에, '쉬운 차 마시기 방법'의 실용적인 생활차의 정착이 필요하다. 짧은 시간에 한잔의 차로 심신에 활력을 줄 수 있는 간단한 방법이 강구되어야 한다. 또 이에 맞추어 차의 품질개량 및 소비자의 기호에 맞는 다양한 제품의 개발과 새로운 소비층을 확대, 개척하는 방안이 있어야 한다.

고품질 티백류 등 실용적 제품들의 품질향상과 함께 쉬운 차 마시기의 보급은 소비촉진 운동을 일으켜 기호음료의 대체를 도모하고 국민의 건강과 건전한 정서에 기여할 수 있다. 또한 이에 따른 외화절감의 효과와 함께 차시장의 확대와 지속적 소비로 인해 차생산 농가의 소득 증대와 관련하여 산업발전을 도모할 수도 있다.

(2) 국민정서 향상을 위한 올바른 차문화 보급

전통문화 창달과 국민의 정서함양에 기여하기 위하여, 차문화는 지속적으로 연구되어야 한다. 복잡하고 다양한 다도방법 등으로 차문화가 다소 경직되어 차의 대중적 보급에 일부 저해 역할을 하고 있으며, 국적 없는 다도의 범람으로 전통문화의 왜곡 또한 우려되고 있다. 지나치게 형식적이며 어렵고 복잡한 것이 마치 전통인 양 인식되기도 한다. 때문에 올바른 차문화를 재정립하고 유지, 발전시켜 보급을 확대하여야 한다. 청소년 차원의 인성교육, 일반인 차원의 문화사업 행사 등을 통한 적극적인 보급으로 차생활화를 유도하여야 한다.

(3) 대중접근 방안 모색

대중매체의 협력을 유도하여 TV연속극이나 광고 등에서도 차를 마시는 모습이 자연스럽게 또 적절하게 이미지화되어야 한다. 대중적 접근의 방안과 함께 각종 행사에 차와 관련한 행사 지원 등도 지속적으로 강구되어야 한다.

2) 차 산업의 체계적 접근에 의한 연구발전

우리나라는 전통문화 속에서 국가의례나 관혼상제의 다례 등 차문화가 생활 습속에 깊이 뿌리내려 독창적인 생활문화의 일부로 전승되고 있기 때문에 차 산업의 소비층 증대에 무한한 문화적 요인을 갖고 있다. 1970년대 이후 생활수준의 향상과 함께 점차적으로 수요가 증대되고 있으며, 근래 건강식품이라는 인식이 확산되면서 소비량은 더욱 증가하고 있다. 생산량은 1970년 55톤에서 2010년 3,586톤으로 약 65배 이상 증가하였다. 이제 차 산업은 안심하고 마실 수 있는 친환경적으로 재배된 좋은 차와 소비자의 기호에 맞는 양질의 차를 저렴한 가격으로 생산하여 수입차류와의 가격 경쟁력과 차별성을 갖는 방법을 모색하여야 한다.

찻잎을 원료로 한 생활용품 등 다양한 가공품의 생산과 문화산업, 관광산업까지 포함하는 고부가가치 작목으로 매년 재배 면적이 크게 증가하고 있으나 최근에는 재배면적의 급속한 증가와 수입확대, 소비환경의 변화 등으로 산지 재고가 증가하는 등 녹차 재배 농가의 어려움이 가중되고 있어 향후 수급 불균형이 우려된다.

차 소비의 증가에 따라 궁극적으로 경제적 이익을 얻을 수 있는 차생산지역을 중심으로 하여 사회문화적 운동 및 적극적인 학술연구사업 등이 전문연구위원에 의하여 구체적으로 논의되어야 한다. 차가 중요한 수입원이 되고 있는 대표적 차생산지를 중심으로 차 산업을 확대 발전시켜, 농가의 수지 및 관련 산업의 발전을 월등히 개선시킬 필요가 있다.

또 차재배에 무한한 잠재력을 지니고 있는 많은 차나무 자생지역을 중심으로 계획적인 차 산업의 확대를 모색하여야 한다. 차 산업의 확대 · 발전은 국민 건강의 증진과 함께 차 산업 종사자들의 경제적 수입 증대를 유도하는 방법이기도 하다.

우리나라의 다원은 대부분이 도입품종에 의해 육성되고 있으므로 냉해 및 병해 등에 있어서 국내 풍토에 잘 적응하지 못하여 수량이나 품질의 저하가 심하며, 자생종 역시 지금까지 품질의 균일화가 이루어지지 못하고 있다. 고품질, 다수성多收性의 우량품종 육종 및 재배수준 향상과 제다법에 있어 실질적이며 적극적인 개선이 연구되어야 한다. 또한 제품개발에 소비자의 욕구(기호도) 및 시장 가능성조사 등에 관하여 과학적이고 창의적인 전략으로 품질 향상을 도모하여 소비량 증가를 유도하여야 한다.

생각해 봅시다

차생활의 일상화는 건강을 증진시키며 삶의 질을 향상시킬 수 있는 중요한 수단이다. 근래 천연물의 연구진척에 의해 차의 여러 보건성분의 효능이 규명되어 기호음료로서의 차는 약품이나 식품, 생활용품, 공산용품 등에 다양하게 이용되고 있다. 국민 건강 증진에 지대한 역량을 발휘할 수 있는 건강, 기호적 차를 실생활에서 음료 이외에 더욱 적극적으로 섭취할 수 있는 다양한 이용에 대하여 생각해 봅시다.

녹차, 그리고 흑미강정

[제9장]

한국 차문화의 사적고찰

본 장에서는 한국 차생활문화에 있어 불후의 고전인 《다신전》과 《동다송》의 내용을 이해한다.

1 《다신전》의 이해

1. 다성 초의선사
2. 《다신전》의 이해
3. 《다신전》의 내용

2 《동다송》의 이해

1. 《동다송》의 이해
2. 《동다송》의 내용

1 《다신전》의 이해

1. 다성 초의선사

근세 한국 다도의 중흥조인 다성 초의선사茶聖 艸衣禪師는 1786년(정조 10년) 전남 무안군 삼향면에서 태어났다. 인동 장씨이며 이름은 의순意恂, 자字는 중부中孚, 초의는 법호法號이며 해옹海翁, 해노사海老師, 자우산방紫芋山房, 휴암병선休菴病禪, 자하도인紫霞道人, 우사芋社, 해상야질인海上也耋人, 일지암一枝庵 등의 호가 있다. 헌종임금으로부터 대각등계보제존자초의대선사大覺登階普濟尊者艸衣大禪師라는 시호◆를 받았다. 초의는 야운野雲의 《자경문自警文》에 "나무뿌리 나무열매로 배를 채우고 솔잎과 풀옷〔艸衣〕으로 몸을 가린다"는 구절에서 유래한 것이라고 한다.

신헌◆의 「초의대선사탑비명」에 의하면 초의선사는 모친이 품에 큰 별이 들어오는 꿈을 꾸고 선사를 잉태하였고, 5세에 강변에서 놀다가 급류에 떨어져 죽게 되었을 때 한 스님에 의해 구조되어 살아났으며, 그 스님의 권유에 따라 15세에 남평 운흥사로 들어가 벽봉민성碧峰敏性 스님을 은사로 모시고 출가하였다고 한다.

◆ 시호諡號: 죽은 자가 생전의 업적에 의하여 왕으로부터 받는 이름.

◆ 신헌申櫶(1810~1888): 호는 위당威堂, 조선 후기의 무신이며 외교가이다.

〈그림 9-1〉 초의선사 진영

〈그림 9-2〉 일지암

9

19세 때 영암 월출산에 혼자 올라갔다가 때마침 해가 지면서 보름달이 바다 위로 솟아오르는 것을 보고 일순간 가슴이 확 트이는 것을 경험하면서 깨달음을 얻었으며, 그 해에 대흥사 완호琓虎스님에게 구족계를 받고 초의라는 법호를 받았다.

초의선사는 선禪 · 교敎와 유교 · 도교 등에 조예가 깊었으며 범서梵書에도 능통하였다고 한다. 24세 때 강진에 유배생활을 하던 다산과 교류하여 유서儒書와 시부詩賦를 익혔으며 30세 되던 해 처음 한양에 올라와 추사, 김명희◆, 김상희 형제와 다산의 아들인 정학연丁學淵, 정학유丁學遊 형제, 신위申緯, 홍석주◆ 등을 만나 평생을 통해 교류하면서 화운和韻한 시가 60여 수 남겨져 있다.

조선시대 선비들이 3절이라 부르던 시서화詩書畵에 두루 능통했던 선사는 석학들과 넓게 교류하면서, 당대 문화의 최첨단을 호흡하던 지성인이었다. 또한 선禪의 새로운 지평을 열어놓은 학승學僧이요 구도승求道僧으로서 차츰 명성이 알려지자 39세(1824년)에 대흥사 동쪽 계곡에 일지암을 지어 은거하였다. 43세(1828년)에 지리산 칠불사에서 《다

◆ 김명희金命喜(1788~?): 호는 산천山泉이며 추사의 아우로 형과 더불어 글씨가 뛰어났던 서예가이다.

◆ 홍석주洪奭周(1774~1842): 호는 연천淵泉이며 성리학에 정통한 10대 문장가로 꼽히던 조선 후기의 문신으로 영수합 서씨의 아들이다. 저서로 《연천집淵泉集》, 《학해學海》 등이 있다.

신전》을 등초하였고 2년 후 이를 정서하였으며, 52세 무렵 차생활의 멋과 우리 차의 우수함을 노래한 《동다송》을 지었다. 81세 되던 해인 1866년(고종 3년)에 해남 대둔사(지금의 대흥사) 쾌년각에서 입적하였다.

참조 초의선사가 다산, 추사 형제와 주고받은 글

① 탁옹籜翁(다산) 선생께 바침

부자는 재물로써 사람에게 베풀고, 어진 사람은 말 한 마디가 큰 보시라 합니다. 이제 선생과 헤어지려 하지만 저는 마땅히 드릴 것이 없습니다. 먼저 삼가 드리려는 비루한 뜻을 선상禪床 앞에 앉아서 진정하려 합니다. 참된 풍습은 멀리 가버렸고 커다란 거짓만 사뭇 기승을 부립니다. 세상에 벼슬아치들 많고 많지만 어디에서도 어진 사람 뵙기 힘들지요. 고을마다 두려워하고 걱정도 하지만 문명이 부족한 나라에 당연한 이치이겠지요. 저 역시 이런 시대에 태어나 자질이 이런 것을 감당치 못하였습니다. 그래서 저의 도리를 행하려 하여도 장차 물을 곳이 없습니다. 현인군자賢人君子를 두루 찾아뵈었지만 결국은 어물전의 잔 고기떼 이었습니다. 고을고을 찾아다니느라 헛되이 좋은 세월만 허송하였습니다. 하늘은 맹모의 이웃을 내려 보내 주셨는데 어찌 궁벽한 바닷가라 하겠습니까? 덕업은 우리나라에서 으뜸이요 문체와 자질이 모두 조화를 이루었습니다. 편안히 거처할 때면 항상 의로움을 품었고 실천에 나설 때면 어짊을 보였습니다. 이미 넉넉한데도 모자란 듯이 하시었고, 올곧고 허심탄회하게 남을 받아들이셨습니다. 군자는 때를 만남을 귀하게 여기지만 못 만나도 또한 원망치 않는 법이지요. 도는 커서 그 채움을 논할 수 없으며 어려움에 처해도 온화하게 자신을 삼가셨습니다. 내 그 도를 구하고자 하여 멀리서 와 공손이 정성 들였습니다. 이제 또 헤어지는 자리에 임하여 옷깃을 여미며 삼가 가르침을 청하옵니다. 마땅히 감사의 말씀드리오며 가슴에 깊이 새겨 띠에다 새겨 두려합니다.

② 추사의 편지

스님께서 사시는 곳이 하나의 극락세계인데 왜 천만 번을 계속하여 아미타불을 염송하는지요? 원래 서신은 차를 부탁하는 것이었습니다. 이곳에서는 차를 구하기가 어렵습니다. 이는 스님께서도 아시는 바입니다. 스님께서 직접 법제하는 차는 당연히 연례로 하는 일이니 더 말할 필요가 없습니다. 그 절에서 제조한 삼사십 근 되는 작은 덩어리 중에서 좋은 것을 가려서 보내주시기를 간절히 바랍니다. 파공坡公이 말한 추아차麤芽茶 또한 마시기에 충분합니다. 박아가 다시 찾아올 때까지 기다리기엔 너무 늦어질까 염려가 됩니다. 먼저 김 아무개와 선편을 상의하여 빨리 부치면 어떠할까 합니다. 먹던 것이 다 떨어져서 이렇게 급히 서두릅니다. 포장泡醬은 과연 더 없는 진귀한 음식입니다. 이것은 신선세계에서 나오는 것인듯 합니다. 또 겨울이 되면 특별히 저를 위해 따로 한 단지 만들어 주시기를 거듭 바랍니다. 물리지도 않는다고 탓하지 말기를 바랍니다. 과연 오래 되어도 맛이 변하지 않습니다. 지난 해 가져온 것을 여름철까지 소반위에 올릴 수가 있으니 신기하기만 합니다. 다

음으로 미루고 이만 줄입니다.

③ 김명희가 차를 받고 초의선사에게 보낸 시

늙은이 평소 차를 즐겨 않다가 하늘이 노여워했나 몹쓸 병에 걸렸네.

열병도 아닌 소갈증에 죽나 근심하다가 급히 풍로를 지펴 찻잎을 달이네.

연경에서 가져온 차는 가짜가 많으니 향나무로 곽을 하고 비단으로 묶었네.

들으니 좋은 차는 예쁜 사람 같다는데 우리 여종은 추하기가 한량없구나.

초의선사 홀연히 비 오기 전에 보내주시니 죽순껍질에 담긴 차를 손수 꺼내보네.

막힘을 없애고 번뇌 씻어주니 비할 바 없고 우뢰인 듯 쪼개는 듯 어찌 이리 웅장한가.

노스님 차 고르길 부처님 고르듯 하여 일창일기一槍一旗가 엄숙히 계율을 지켰구나.

초배◆에 더욱 정성들여 원융을 얻었으니 향내음을 쫓아서 바라밀이 되었네.

이 비방은 오백 년 전부터 시작되었으니, 어찌 옛사람들이 슬기로운 복을 지니지 않았다 하리오.

그 맛이 맑은 우유보다 심원함을 밝히니, 불멸에 앞서 불생한 것을 한탄하지 않으리.

차가 이처럼 좋은데 어찌 사랑하지 않겠는가. 옥천의 칠완도 오히려 적다하겠네.

범속한 인간에게는 경솔히 말하지 말라. 산중의 영험한 차가 새어나갈까 걱정이 되네.

9

2. 《다신전》의 이해

《다신전》은 초의 선사가 1828년(순조 28년) 칠불사 아자방亞字房에 있으면서 참선하는 여가에 청의 모환문毛煥文이 지은 《만보전서萬寶全書》 중 〈다경채요茶經採要〉에서 초록하여, 1830년 이를 정서하여 저술하였다. 대흥사 응송應松 스님이 소장하고 있던 필사본이 지금은 디아모레 뮤지엄(구 태평양 박물관)에 소장되어 있다.

《다신전》의 내용은 발문에 처음 등초하게 된 동기를 밝힌 다음, 찻잎을 채취하여 차를 만드는 과정에서부터 차를 다루는 전 과정을 총 22개 항목으로 구분하여 설명하고 있다.

◆ 초배炒焙: 차를 만드는 방법.

3. 《다신전》의 내용

〈발문(跋文)〉

戊子雨際 隨師於方丈山 七佛啞院 謄抄下來 更欲正書 而因病未果. 修洪沙彌時在侍者房 欲知

무자우제 수사어방장산 칠불아원 등초하래 갱욕정서 이인병미과. 수홍사미시재시자방 욕지

茶道 正抄 亦病未終. 故 禪餘 强命管城子 成終. 有始有終 何獨君子爲之. 叢林 或有 趙洲風 而

다도 정초 역병미종. 고 선여 강명관성자 성종. 유시유종 하독군자위지. 총림 혹유 조주풍 이

盡不知茶道. 故 抄示可畏. 庚寅 中春 休菴病禪 雪窓 擁爐 謹書

진부지다도. 고 초시가외. 경인 중춘 휴암병선 설창 옹로 근서

무자년 우기에 스승을 따라 방장산(지리산) 칠불사 아원(아자방)에 갔다가 이 책을 등초하고 내려와 다시 정서하려 했지만 병으로 인하여 이루지 못하였었다. 수홍 사미가 당시 시자방에 있으면서 다도를 알고자 하여 정초하려하였으나, 이 또한 병으로 끝맺지 못하였다. 이 때문에 참선하는 여가에 힘겹게 관성자(붓)를 들어 끝을 맺은 것이다. 시작이 있고 끝이 있음이 어찌 군자만의 일이겠는가. 총림에 혹 조주풍이 있으나 모두 다도를 모르는 까닭에 이를 초록하여 가외後生에게 보이는 바이다. 경인년(1830년) 2월에 휴암병선은 눈 쌓인 창가에서 화로를 안고 삼가 이 글을 쓰다.

〈그림 9-3〉 칠불사 아자방

〈그림 9-4〉 칠불사 초의선사다신탑비

1) 채다採茶

採茶之候 貴及其時 太早則香不全 遲則神散. 以穀雨前五日 爲上 後五日 次之 再五日 又次之.
채다지후 귀급기시 태조즉향부전 지즉신산. 이곡우전오일 위상 후오일 차지 재오일 우차지.

茶芽 紫者 爲上 而皺者次之 團葉者次之 光而如篠葉者 最下. 徹夜無雲 浥露採者 爲上 日中採
다아 자자 위상 이추자차지 단엽자차지 광이여소엽자 최하. 철야무운 읍로채자 위상 일중채

者 次之 陰雨下 不宜採. 産谷中者 爲上 竹林下者 次之 爛石中者 又次之 黃砂中者 又次之.
자 차지 음우하 불의채. 산곡중자 위상 죽림하자 차지 난석중자 우차지 황사중자 우차지.

9

- 찻잎의 채취

찻잎을 채취하는 데는 시기가 중요하니 너무 이르면 향이 온전하지 못하고 늦으면 신이 흩어지게 된다. 곡우 전 5일을 최고로 하며, 후 5일을 다음으로 삼으며 다시 5일로 또 그 다음을 삼는다. 차의 싹은 자색이 상품이요 주름진 잎이 그 다음이요 둥근 잎이 그 다음이며 빛이 나면서 댓잎 같은 것은 가장 하품이다. 밤새 구름 한 점 없이 이슬 머금은 잎을 채취하는 것이 상품이요 한낮 중에 채취한 것이 다음이요 비가 내릴 때에는 마땅히 채취해서는 안 된다. 골짜기에서 생산된 것이 상품이요 대숲 아래 것이 다음이요 난석(자갈돌) 가운데 있는 것이 또 그 다음이며 황사(사질토) 가운데 있는 것이 또 그 다음이다.

2) 조다造茶

新採 揀去老葉及枝梗碎屑 鍋廣二尺四寸 將茶一斤半 焙之 候鍋極熱 始下茶急炒 火不可緩.
신채 간거노엽급지경쇄설 과광이척사촌 장다일근반 배지 후과극열 시하다급초 화불가완.

待熱方退火 徹入簁中 輕團枷數遍 復下鍋中 漸漸減火 焙乾爲度. 中有玄微 難以言顯. 火候 均停
대열방퇴화 철입사중 경단가수편 복하과중 점점감화 배건위도. 중유현미 난이언현. 화후 균정

色香美 玄微未究 神味俱妙

색향미 현미미구 신미구묘

- 차의 제조

차나무에서 채엽한 찻잎은 늙은 잎이나 줄기, 부스러기 등을 잘 골라내고 직경 2척 4촌(약 72cm) 되는 가마솥에 차 1근 반(약 560g)을 넣고 덖는다. 덖을 때에 솥이 극도로 열을 받아 뜨거울 때 찻잎을 넣어 빠르게 덖으며 불을 늦춰서는 안 된다. 충분히 골고루 잘 덖어지면 꺼내어 체(돗자리 또는 멍석, 돌판 등)에 부어, 가볍게 비벼주는 일을 몇 차례하고 다시 솥 속에 넣어 점점 불을 줄이며 적절히 덖으면서 건조시키는 것을 도로 삼는다. 그 가운데 보이지 않는 미묘함이 있으니 말로 나타내기 어렵다. 불 가늠이 균정하여야 색과 향이 아름다워 미묘함이 무궁하며 신과 미가 모두 오묘하다.

9

3) 변다辨茶

茶之妙 在乎始造之精 藏之得法 泡之得宜. 優劣 宜乎始鍋 淸濁 係水火. 火烈香淸 鍋乘神倦 火

다지묘 재호시조지정 장지득법 포지득의. 우열 의호시과 청탁 계수화. 화열향청 과승신권 화

猛生焦 柴疎失翠 久延則過熟 早起却邊生 熟則犯黃 生則著黑. 順那則甘 逆那則溢 帶白 點者

맹생초 시소실취 구연즉과숙 조기각변생 숙즉범황 생즉착흑. 순나즉감 역나즉일 대백 점자

無妨 絶焦者 最勝.

무방 절초자 최승.

- 차의 품질 식별

차의 묘는 처음 만들 때의 정성과 저장의 법을 얻음과 다리는 일의 적절함을 얻는 데 있다. 차품질의 우열은 처음 솥에서 덖을 때 비롯하고 맑고 탁함은 물과 불에 관계된다. 불이 세면 향이 맑고 솥이 너무 뜨거우면 신이 떨어진다. 불이 맹렬하면 설익은 채 겉만 생으로 타고 땔감을 늦추면 푸른빛을 잃고 시간을 오래 끌면 너무 익고 빨리 꺼내면 설익

는다. 너무 익으면 황색이 되고 설익으면 검은빛을 띤다. 순리대로 만들면 달고 거스르면 도가 넘친다. 완성된 차에 흰 반점이 생기는 것은 무방하고 타지 않은 것이 최고다.

4) 장다藏茶

造茶始乾 先盛舊盒中 外以紙封口 過三日 俟其性復 復以微火 焙 極乾 待冷 貯壜中 輕輕築實

조다시건 선성구합중 외이지봉구 과삼일 사기성복 복이미화 배 극건 대냉 저담중 경경축실

以箬襯緊. 將花筍箬及紙 數重封緊壜口上 以火煨磚冷 定壓之 置茶育中 切勿臨風近火 臨風易冷

이약친긴. 장화순약급지 수중봉긴담구상 이화외전냉 정압지 치다육중 절물임풍근화 임풍역냉

近火先黃

근화선황

• 차의 보관

차를 만들어 처음 건조할 때에는 먼저 사용하던 차 담는 그릇(舊盒)에 넣어 밖을 종이로 싸서 입구를 봉하고, 3일이 지나 본성이 회복되기를 기다린다. 다음 다시 낮은 불로 덖어 극도로 건조하여 식힌 뒤에 차를 보관하는 담壜에 저장하는데 가볍게 넣어 쌓고 죽순껍질로 긴밀하게 싸 두어야 한다. 죽순껍질이나 종이를 가지고 몇 겹으로 입구를 봉하고 불로 구운 벽돌을 식혀서 눌러, 차를 저장하는 다육 안에 두되 절대 바람을 쏘이거나 불 가까이에 두지 않아야 한다. 바람을 쏘이면 쉽게 냉해지고 불에 가까우면 누렇게 변한다.

5) 화후火候

烹茶旨要 火候爲先. 爐火通紅 茶瓢始上 扇起要輕疾 待有聲 稍稍重疾 斯文武之候也. 過於文則

팽다지요 화후위선. 노화통홍 다표시상 선기요경질 대유성 초초중질 사문무지후야. 과어문즉

水性柔 柔則爲茶降 過於武則火性烈 烈則茶爲水制. 皆不足於中和 非烹家要旨也

수성유 유즉위다강 과어무즉화성열 열즉다위수제. 개부족어중화 비팽가요지야

• 불의 조절

차를 달이는 요지는 불을 가늠하여 조절함을 우선으로 한다. 화롯불이 벌겋게 달아오르면 다관을 얹고 가볍고 빠르게 부채질을 하다가 물 끓는 소리가 들리면 점점 세게 부치는 것을 '문무지후'라 한다. '문'이 지나쳐서 불기가 약하면 수성이 유연하니 유연하면 차의 신이 가라앉는다. '무'가 지나쳐 불이 너무 세면 화성이 극렬하니 극렬하면 차가 물에 제압을 받는다. 이는 모두 중화가 부족하므로 차를 다루는 팽가의 요지가 아니다.

6) 탕변湯辨

湯有三大辨 十五小辨 一曰形辨 二曰聲辨 三曰氣辨 形爲內辨 聲爲外辨 氣爲捷辨. 如蟹眼 蝦眼

탕유삼대변 십오소변 일왈형변 이왈성변 삼왈기변 형위내변 성위외변 기위첩변. 여해안 하안

魚眼 連珠 皆爲萌湯 直如湧沸 如騰波鼓浪 水氣全消 方是純熟. 如初聲 轉聲 振聲 驟聲 皆爲

어안 연주 개위맹탕 직여용비 여등파고랑 수기전소 방시순숙. 여초성 전성 진성 취성 개위

萌湯 直至無聲 方是結熟. 如氣浮一縷 浮二縷 三四縷 亂不分氤氳 亂縷 皆爲萌湯 直至氣直沖貫

맹탕 직지무성 방시결숙. 여기부일루 부이루 삼사루 난불분인온 난루 개위맹탕 직지기직충관

方是純熟

방시순숙

- 끓는 물의 식별

물을 끓일 때는 크게 3대변과 15소변이 있는데 첫째는 형태의 식별이며, 둘째는 소리의 식별, 셋째는 기의 식별이다. 물이 끓는 형태는 안으로 식별하는 방법이고 끓는 소리는 밖으로 식별하는 방법이며 끓어오르는 김은 민첩하게 식별하는 방법이다. 물이 끓을 때 일어나는 기포가 게의 눈알, 새우의 눈알, 고기의 눈알, 연이은 구슬과 같은 것은 모두가 설익은 맹탕이다. 곧 끓는 물이 파도처럼 끓어오르고 치솟아 수기가 모두 소멸되어야 바야흐로 익은 물(순숙)이라 한다.

물이 끓을 때 첫소리, 구르는 듯한 소리, 떨리는 듯한 소리, 소낙비 소리는 모두 설익은 맹탕이며 곧 끓는 물의 소리가 사라져야 바야흐로 익은 물(결숙)이다. 끓는 김이 한줄기, 두 줄기, 서너 줄기로 떠올라 어지러워 나눌 수 없이 뒤엉킨 것은 난누이니 모두 설익은 맹탕이며 기가 곧바로 솟아오르며 어우러져 충관에 이르러야 바야흐로 순숙이다.

7) 탕용노눈湯用老嫩

蔡君謨 湯用嫩而不用老. 蓋因古人製茶 造則必碾 碾則必磨 磨則必羅 則味 爲飄塵飛粉矣. 於是

채군모 탕용눈이불용노. 개인고인제다 조즉필년 연즉필마 마즉필나 즉미 위표진비분의. 어시

和劑 印作龍團 則見湯而茶神硬浮 此用嫩而不用老也. 今時製茶 不假羅碾 全具元體 此湯須純熟

화제 인작용단 즉견탕이다신경부 차용눈이불용노야. 금시제다 불가나년 전구원체 차탕수순숙

茶神始發也. 故曰湯須五沸 茶奏三奇

다신시발야. 고왈탕수오비 다주삼기

• 차를 내는 데 쓰는 여린 차와 쇠어 버린 차

채군모蔡襄(1012~1067)는 '탕에 어린 눈 잎을 쓰고 늙은 잎은 쓰지 않는다'고 한다. 이는 옛 사람들이 차를 만들 때 반드시 맷돌을 사용하고, 맷돌을 사용하면 반드시 갈고, 간 것은 반드시 체로 거르므로 곧 맛이 있는데 미세한 분진가루가 날리기 때문이다. 이에 법제和劑하여 용단을 찍어 만들면 탕을 끓일 때 차의 신이 강하게 떠오른다. 어린잎을 쓰고 쇠어버린 늙은 잎을 안 썼기 때문이다. 요즘은 차를 만들 때 맷돌로 갈아 체에 거르지 않고 찻잎을 그대로 쓰는데 탕이 완전히 끓은 순숙이어야 차의 신이 떠오른다. 따라서 탕은 반드시 다섯 번째 끓은 물인 완전히 익은 물이어야 차의 색, 향, 미의 3기가 우러나온다.

8) 포법泡法

探湯純熟 便取起 先注少許壺中 祛湯冷氣 傾出然後投茶 葉多寡宜酌 不可過中失正. 茶重則味

탐탕순숙 변취기 선주소허호중 거탕냉기 경출연후투다 엽다과의작 불가과중실정. 다중즉미

苦香沈 水勝則色淸味寡. 兩壺後 又用冷水蕩滌 使壺凉潔 不則減茶香矣. 確熱則茶神不健 壺淸

고향침 수승즉색청미과. 양호후 우용냉수탕척 사호량결 부즉감다향의. 관열즉다신불건 호청

水性當靈. 稍俟茶水沖和然後 冷釃布飮 釃不宜早 飮不宜遲 早則茶神 未發 遲則妙馥先消

수성당령. 초사다수충화연후 냉시포음 시불의조 음불의지 조즉다신 미발 지즉묘복선소

• 물 끓이는 법

탕이 완전히 익은 순숙을 탐지하였으면 곧 바로 내려서 먼저 소량을 다호茶壺(다관)에 부어 탕으로 냉기를 없앤 뒤에 다시 부어 찻잎을 넣는데, 많고 적음을 조절하여 적절함을 잃어서는 안 된다. 차를 많이 넣으면 쓴 맛이 나고 향기가 묻혀 버리며, 물이 많으면 색이 연하고 맛이 적다. 다호를 몇 번〔兩壺〕 사용한 뒤에는 다시 찬물로 씻어 깨끗하게 하여

야 한다. 그렇지 않으면 향이 감소한다. 다호가 뜨거우면 차신이 온전하지 못하고 다호가 맑으면 수성이 좋아진다. 차와 물이 잘 어우러지기를 조금 기다린 뒤에 식혀 포에 걸러 마시되, 너무 빨리 거르지 말아야 하며 너무 늦게 마셔서도 안 된다. 빠르면 차의 성품이 미처 나타나지 않고 지체하면 묘한 향이 먼저 사라진다.

9) 투다投茶

投茶行序 毋失其宜. 先茶湯後 曰下投 湯半下茶 復以湯滿 曰中投 先湯後茶 曰上投 春秋中投

투다행서 모실기의. 선다탕후 왈하투 탕반하다 복이탕만 왈중투 선탕후다 왈상투 춘추중투

夏上投 冬下投

하상투 동하투

- 다관에 찻잎 넣기

차를 다관에 넣는 데도 순서가 있다. 차를 먼저 넣고 탕을 뒤에 넣는 것은 '하투', 탕을 반 붓고 차를 넣은 뒤에 탕을 마저 채우는 것은 '중투', 탕을 먼저 넣고 차를 뒤에 넣는 것은 '상투'라 부른다. 봄 · 가을에는 중투, 여름에는 상투, 겨울에는 하투라 부른다.

10) 음다飮茶

飮茶 以客少 爲貴 客衆則喧 喧則雅趣乏矣. 獨啜曰神 二客曰勝 三四曰趣 五六曰泛 七八曰施

음다 이객소 위귀 객중즉훤 훤즉아취핍의. 독철왈신 이객왈승 삼사왈취 오육왈범 칠팔왈시

- 차 마시기

차 마시는 이들은 객이 적은 것을 귀하게 삼는다. 객이 많으면 시끄러우니 시끄러우면 고아한 정취(아취)가 떨어진다. 홀로 마시는 것은 영묘함(神)이요 두 객은 고상한 경지(勝)요 삼사명은 취미(趣)요 오육명은 평범함(泛)이요 칠팔명은 나누어 마시는 것(施)이다.

11) 향香

茶有眞香 有蘭香 有淸香 有純香 表裏如一 曰純香 不生不熟 曰淸香 火候均停 曰蘭香 雨前神具

다유진향 유난향 유청향 유순향 표리여일 왈순향 불생불숙 왈청향 화후균정 왈난향 우전신구

曰眞香 更有含香 漏浮香 間香 此皆不正之氣

왈진향. 갱유함향 누부향 간향 차개부정지기

• 향

9

차에는 진향, 난향, 청향, 순향이 있으니, 속과 겉이 한결 같으면 순향이요, 설지도 너무 익지도 않으면 청향이며, 불기운이 균일하게 갖추어지면 난향이며, 곡우 전의 신령스러움을 갖추고 있으면 진향이다. 또한 함향, 누부향, 간향이 있으니 이는 모두 부정한 기운이다.

12) 색色

茶以淸翠 爲勝 濤以藍白 爲佳 黃黑紅昏 俱不入品. 雲濤爲上 翠濤爲中 黃濤爲下. 新泉活火

다이청취 위승 도이람백 위가 황흑홍혼 구불입품. 운도위상 취도위중 황도위하. 신천활화

煮茗玄工 玉茗水濤 當杯絕技

자명현공 옥명수도 당배절기

• 색

차는 맑고 푸른 것을 최고로 하며, 포말은 하얀 빛이 도는 쪽빛을 아름답게 여긴다. 황·흑·홍·혼은 품위가 낮아 모두 차의 품에 들지 못한다. 구름과 같은 포말이 상이요 푸른 포말은 중이요 황색 포말은 하이다. 신선한 샘물과 활활 타는 불은 차를 우려내는 현묘한 기술이요 좋은 차와 잘 저은 포말은 훌륭한 술(杯)에 못지않은 절묘한 기술이다.

13) 미味

味 以甘潤爲上 苦滯爲下

미 이감윤위상 고체위하

• 맛

차의 맛은 달고 부드러운 것이 으뜸이며, 쓰고 껄끄러운 것은 하급이다.

14) 점염실진點染失眞

茶自有眞香 有眞色 有眞味 一經點染 便失其眞. 如水中着醎 茶中着料 碗中着薑 皆失眞也

다자유진향 유진색 유진미 일경점염 변실기진. 여수중착함 다중착료 완중착강 개실진야

• 오염되면 본래의 성품을 잃는다

차에는 스스로 진향, 진색, 진미가 있으니 한 점이라도 다른 것에 물들게 되면 곧 진성을 잃게 된다. 차 끓이는 물에 간기가 있는 것과 차에 다른 물질이 섞여 있는 것, 차 달이는 그릇에 생강 같은 즙이 붙어 있으면 모두 진성을 잃게 된다.

15) 다변불가용茶變不可用

茶始造則靑翠 收藏 不得其法 一變至綠 再變至黃 三變至黑 四變至白. 食之則寒胃 其至 瘠氣成積

다시조즉청취 수장 부득기법 일변지록 재변지황 삼변지흑 사변지백. 식지즉한위 기지 척기성적

• 변질된 차는 사용하지 않는다

차를 처음 만들면 푸른빛이 나는 청취이지만 저장을 잘못하면 처음 변색으로 녹색이 되고 두 번째로 황색이 되며 세 번째는 흑색, 네 번째는 백색이 된다. 이를 마시면 위가 차게 되고 그것이 심하면 기가 수척하고 적이 쌓이게 된다.

16) 품천品泉

茶者 水之神 水者 茶之體 非眞水 莫顯其神 非精茶 莫窺其體. 山頂泉 淸而輕 水下泉 淸而重

다자 수지신 수자 다지체 비진수 막현기신 비정다 막규기체. 산정천 청이경 수하천 청이중

石中泉 淸而甘 砂中泉 淸而冽 土中泉 淡而白 流於黃石爲佳 瀉出靑石無用. 流動者 愈於安靜

석중천 청이감 사중천 청이열 토중천 담이백 유어황석위가 사출청석무용. 유동자 유어안정

負陰者 眞於陽 眞原無味 眞水無香

부음자 진어양 진원무미 진수무향

9

• 물의 구별

차는 물의 신이요 물은 차의 체이니, 좋은 물이 아니면 차의 신이 드러나지 않고 좋은 차〔眞茶〕가 아니면 물의 본체를 엿볼 수 없다. 산 정상에서 솟아나오는 산정천은 맑으며 가볍고, 물 아래를 흐르는 수하천은 맑으며 무겁고, 돌에서 나오는 석중천은 맑으며 부드럽고, 모래에서 흐르는 사중천은 맑으며 차갑고, 땅속의 토중천은 담백하다. 황석에서 흘러나오는 것이 가장 좋고, 청석에서 쏟아져 나오는 물은 쓰지 말아야 한다. 흐르는 물이 고여 있는 물보다 좋고, 음지에서 나오는 물이 양지에서 나오는 물보다 진수이다. 좋은 곳에서 흘러나오는 진원의 물은 첨가된 맛이 없고 좋은 물은 특별히 나는 향이 없다.

17) 정수불의다井水不宜茶

茶經 云 山水上 江水下 井水最下矣. 第一方不近山 卒無泉水 惟當春積梅雨 其味 甘和 乃長養

다경 운 산수상 강수하 정수최하의. 제일방불근산 졸무천수 유당춘적매우 기미 감화 내장양

萬物之水. 雪水雖淸 性感重陰 寒入脾胃 不宜多積

만물지수. 설수수청 성감중음 한입비위 불의다적

• 우물물은 차에 적절하지 못하다

《다경》에서 이르기를 '산의 물이 최고이고, 강의 물은 하등이며, 우물물은 최하품이다' 라고 하였다. 어느 지방에서 그 지방에 가까운 산이 없고, 좋은 물〔천수〕이 없으면 매실이 익어갈 때 내리는 매우梅雨를 저장해 두어야 한다. 그 물 맛이 감미롭고 부드러우니 만물을 길러 주는 물이다. 눈이 녹은 설수는 비록 맑기는 하나 수성이 중음하여 너무 차가우므로 비위에 찬기가 들 수 있으므로 많이 저장해 두고 사용하기에는 적절하지 않다.

18) 저수貯水

貯水甕 須置陰庭中 覆以紗帛 使承星露之氣 則英靈不散 神氣常存 假令 壓之以木石

저수옹 수치음정중 복이사백 사승성로지기 즉영령불산 신기상존 가령 압지이목석

封以紙箬 曝于日下 則外耗散神 內閉其氣 水神弊矣. 飮茶 惟貴 夫茶鮮水靈 茶失其鮮

봉이지약 폭우일하 즉외모산신 내폐기기 수신폐의. 음다 유귀 부다선수령 다실기선

水失其靈 則與溝渠何異

수실기령 즉여구거하리

• 물의 저장

물을 담아두는 항아리는 뜰의 그늘진 곳에 두고, 얇은 비단으로 덮어 별과 이슬의 기를 받게 하면 신령스러움이 흩어지지 않고 신성한 기운이 항상 남아 있지만, 가령 나무나 돌로 누르고 종이나 죽순껍질로 봉하여 강한 햇살이 비치는 곳에 두면 밖으로 신성한 기운이 흩어지고 안으로 그 기운이 유폐되어서 물의 신성함을 해치게 된다. 차를 마시는데 오직 귀한 것은 차는 신선하고 물은 영령한 것이니 차가 그 신선함을 잃고 물이 그 영령함을 잃으면 도랑의 개울물과 무엇이 다르겠는가.

19) 다구茶具

桑苧翁 煮茶 用銀瓢 謂過於奢侈 後用磁器 又不能耐久 卒歸於銀. 愚意 銀者 貯朱樓華屋

상저옹 자다 용은표 조과어사치 후용자기 우불능내구 졸귀어은. 우의 은자 저주루화옥

若山茅齋舍 惟用錫瓢 亦無損於色味也 銅鐵忌之

약산모재사 유용석표 역무손어색미야 동철기지

- 차도구

상저옹(육우)은 차를 달이는 데 은그릇을 쓰다가 너무 사치스럽다고 생각하여 후에 자기를 사용했으나 또한 오래 견디지 못하고 쉽게 손상되어 마침내 다시 은그릇을 쓰게 되었다고 한다. 나의 생각으로는 은그릇은 부호가의 주루화옥에서 사용하고 살림이 어려운 산모나 재사에서는 주석으로 만든 그릇을 써도 색과 맛에 손색이 없다. 동과 철은 사용하지 말아야 한다.

20) 찻잔茶盞

盞 以雪白者 爲上 藍白者 不損茶色 次之

잔 이설백자 위상 남백자 불손다색 차지

- 찻잔

찻잔은 눈처럼 흰 설백색이 가장 좋고, 푸른빛이 도는 흰색은 차의 색을 해치지 않으니 다음이다.

21) 식잔포拭盞布

飮茶前後 俱用細麻布 拭盞 其他物 穢不堪用

음다전후 구용세마포 식잔 기타물 예불감용

• 잔을 닦는 행주

차를 마시기 전이나 마시고 난 후에 모두 가는 삼베를 행주로 사용하여 잔을 닦는다. 다른 곳에 사용하던 기타의 물건은 더러우므로 사용하지 말아야 한다.

22) 다위茶衛

造時精 藏時燥 泡時潔 精 燥 潔 茶道盡矣

조시정 장시조 포시결 정 조 결 다도진의

• 차의 지켜야할 일

차를 제다할 때는 정성을 다하고, 저장할 때에는 건조하여 습기가 차지 않도록 하며, 물을 끓여 차를 다릴 때는 청결하게 하여야 한다. 정精 · 조燥 · 결潔이면 다도를 다 이룬 것이다.

생각해 봅시다

차생활의 실제를 항목별로 정리한 다신전을 음미하면서 나의 차생활의 실제를 점검하고, 일상에서 보다 효과적으로 차생활을 할 수 있는 응용의 방법을 생각해 봅시다.

2 《동다송》의 이해

1. 《동다송》의 이해

《동다송東茶頌》은 《다신전》과 더불어 한국 차문화에 있어 불후의 고전이다. 초의선사의 심오한 차생활에서 나온 경험에 의해 우리 차는 색 · 향 · 기 · 미에 있어 중국의 차에 결코 뒤지지 않는다고 우리 차의 우수성을 강조하며, 차의 멋을 노래한 명작이다. 저작의 동기는 정조의 둘째따님인 숙선옹주와 혼인하여 영명위永明尉에 봉해진 해거도인 홍현주◆가 진도부사인 변지화卞持和로 하여금 초의선사에게 다도에 관해 물어오므로 저술하게 되었다.

《동다송》의 내용은 초의선사가 '고인소전지의근술古人所傳之意謹述'이라고 하였듯이 당시 유행하던 고증학의 영향을 받아 노래마다 고인들의 여러 문헌과 시구를 인용하고 주를 붙였다. 차에 관한 신비한 전설을 중심으로 차의 효능, 생산지에 따른 이름, 품질, 찻일의 구체적인 내용인 차 만드는 일, 물에 대한 품평, 차 끓이는 법, 차를 마시는 구체적인 법 등에 대하여 언급하고 있다.

◆ 홍현주(海居道人洪顯周): 영수합 서씨의 아들.

보통 《동다송》을 31송으로 이루어졌다고도 보지만, 통광 역주 《초의다선집》(1996, 불광출판부)에서는 사구四句를 한 송으로 묶어 17송과 백파거사 신헌구◆의 제를 합하여 총 18송이 주와 곁들여 구성되어 있다고 설명하고 있다. 본 장에서는 통광스님 역주본의 구성을 참조하여 송과 주로 나누어 구분하였다.

2. 《동다송》의 내용

承海居道人命作 艸衣沙門意恂

승해거도인명작 초의사문의순

해거도인의 청을 받들어 초의사문 의순이 짓다.

송頌 后皇嘉樹配橘德 受命不遷生南國

후황가수배귤덕 수명불천생남국

密葉鬪霰貫冬靑 素花濯霜發秋榮

밀엽투산관동청 소화탁상발추영

후황◆이 아름다운 나무를 귤의 덕과 짝 지으시니

명을 받아 옮기지 않고 남국 땅에 자란다네.

촘촘한 잎은 싸락눈과 싸워 겨우내 푸르고,

하얀 꽃은 서리에 씻기어 가을에 꽃 피우네.

◆ 백파거사: 신헌구申獻求(1823~?).

◆ 후황: 우주 만물의 조물주.

姑射仙子粉肌潔 閻浮檀金芳心結

고사선자분기결 염부단금방심결

沆瀣漱淸碧玉條 朝霞含潤翠禽舌

항해수청벽옥조 조하함윤취금설

고사선자◆의 분바른 뽀얀 살결처럼 깨끗하고

염부단금◆ 아름다운 꽃술 맺혔네.

이슬에 맑게 씻기어 벽옥같이 푸른 가지

아침안개 흠뻑 머금은 푸른 새의 혀라네

9

-주

茶樹 如瓜蘆 葉如梔子 花如白薔薇 心黃如金 當秋開花 淸香隱然云. 李白云 荊州 玉泉寺 靑溪諸山

다수 여과로 엽여치자 화여백장미 심황여금 당추개화 청향은연운. 이백운 형주 옥천사 청계제산

有茗艸羅生 枝葉如碧玉 玉泉眞公 常采飮

유명초나생 지엽여벽옥 옥천진공 상채음

차나무는 과로나무와 같고 잎은 치자와 같으며, 꽃은 백장미와 같고 꽃술은 황금빛이며, 가을이 되어 꽃이 피니 맑은 향기가 은연하다.

이태백◆이 말하되 "형주湖北省(강능현) 옥천사의 맑은 시냇가의 모든 산에 차나무가 널리 나 있는데, 가지와 잎이 푸른 옥과 같다. 옥천사의 진공 스님이 항상 따다가 마셨다"고 한다.

◆ 고사선자: 신선이 산다고 하는 중국 고사산에 사는 선인으로 얼굴이 처녀의 살결과 같이 맑았다고 함.

◆ 염부단금: 염부나무 밑에 있다고 하는 금.

◆ 이백(701~762): 중국 당대의 시인으로 자는 태백太白, 호는 청련거사靑蓮居士이다. 두보杜甫와 함께 '이두李杜'라 하며, 이백을 '시선詩仙', 두보는 '시성詩聖', 왕유王維는 '시불詩佛'이라 일컫는다. 젊어서 도교에 심취하여 선계仙界에 대한 동경심으로 시에 나타나는 환상성幻想性은 대부분 도교적 발상에서 나온 것이다.

송 天仙人鬼俱愛重 知爾爲物誠寄絕

천선인귀구애중 지이위물성기절

炎帝曾嘗載食經 醍醐甘露舊傳名

염제증상재식경 제호감로구전명

하늘과 신선, 사람, 귀신이 모두 아껴서 사랑하니

너의 성품이 진실로 기이하고 절묘함을 알기 때문이다

염제신농이 일찍이 차를 맛보고《식경》◆기재하였고

제호◆라 감로◆라 예부터 그 이름 전해오네

9

– 주

炎帝食經云 茶茗久服 人有力悅志. 王子尙 詣雲齋道人于八公山 道人 說茶茗 子尙味之曰 此甘露也.

염제식경운 다명구복 인유력열지. 왕자상 예운재도인우팔공산 도인 설다명 자상미지왈 차감로야.

羅大經 瀹湯時 松風檜雨到來初 急引銅甁離竹爐 待得聲聞俱寂後 一甌春雪 勝醍醐

나대경 약탕시 송풍회우도래초 급인동병이죽로 대득성문구적후 일구춘설 승제호

염제《식경》에 이르기를 "차를 오래 복용하면 사람에게 힘이 생기고 의지를 깊게 한다"고 한다. 왕자상(송대의 차인)이 팔공산(중국 안후이성)에 거처하는 운제도인(남송대의 스님)을 찾아갔는데 도인이 차를 달여 주자 자상이 차를 음미하고'이것이 바로 감로입니다"라고 하였다. 나대경(1248~1252: 남송대의 시인)의「약탕시《鶴林玉露》」에 "솔바람 일고 회나무에 비 떨어지는 소리가

◆《식경》: 염제신농이 지었다고 전해지는 책.

◆ 제호: 제호상미醍醐上味의 준말로 우유를 정제하여 만든 것으로 아주 좋은 맛을 의미한다. 불교에서는 비교할 수 없이 좋은 맛은 곧 가장 숭고한 부처의 경지를 의미하는 말로 쓰인다.

◆ 감로: 하늘이 성왕聖王의 인덕仁德에 감응하여 내리게 하는 감미로운 이슬로, 불교에서는 제천諸天이 불덕佛德을 찬미하여 내리게 한다고 한다. 감로는 천인의 음료로 불로, 불사, 기사회생의 영액으로 달고 맛있는 것을 비유하는 데 널리 쓰인다.

들리기 시작하면, 차단지를 급히 죽로[◆]에서 옮겨놓고, 물소리가 모두 잠잠해지기를 기다린 후 마시는 한사발의 춘설차는 제호보다 뛰어나다"고 하였다.

송　解醒少眠證周聖 脫粟飯菜聞齊嬰
해성소면증주성 탈속반채문제영

虞洪薦饘乞丹邱 毛仙示叢引秦精
우홍천희걸단구 모선시총인진정

술 깨우고 잠을 적게 한다고 주성[◆]이 증명하였고,
거친 밥에 나물 제나라의 안영[◆]에게서 들을 수 있네
우홍은 제물을 올려 단구[◆]에게 차를 얻었고,
털긴 신선은 차밭을 보이려고 진정을 인도하였네.

–주

爾雅 檟 苦茶 廣雅 荊巴間 采葉其飮 醒酒 令人少眠. 晏子春秋 嬰相齊景公時 食脫粟飯 炙三戈 五卵
이아 가 고다 광아 형파간 채엽기음 성주 영인소면. 안자춘추 영상제경공시 식탈속반 자삼과 오란

茗菜而已. 神異記 餘姚 虞洪 入山采茗 遇一道士 牽三靑牛. 引洪至瀑布山 曰 予丹邱子也 聞子 善具
명채이이. 신이기 여요 우홍 입산채명 우일도사 견삼청우. 인홍지폭포산 왈 여단구자야 문자 선구

◆ 죽로: 겉을 대나무로 엮어 만든 화로 또는 대나무로 만든 화덕 씌우개로 끓는 물 단지를 옮겨놓고 이용할 수 있다.

◆ 주성(周公): 주나라 문왕文王의 아들로 형인 무왕武王을 도와 은나라를 멸하고 주나라의 기초를 튼튼히 하였다고 한다. 《주례周禮》를 지었다고 하며 공자가 꿈속에서라도 만나기를 간절히 원하였다는 주나라의 성인이다.

◆ 안영(기원전 580?~500): 중국 춘추시대 영공靈公과 장공莊公, 경공景公의 3대를 섬기던 제나라의 재상으로, 그의 언행을 후세에 기록한 《안자춘추晏子春秋》가 있다.

◆ 단구: 선인이 사는 밤낮으로 밝다는 언덕으로 단구자라는 선인이 살고 있다.

飮 常思惠見 山中 有大茗 可相給 祈子他日 有甌犧之餘 乞相遺也. 因尊祀後 入山 常獲大茗. 宣城人
음 상사혜견 산중 유대명 가상급 기자타일 유구희지여 걸상유야. 인존사후 입산 상획대명. 선성인

秦精 入武昌山中 采茗 遇一毛人 長 丈餘. 引精 至山下 示以藂茗而去 俄而復還 乃探懷中橘 以遺精
진정 입무창산중 채명 우일모인 장 장여. 인정 지산하 시이총명이거 아이부환 내탐회중귤 이유정

精 怖 負茗而歸
정 포 부명이귀

《이아》◆에 가는 쓴 차라고 구하였고, 《광아》◆에 형주湖北省(강릉)와 파주四川省(중경) 지방의 사이에서는 그 잎을 채취해서 마시면 술이 깨고 사람으로 하여금 잠을 적게 한다고 하였다. 《안자춘추》에 안영이 제의 경공 때 제상을 지내는 동안 껍질만을 벗긴 좁쌀로 만든 거친 밥에 구운 고기 세 꼬치, 계란 다섯 개, 차나물 만을 먹었다고 하였다.

《신이기》◆에 여요[浙江省]에 사는 우홍이라는 사람이 산에 들어가 차를 따다가 한 도사를 만났는데 세 마리의 푸른 소를 끌고 있었다. 도사가 우홍을 폭포산(여요현)으로 이끌고 가서 말하기를 "나는 단구자라 하네. 듣자니 그대가 차를 애음한다 하기에 항상 만나보고 싶었네. 이 산중에 있는 많은 차나무를 그대에게 주려고 하니 부디 훗날 넉넉한 차가 있으면 나에게도 나누어 대접해주기를 바라네"라고 하였다. 이에 제사를 받들어 모신 후 산에 들어가면 항상 많은 차를 얻을 수 있었다고 한다.

◆ 《이아》: 주공이 기원전 2세기경 저술하였다고 하는 중국에서 가장 오래 된 저서이다. 중국 13경 중의 하나로 천문, 지리, 음악, 초목, 금수 등에 관한 고금의 문자를 해설한 책으로 고려 국자감의 유학부儒學部에서는 국어, 설문說文, 자림字林, 삼창三倉과 함께 학생들의 교양과목에 해당하였다.

◆ 《광아》: 중국 위(주 무왕의 동생 강숙康叔을 시조로 하는 제후국)의 장읍張揖이 《이아》를 증보한 것으로, 삼창三蒼과 설문說文 등을 참고하였다. 《박아博雅》라고도 하며 《이아》와 같은 형식으로 고서의 자구를 해석하고 경서를 고증하고 주석을 달았다. 내용은 《이아》와 중복되지 않고 독자적이다.

◆ 《신이기》: 전한 무제 때 동방삭東方朔(기원전 154~93)이 지었다고 하나 진晉 이후의 위작으로 추측된다. 동방삭은 막힘이 없는 유창한 변설과 재치로 한 무제漢武帝의 측근이 된 '익살의 재사'로 많은 일화가 전해지며, 오래 사는 사람이라는 '삼천갑자 동방삭'으로 일컬어지고 있다.

선성(안휘성) 사람 진정이 무창산(湖北省)에 들어가 차를 따다가 털이 긴 한 신선을 만났는데 털의 길이가 한발쯤 되었다. 신선이 진정을 이끌고 산 아래로 내려와 무리 지은 차나무를 보여 주고 갔다. 갑자기 다시 돌아와 품고 왔던 귤을 꺼내어 진정에게 주자 진정이 놀라서 차를 등에 지고 돌아왔다고 한다.

송 潛壤不惜謝萬錢 鼎食獨稱冠六情
잠양불석사만전 정식독칭관육정

開皇醫腦傳異事 雷笑茸香取次生
개황의뇌전이사 뇌소용향취차생

지하에 묻힌 썩은 뼈도 만전의 사례를 아끼지 않았고,
정식◆을 먹는 고관들도 육정◆의 으뜸이라 하였네.
개국황제 수 문제의 뇌 통증을 고쳤다는 신이한 일 전해지고,
뇌소차, 용향차가 차례로 생겨났네.

- 주

異苑 剡縣 陳務妻 少與二子 寡居 好飮茶茗 宅中有古冢 每飮 輒先祀之. 二子 曰 古冢 何知 徒勞人意
이원 섬현 진무처 소여이자 과거 호음다명 택중유고총 매음 첩선사지. 이자 왈 고총 하지 도로인의

欲堀去之 母禁而止. 其夜 夢一人云 吾止此三百年餘 鄕子常欲見毁 賴相保護 反享佳茗 雖潛壤朽骨
욕굴거지 모금이지. 기야 몽일인운 오지차삼백년여 향자상욕견훼 뇌상보호 반형가명 수잠양후골

豈忘翳桑之報. 及曉 於庭中 獲錢十萬. 張孟陽 登樓時 鼎食隨時進 百和妙具殊 芳茶冠六情 溢味播
기망예상지보. 급효 어정중 획전십만. 장맹양 등루시 정식수시진 백화묘구수 방다관육정 일미파

◆ 정식: 귀한 사람이 먹는 밥으로 고관대작의 진수성찬.

◆ 육정: 물, 초장, 단술, 엿물, 간장, 전술 등을 포함하는 모든 맛의 종류.

九區. 隋文帝 微時 夢 神 易其腦骨 自爾 痛 忽遇一僧云 山中茗草 可治 常服之 有效 於是 天下 始
구구. 수문제 미시 몽 신 역기뇌골 자이 통 홀우일승운 산중명초 가치 상복지 유효 어시 천하 시

知飮茶. 唐 覺林寺僧 志崇 製茶三品 驚雷笑 自奉 萱草帶 供佛 紫茸香 待客云
지음다. 당 각림사승 지숭 제다삼품 경뇌소 자봉 훤초대 공불 자용향 대객운

《이원》◆에 섬현(浙江省) 진무의 아내가 두 아들을 데리고 과부로 살며 차 마시기를 좋아하였는데 집안에 오래된 무덤이 있어 차를 마실 때마다 먼저 무덤에 올렸다. 두 아들이 "오래된 무덤이 무엇을 안다고 그리 수고를 하시는지요" 하고 묘를 파헤쳐 버리려고 하는데 어머니가 이를 만류하였다. 그날 밤 꿈에 한 사람이 나타나 "내가 고총에 누운 지 3백 년이 넘는데, 그대의 아드님이 내 무덤을 파 헤쳐 버리고자 할 때마다 부인께서 보호해 주었으며 도리어 차까지 올려주시니, 비록 땅 속에 묻혀 있는 썩은 뼈일망정 어찌 예상의 보은◆(예상지보)을 잊을 수 있겠습니까?"라고 하였다. 새벽이 되어 뜰 가운데서 10만 냥을 얻었다고 한다.

장맹양(236~290)의 《등루시》에 "수시로 먹는 진수성찬에 모든 묘한 요리 맛이 고루 갖추어져 있지만 향기로운 차는 맛 중의 으뜸이라 넘쳐흐르는 맛이 온 세상에 퍼지네"라고 하였다.

수 문제(541~604)가 임금이 되기 전 꿈에 신이 나타나 그의 뇌골을 바꾸어 버려 그 후로 앓게 되었다. 돌연 한 스님을 만나 이르기를 "산 중의 차나무로 치유할 수 있으니 줄곧 복용하면 효험이 있다"고 하였다. 이에 세상에서 차를 처음으로 마실 줄 알게 되었다.

당 각림사 지숭스님이 세 가지의 차를 만들었는데, 경뢰소는 스스로 이용하고, 훤초대는 부처님께 올리고, 자용향은 손님을 대접하였다고 한다.

◆ 《이원》: 송대 유경숙劉敬叔(약 390~470)이 엮은 설화집으로 명대에 다시 편집되었다. 기이한 이야기나 민간에 전해지는 초자연적인 설화 및 불교설화 등으로 구성되어 있다.

◆ 예상지보: 춘추시대 진晋의 대부 조순趙盾이 사냥을 하다가 예상에서 굶주려 쓰러진 영첩靈輒을 보고 음식을 주어 살렸다고 한다. 후에 영첩이 진나라 영공靈公의 개사介士(경호관)가 되어 영공에게서 조순을 살해하라는 분부를 받았는데 예상에서 입은 은혜를 생각하여 창을 거꾸로 잡고 찌르는 척만 하여 조순을 살려 주었다고 한다.

송　巨唐尙食羞百珍 沁園唯獨記紫英

거당상식수백진 심원유독기자영

法製頭綱從此盛 淸賢名士誇雋永

법제두강종차성 청현명사과준영

당나라 음식 숭상에 온갖 맛있는 음식 올리지만

심원 공주의 처소에는 오직 자영차가 기록되고 있네.

차를 만드는 요령 이때부터 시작하여

청현 명사들이 최고의 맛이라 자랑하였네.

9

– 주

唐 德宗 每賜同昌公主 饌與茶 有綠花紫英之號. 茶經 稱茶味 雋永

당 덕종 매사동창공주 찬여다 유녹화자영지호. 다경 칭다미 준영

당 덕종(742~805)이 동창공주에게 찬과 차를 하사할 때 녹화차와 자영차라는 이름이 있었다. 《다경》◆에 차맛을 일컬어 준영◆이라 하였다.

송　綵莊龍鳳團巧麗 費盡萬金成百餠

채장용봉단교려 비진만금성백병

誰知自饒眞色香 一經點染失眞性

수지자요진색향 일경점염실진성

◆《다경茶經》: 당나라 육우(733~804)가 758~761경에 지은 차에 관한 책.

◆ 준영: 원래 살찐 고기를 말하는 것이지만 모두가 좋아하는 맛있는 것을 지칭.

채색으로 단장한 용봉단◆은 예쁘고 아름다워

만금을 소비하여 온갖 병차(떡 모양의 차)를 만들었네.

누가 알겠는가 스스로 풍부한 진색 진향인 것을

한번 오염되면 참 성품을 잃어버리네.

– 주

大小龍鳳團 始於丁謂 成於蔡君謨 以香藥 合而成餠 餠上 飾以龍鳳紋 供御者 以金莊成. 東坡詩

대소용봉단 시어정위 성어채군모 이향약 합이성병 병상 식이용봉문 공어자 이금장성. 동파시

紫金百餠費萬錢. 萬寶全書 茶自有眞香 眞味 眞色 一經他物點染 便失其眞

자금백병비만전. 만보전서 다자유진향 진미 진색 일경타물점염 변실기진

크고 작은 용단, 봉단은 정위(998~1063)가 처음 시작하였으나 채군모◆에 의해 완성되었다. 향과 약재를 넣어 떡차를 만들고, 떡차 위에다 용과 봉황의 무늬를 장식하여 임금께 올릴 것은 금으로 꾸몄다. 소동파◆의 시에 "온갖 붉은 금색 떡차는 만금을 소비하였다"고 하였다. 《만보전서》◆에 "차는 스스로 진향과 진미, 진색을 가지고 있어 한번 다른 물질에 오염되면 곧 그 진성을 잃어버린다"고 하였다.

송　　道人雅欲全其嘉 曾向蒙頂手栽那

　　　도인아욕전기가 증향몽정수재나

◆ 용봉단: 용과 봉황의 무늬로 장식한 덩이차〔團茶〕또는 떡차〔餠茶〕로 송대 최고의 차.

◆ 채군모: 《다록茶錄》을 지은 송대의 채양蔡襄(1012~1067)으로 글씨와 문학적 재능이 뛰어나 송 4대가로 불린다.

◆ 소동파蘇東坡: 북송대 최고의 시인인 소식蘇軾(1036~1101, 大蘇), 노소老蘇로 불리는 아버지 소순蘇洵(1009~1066)과 함께 당송팔대가唐宋八大家이며, 소소小蘇로 불리는 동생 소철蘇轍과 함께 흔히 삼소三蘇로 불린다.

◆ 《만보전서》: 청대 모환문毛煥文이 엮은 백과사전격의 저서.

養得五斤獻群王 吉祥蕊與聖陽花

양득오근헌군왕 길상예여성양화

도인이 그 훌륭한 차를 얻고자하여

일찍이 몽산 정상에 손수 차를 길렀네.

다섯 근의 차를 만들어 군왕에게 올린 것은

길상예와 성양화◆라네.

9

- 주

傳大士 自住蒙頂結庵 植茶凡三年 得絕嘉者 號聖陽花 吉祥蕊 五斤 持歸供獻

부대사 자주몽정결암 식다범삼년 득절가자 호성양화 길상예 오근 지귀공헌

부대사◆가 몽산[四川省] 정상에 암자를 짓고 살면서 차를 재배하여 3년 만에 아주 뛰어난 차를 만들어 성양화와 길상예라 이름 하였고, 5근을 가지고 돌아와 임금께 올렸다.

송 雪花雲腴爭芳烈 雙井日注喧江浙

설화운유쟁방렬 쌍정일주훤강절

建陽丹山碧水鄉 品製特尊雲澗月

건양단산벽수향 품제특존운간월

설화차와 운유차가 향기로움을 다투고

쌍정차와 일주차는 강절지방(양자강 일대)에서 유명하네.

◆ 길상예와 성양화: 부대사가 제다한 차의 이름.

◆ 부대사(497~569): 낮에는 일하고 밤에는 설법을 하였다는 중국 불교의 성인. 《부대사록傅大士錄》과 《심왕록心王錄》을 저술하였으며 양 무제가 귀히 여겼다 한다.

건양福建省 단산四川省 푸른 물의 고장에

가장 뛰어난 차는 운감雲龕차와 월간月澗차라네.

-주

東坡詩 雪花兩脚 何足道. 山谷詩 我家江南採雲腴. 東坡 至僧院 僧梵英 揖治堂宇嚴潔 茗飮芳烈 問

동파시 설화양각 하족도. 산곡시 아가강남채운유. 동파 지승원 승범영 읍치당우엄결 명음방렬 문

此新茶耶 英曰 茶性 新舊交 則香味復. 草茶 成兩浙 而兩浙之茶品 日注爲第一 自景祐以來 洪州雙井

차신다야 영왈 다성 신구교 즉향미복. 초다 성양절 이양절지다품 일주위제일 자경우이래 홍주쌍정

白芽漸盛 近世 製作尤精 其品 遠出 日注之上 遂爲草茶第一. 遯齋閑覽 建安茶 爲天下第一 孫樵 送茶

백아점성 근세 제작우정 기품 원출 일주지상 수위초다제일. 둔재한람 건안차 위천하제일 손초 송다

焦丹部曰 晩甘候 十五人 遣侍齋閣 此徒乘雷而摘 拜水而和 盖建陽 丹山 碧水之鄕 月澗雲龕之品

초단부왈 만감후 십오인 견시재각 차도승뢰이적 배수이화 개건양 단산 벽수지향 월간운감지품

愼勿賤用 晩甘候 茶名. 茶山先生 乞茗疏 朝華始起 浮雲皛皛於晴天 午睡初醒 明月 離離於碧澗

신물천용 만감후 다명. 다산선생 걸명소 조화시기 부운효효어청천 오수초성 명월 이이어벽간

소동파의 시에 "설화차를 설명註解으로 어찌 표현할 수 있을까?"라고 하며, 산곡◆(황정견)의 시에 "강남 우리 집에서 운유차를 딴다"는 구절이 있다. 소동파가 한 사원에 이르니 범영스님(중국 송대의 스님)이 사원을 정성스럽게 관리하여 청결히 하고 향기가 뛰어난 차를 마시고 있었다. "이 차는 햇차입니까?" 하고 묻자, 범영이 "차의 성품은 햇차와 묵은 차를 섞으면 향과 맛이 회복됩니다"고 하였다.

어린잎을 따서 만든 '초다'는 양절(浙江省의 동과 서) 지방에서 만들어 졌는데 양절의 차 중에

◆ 산곡 황정견黃庭堅(1045~1105): 강서시파의 시조로 스승인 동파와 함께 송대의 대표 시인이다. 글씨에 있어 동파, 채양蔡襄, 미불米芾과 함께 북송의 4대가로 꼽힌다.

서 일주차가 제일이었다. 경우◆ 이후로는 홍주의 쌍정차와 백아차가 점점 발전하였는데 근세에는 기술이 더욱 좋아져서 그 품질이 일주차보다 훨씬 뛰어나 마침내 초다의 최고가 되었다.

《둔재한람》◆에 건안차는 천하제일이다. 손초(당대의 문장가)가 초단부(6부의 하나)에 차를 보내면서 "만감후 15인(통, 차를 의인화한 것)을 재각에 보내는데 이 무리들은 번개를 타고 잎을 채 취하여 물에 절하고서 만든 것이다"라고 하였다. 이는 건양과 단산의 물 맑은 지방에서 월간차와 운감차의 품질이 절대 천하게 쓰여서는 안 된다는 것이다. 만감후는 차의 이름이다.

다산선생(정약용)은 《걸명소》에 "아침햇살에 일어나니 구름이 맑은 하늘에 밝게 떠다니고, 낮잠에서 깨어나니 밝은 달이 푸른 시냇물에 비치네"라고 하였다.

9

송 東國所産元相同 色香氣味論一功
동국소산원상동 색향기미론일공

陸安之味蒙山藥 古人高判兼兩宗
육안지미몽산약 고인고판겸양종

우리나라에서 나는 차는 중국차와 원래 같으니
색과 향, 기, 맛이 한가지라고 일컬어지네.
육안차(안후이성, 곽산)는 맛이요 몽산차(쓰촨성, 몽산)는 약효라는데
옛사람들은 우리나라의 차는 두 가지를 다 겸하고 있다고 높이 평가하네.

–주

東茶記 云 或疑東茶之效 不及越産 以余觀之 色香氣味 少無差異. 茶書 云 陸安茶 以味勝 蒙山茶 以
동다기 운 혹의동다지효 불급월산 이여관지 색향기미 소무차이. 다서 운 육안다 이미승 몽산다 이

◆ 경우: 송 인종仁宗(1034~1037)의 연호.

◆《둔재한람》: 11세기 말 북송 범정민范正敏의 저서.

藥勝 東茶 盖兼之矣. 若有李贊皇 陸子羽 其人 必以余言爲然也

약승 동다 개겸지의. 약유이찬황 육자우 기인 필이여언위연야

《동다기》◆에, "혹자는 우리나라 차의 효능이 중국 월주산에 미치지 못한다고 의심하는데, 내가 보기에는 색 · 향 · 기 · 미에서 별다른 차이가 없다. 다서에 육안차는 맛이 뛰어나고 몽산차는 약효가 뛰어나다고 하는데, 우리나라의 차는 두 가지를 모두 겸하고 있다. 만일 이찬황◆이나 육자우◆가 있었다면 그들도 반드시 나의 말이 맞는다고 하였을 것이다"라고 하였다.

9

송 還童振枯神驗速 八耋顔如夭桃紅

환동진고신험속 팔질안여천도홍

我有乳泉 把成秀碧百壽湯 何以持歸 木覓山前獻海翁

아유유천 파성수벽백수탕 하이지귀 목멱산전헌해옹

동안으로 돌아오고 마른가지 살아나듯 신기한 효험이 빠르고,

팔십 노인의 얼굴이 활짝핀 복숭아처럼 붉어지네.

내 사는 곳(해남대흥사)에 유천이 있어, 수벽탕, 백수탕(《16탕품》 중 물의 종류)을 끓이니,

어이 가지고 가 목멱산◆ 앞 해옹(해거도인 홍현주, 1793~1865)에게 드릴까.

– 주

李白云 玉泉眞公 年八十 顔色如桃李 此茗香淸 異于他 所以能還童振枯而令人長壽也. 唐蘇廙 著 十六

이백운 옥천진공 연팔십 안색여도리 차명향청 이우타 소이능환동진고이령인장수야. 당소이 저 십육

◆ 《동다기》: 다산 정약용이 저술하였다고 전해지지만 근래에 저자와 원제목 등에 관하여 이론이 일고 있다.

◆ 이찬황: 당의 재상을 지낸 이덕유李德裕(787~849).

◆ 육자우: 《다경》(758~761년경)을 저술한 육우.

◆ 목멱산: 서울 남산의 옛 이름으로 서봉은 목멱산, 동봉은 종남산終南山.

湯品 第三曰百壽湯 人過百忍 水逾十沸 或以話阻 或以事廢 如取用之湯 己生性矣. 敢問 皤鬢蒼顔之
탕품 제삼왈백수탕 인과백인 수유십비 혹이화조 혹이사폐 여취용지탕 기생성의. 감문 파빈창안지

老夫還少 執弓扶矢以取中乎 還少雄濶步以邁遠乎. 第八曰秀碧湯 石凝天地秀氣而賦形者也 琢而爲器
노부환소 집궁부시이취중호 환소웅활보이매원호. 제팔왈수벽탕 석응천지수기이부형자야 탁이위기

秀猶在焉 其湯不良 未之有也. 近酉堂大爺 南過頭輪 一宿紫芋山房 嘗其泉曰 味勝酥酪
수유재언 기탕불량 미지유야. 근유당대야 남과두륜 일숙자우산방 상기천왈 미승소락

이백이 말하기를, "옥천진공은 나이 팔십에 얼굴빛이 복숭아와 자두 같았다. 이 차는 향이 맑아 다른 지방보다 특별하기 때문에 동안으로 다시 돌아오고 마른 나무 살아나듯이 사람으로 하여금 장수를 누리도록 하는 것이다"라고 하였다.

당대 소이의 저서 《16탕품》 중 제3은 백수탕이기 때문에 사람은 백 번의 인내를 겪고 물은 열 번 이상 끓여야 한다. 혹 말을 더듬거나 병으로 일을 못 하거나 하는 사람까지도 이 탕을 마시면 본래대로 돌아올 수 있다. 감히 물어보자면 흰 머리의 창백한 늙은 노인이 예전처럼 다시 젊어져서 활을 들어올려 화살을 쏘면 적중하고, 젊어져서 젊은이처럼 활보하여 멀리 돌아다닐 수 있는 것일까? 제8은 수벽탕이니 돌은 천지의 빼어난 기운이 모여 형상을 이룬 것이다. 쪼아서 그릇을 만들면 당연히 천지의 수기가 담겨 있으니, 그 솥에 끓인 탕이 불량함이 있을 수 없다.

근자에 유당어른◆께서 남쪽으로 두륜산을 지나는 길에 자우산방(일지암)에서 하루를 묵으면서 샘물을 맛보고는 물맛이 소락보다 뛰어나다고 하였다.

송 又有九難四香玄妙用 何以敎汝玉浮臺上座禪衆
우유구난사향현묘용 하이교여옥부대상좌선중

◆ 유당대야: 추사의 아버지 김노경金魯敬(1766~1840).

九難不犯四香全 至味可獻九重供

구난불범사향전 지미가헌구중공

다시 구난과 사향의 현묘한 작용이 있으니

옥부대위에서 좌선하는 스님들을 어떻게 가르칠 수 있을까.

구난을 범하지 않아 사향이 완전하니

지극한 맛 구중궁궐에 올릴 수 있겠네.

- 주

9

茶經 云 茶有九難 一曰造 二曰別 三曰器 四曰火 五曰水 六曰灸 七曰末 八曰煮 九曰飮. 陰采夜焙
다경 운 다유구난 일왈조 이왈별 삼왈기 사왈화 오왈수 육왈구 칠왈말 팔왈자 구왈음. 음채야배

非造也 嚼味嗅香 非別也 羶鼎腥甌 非器也 膏薪庖炭 非火也 飛湍壅潦 非水也 外熟內生 非灸也 碧
비조야 작미후향 비별야 전정성구 비기야 고신포탄 비화야 비단옹료 비수야 외숙내생 비구야 벽

粉飄塵 非末也 操艱攪遽 非煮也 夏興冬廢 非飮也. 萬寶全書 茶有眞香 有蘭香 有淸香 有純香. 表裏
분표진 비말야 조간교거 비자야 하흥동폐 비음야. 만보전서 다유진향 유난향 유청향 유순향. 표리

如一曰純香 不生不熟曰淸香 火候均停曰蘭香 雨前神具曰眞香 此謂四香. 智異山 花開洞 茶樹羅生
여일왈순향 불생불숙왈청향 화후균정왈난향 우전신구왈진향 차위사향. 지리산 화개동 다수나생

四五十里 東國茶田之廣 料無過此者. 洞有玉浮臺 臺下 有七佛禪院 坐禪者 常晩取老葉 曬乾然柴 煮
사오십리 동국다전지광 요무과차자. 동유옥부대 대하 유칠불선원 좌선자 상만취노엽 쇄건연시 자

鼎如烹菜羹 農濁色赤味甚苦澁. 政所 云 天下好茶 多爲俗手所壞
정여팽채갱 농탁색적미심고삽. 정소 운 천하호다 다위속수소괴

《다경》에 이르기를 차에는 아홉 가지 어려움이 있으니, 일은 차 만드는 일이며, 이는 차를 감별

하는 일이며, 삼은 차도구이며, 사는 불을 가름하는 일이며, 오는 차에 사용하는 물이며, 육은 차를 굽는 일이며, 칠은 가루 내는 일이며, 팔은 물을 끓이는 일이며, 구는 차를 마시는 일이다. 흐린 날 찻잎을 따서 밤에 덖는 것은 제다가 아니며, 차를 씹어서 맛을 보거나 코로 냄새를 맡는 것은 식별이 아니며, 노린내 나는 솥이나 비린내 나는 용기는 그릇이 아니며, 생나무나 요리에 쓰던 숯은 연료가 아니며, 물살이 세고 빠른 여울물이나 폭우로 고여 있는 물은 물이 아니며, 겉은 익었으나 속이 설익게 하는 것은 굽는 일이 아니며, 푸른 가루가 먼지처럼 날리는 것은 가루가 아니며, 뒤섞어 휘저어가며 급히 하는 것은 물 끓이는 일이 아니며, 여름에 흥하고 겨울에 폐하는 것은 마시는 일이 아니다.

《만보전서》에 차에는 진향, 난향, 청향, 순향이 있다고 한다. 안과 밖이 같은 것은 순향, 설익지도 않고 푹 익지도 않은 것은 청향, 불기운이 고르게 된 것을 난향, 곡우전의 신령함이 갖춰진 것을 진향이라 하는데, 이것을 4향이라 한다.

지리산 화개동에 차나무가 사오십리에 걸쳐 자라고 있는데 우리나라 차밭의 크기로는 이보다 더 넓은 곳이 없다. 화개동에 옥부대가 있는데 옥부대 밑에 칠불선원이 있어 좌선하는 스님들이 항상 늦게 늙은 찻잎을 따서 땔감처럼 햇볕에 쪼여 말려 솥에다 넣고 나물국을 끓이듯이 삶으니 색은 탁하고 붉어 맛이 몹시 쓰고 떫다. 이것을 일러 천하의 좋은 차가 속된 솜씨로 망가진다고 하는 것이다.

송

翠濤綠香纔入朝 聰明四達無滯壅
취도녹향재입조 총명사달무체옹

矧爾靈根托神山 仙風玉骨自另種
신이영근탁신산 선풍옥골자령종

비취빛의 물결 녹색의 향기가 드러나니 총명이 사방에 통하여 막힘이 없네.
하물며 이 신산*에 신령스런 뿌리를 의지하니 선풍옥골로 스스로 특별한 종이네.

– 주

入朝于心君. 茶序曰 甌泛翠濤 碾飛綠屑 又云 茶以靑翠爲勝 濤以藍白爲佳 黃黑紅昏 俱不入品 雲濤

입조우심군. 다서왈 구범취도 연비녹설 우운 다이청취위승 도이남백위가 황흑홍혼 구불입품 운도

爲上 翠濤爲中 黃濤爲下. 縝糜公詩 綺陰攢盖 靈艸試旗 竹爐幽討 松火怒飛 水交以淡 茗戰以肥 祿

위상 취도위중 황도위하. 진미공시 기음찬개 영초시기 죽로유토 송화서비 수교이담 명전이비 녹

香滿路 永日忘歸. 智異山 世稱方丈

향만로 영일망귀. 지리산 세칭방장

9

'입조'란 마음에 스며드는 것이다. 다서에 이르기를 "잔에 비취빛의 물결이 뜨고 맷돌에는 녹색가루가 날린다"고 하였다. 또 "차는 푸른 비취빛이 가장 좋고, 물결은 쪽빛에 하얀 빛이 도는 것이 아름다우니. 황색 · 흑색 · 홍색 · 혼탁한 색은 모두 좋은 품질에 들 수 없다. 구름 같은 물결이 상품, 비취빛 물결은 중품, 누런 물결은 하품이다"라고 하였다.

진미공◆의 시에 "옅은 그늘이 모여 덮여있는데 신령스런 차싹은 깃발 같고 죽로에 조심스레 올리니 솔가지 불꽃이 피어오른다. 물과 섞여 담백한 차는 고기맛과 겨루고 푸른 향기가 길에 가득하니 온 종일 돌아올 줄 모르네"라고 하였다. 지리산은 세칭 방장산이다.

송 綠芽紫筍穿雲根 胡靴皺臆皺水紋

녹아자순천운근 호화봉억추수문

吸盡瀼瀼淸夜露 三昧手中上寄芬

흡진양양청야로 삼매수중상기분

◆ 신산: 우리나라의 삼신산三神山으로 금강산, 지리산, 한라산.

◆ 진미공: 중국 명대의 문인인 진계유縝繼儒(1558~1639), 《보안당비급寶顔堂秘笈》, 《미공전집眉公全集》 등의 저서가 있다.

녹색의 싹과 자줏빛 잎이 뿌리를 뚫고 나와
호인(만주사람)의 신발과 들소의 가슴, 물결처럼 주름졌네.
맑은 밤이슬 흠뻑 받아
삼매의 손안에 기이한 향기 스미네.

- 주

茶經 云 生爛石中者爲上 礫壤者次之. 又曰 谷中者 爲上 花開洞 茶田 皆谷中兼爛石矣. 茶書 又言
다경 운 생난석중자위상 역양자차지. 우왈 곡중자 위상 화개동 다전 개곡중겸란석의. 다서 우언

9

茶紫者爲上 皺者次之 綠者次之 如筍者爲上 似芽者次之 其狀 如胡人靴者 蹙縮然 如犎牛臆者 廉沾然
다자자위상 추자차지 녹자차지 여순자위상 사아자차지 기상 여호인화자 축축연 여봉우억자 염치연

如輕飇拂衣者 涵澹然 此皆茶之精腴也. 茶書 云 採茶之候 貴及時 太早則茶不全 遲則神散 以穀雨前
여경표불의자 함담연 차개다지정유야. 다서 운 채다지후 귀급시 태조즉다부전 지즉신산 이곡우전

五日爲上 後五日次之 後五日又次之. 然 驗之 東茶 穀雨前後太早 當以立夏前後 爲及時也. 其採茶法
오일위상 후오일차지 후오일우차지. 연 험지 동다 곡우전후태조 당이입하전후 위급시야. 기채다법

撤夜無雲 浥露採者 爲上 日中採者 次之 陰雨下 不宜採. 老坡 送謙師詩 曰道人 曉出南屛山 來試點
철야무운 읍로채자 위상 일중채자 차지 음우하 불의채. 노파 송겸사시 왈도인 효출남병산 내시점

茶三昧手
다삼매수

《다경》에 이르기를 "차는 난석(자갈돌) 사이에서 자란 것이 최고요, 자갈 섞인 흙에서 자란 것이 다음이라"고 하였다. 또 "골짜기에서 자란 것이 상품"이라 하였는데, 화개동의 차밭은 모두 골짜기에 자갈돌을 겸하고 있다. 다서에서 또 이르기를 "차는 자색이 최고이며 주름진 것이 다음이고 녹색이 그 다음이며, 처음 솟는 순이 상품이고 싹이 그 다음"이라고 한다. 그 모습이 호인의 가죽

신 같다는 것은 주름이 졌다는 것이고, 들소의 가슴 같다는 것은 반듯하다는 것이고, 바람이 가볍게 스치는 것과 같다는 것은 담박하게 젖어있는 것이니 이것은 모두가 차의 요지이다.

다서에 이르기를 "찻잎을 따는 데는 시기가 중요한데 너무 이르면 차가 온전하지 못하고 늦으면 신성함이 흩어진다. 곡우 전 5일이 가장 좋고, 곡우 다음 5일이 그 다음이며, 다시 5일 뒤가 그 다음이다"라고 하였다. 그러나 내가 경험한 바는 우리나라의 차는 곡우 전후는 너무 이르고 입하를 전후한 때가 적당하다. "찻잎을 따는 방법은 밤새 구름 한 점 없는 맑은 날, 이슬에 흠뻑 젖은 잎을 따는 것이 최고이고, 낮 중에 딴 차는 다음이며, 흐리거나 비가 올 때는 따지 말아야 한다."

소동파는 겸스님을 보내는 송별시에서 말하기를 "도인께서 새벽에 남병산(浙江省, 항주)에 가시어 삼매의 손으로 차를 달여 드시지요"라고 하였다.

9

송 中有玄微妙難顯 眞精莫敎體神分
중유현미묘난현 진정막교체신분

體神雖全 猶恐過中正 中正 不過健靈併
체신수전 유공과중정 중정 불과건령병

그 가운데 현미함이 묘하여 표현하기 어려우니
진실로 은밀한 맛은 체(물)와 신(차)이 잘 어우러져야 하네.
체와 신이 온전히 어우러진다 해도 중정을 잃을까 두려우니
중정은 (차의) 건전함과 (물의) 신령함이 어우러짐에 있네.

- 주

造茶篇 云 新採揀去老葉 熱鍋焙之 候鍋極熱 始下茶急炒 火不可緩 待熟方退 撤入篵中 輕團枷數遍
조다편 운 신채간거노엽 열과배지 후과극열 시하다급초 화불가완 대숙방퇴 철입사중 경단가수편

復下鍋中 漸漸減火 焙乾爲度 中有玄微 難以言顯. 泉品 云 茶者 水之神 水者 茶之體 非眞水 莫顯
복하과중 점점감화 배건위도 중유현미 난이언현. 천품 운 다자 수지신 수자 다지체 비진수 막현

其神 非眞茶 莫窺其體. 泡法 云 探湯純熟便取起 先注壺中小許 盪祛冷氣 傾出然後 投茶葉多寡宜的
기신 비진다 막규기체. 포법 운 탐탕순숙변취기 선주호중소허 탕거냉기 경출연후 투다엽다과의적

不可過中失正 茶重則味苦香沈 水勝則味寡色淸. 兩壺後 又冷水蕩滌 使壺凉潔 不則減茶香 盖罐熱
불가과중실정 다중즉미고향침 수승즉미과색청. 양호후 우냉수탕척 사호량결 부즉감다향 개관열

則茶神不健 壺淸則 水性當靈. 稍候茶水沖和然後 令布釃飮 釃不宜早 早則茶神不發 飮不宜遲 遲則
즉다신불건 호청즉 수성당령. 초후다수충화연후 영포시음 시불의조 조즉다신불발 음불의지 지즉

妙馥先消. 評曰 采盡其妙 造盡其精 水得其眞 泡得其中 體與神 相和 健與靈 相併 至此而茶道盡矣
묘복선소. 평왈 채진기묘 조진기정 수득기진 포득기중 체여신 상화 건여령 상병 지차이다도진의

〈조다 편〉에 이르기를 "새로 딴 찻잎은 늙은 잎을 가려내고 뜨거운 솥에서 차를 덖되 솥이 뜨겁게 달아오를 때에 찻잎을 넣어 급히 덖는데 불기를 늦추어서는 안 된다. 찻잎이 잘 익으면 꺼내어 체에 쏟아 부어 둥글게 모아 가볍게 비비고 털어주는 것을 몇 차례 한 다음 다시 솥에 넣어 점점 불을 줄이면서 덖어서 말리는 것이다. 그 가운데 미묘함이 있으니 말로 표현하기 어렵다"고 하였다. 천품에 이르기를 "차는 물의 신이요 물은 차의 체이니, 좋은 물이 아니면 차의 신령함을 나타낼 수 없고, 좋은 차가 아니면 물의 본체를 드러낼 수 없다"고 하였다.

〈포법〉에 이르기를, "탕이 완전히 끓어 순숙하였으면 화로에서 내려 먼저 다관 안에 소량을 부어 냉기를 가셔 쏟아 버린 뒤, 차양을 알맞게 넣어 적절함을 잃지 않아야 한다. 차의 양이 많으면 쓴맛이 나고 향기가 묻혀버리며, 물의 양이 많으면 차의 맛이 부족하고 색이 맑아진다. 몇 차례 사용한 다관은 다시 냉수로 헹구어 다관을 맑고 깨끗하게 하여야 한다. 그렇지 않으면 차의 향이 적어진다. 다관이 너무 뜨거우면 차의 신령함이 드러나지 못하고 다관이 맑으면 물의 성품이 신령스러워 진다. 차와 물이 잘 어우러져 우러나면 베에 걸러서 마신다. 거를 때에는 너무 빨리하지 않는데, 빨리 하면 다신이 미처 드러나지 않는다. 마실 때에도 너무 지체하지 않는데 지체하여 마시면 묘한 향기가 먼저 사라진다"고 하였다.

이를 평하여 이르자면 찻잎을 딸 때는 그 묘함을 다하고, 차를 만들 때는 정성을 다하며, 물은 진수이어야 하고, 탕은 중정을 얻어야 하며, 체와 신이 서로 잘 어우러져 (좋은 차의) 건실함과 (좋

은 물의) 신령스러움이 함께 하여야 한다. 여기에 이르면 다도는 모두 이루어진 것이다.

송 一傾玉花風生腋 身輕已涉上淸境
일경옥화풍생액 신경이섭상청경

明月爲燭兼爲友 白雲鋪席因作屛
명월위촉겸위우 백운포석인작병

옥화차를 한잔 기울이니 겨드랑이에 바람이 일고
몸은 가벼워져 이미 맑은 곳에 이르렀네.
밝은 달은 촛불이요 겸하여 벗인데
흰 구름은 자리를 펴고 이어 병풍도 만드네.

- 주

陳簡齋 茶時 嘗此玉花句 盧玉川 茶歌 唯覺兩腋習習生淸風
진간재 다시 상차옥화구 노옥천 다가 유각양액습습생청풍

진간재(송대의 시인)의 다시에 '이 옥화를 맛보았다'는 구절이 있고, 노옥천◆의 다가에 "오직 두 겨드랑이에 맑은 바람이 솔솔 일어나네"라고 하였다.

◆ 노옥천: 중국 당 중기의 시인인 노동盧仝(768?~835)으로 호는 옥천자玉川子이며 《옥천자시집》이 있다. 궁핍한 생활을 하면서도 청렴한 인품을 굽히지 않았고, 신비한 품격을 가지고 있었다 한다. 유명한 칠완시七碗詩의 다가를 남겼다.

송 竹籟松濤俱蕭涼 淸寒瑩骨心肝惺

죽뢰송도구소량 청한영골심간성

惟許白雲明月 爲二客 道人座上此爲勝

유허백운명월 위이객 도인좌상차위승

대 바람 소리 솔 물결 모두 다 서늘한데

맑고 차가운 기운 맑은 뼈에 스며들어 마음을 고요히 하네.

흰 구름과 밝은 달만으로 두 손님되라 하니

도인의 자리에 이것이면 뛰어난 것이네.

9

- 주

飮茶之法 客衆則喧 喧則 雅趣索然 獨啜曰神 二客曰勝 三四曰趣 五六曰泛 七八曰施也

음다지법 객중즉훤 훤즉 아취색연 독철왈신 이객왈승 삼사왈취 오륙왈범 칠팔왈시야

차를 마시는 법에 손님이 많으면 시끄러우니, 시끄러운즉 아담한 정취를 찾을 수 없다. 홀로 마시면 신령스러우며, 둘이 마시면 뛰어나며, 서너 명이 마시면 취미이며, 오륙 명은 분위기가 뜨며, 칠팔 명은 나누어 마시는 것이다.

송 白坡居士◆題

백파거사 제

艸衣新試綠香煙 禽舌初纖穀雨前

초의신시녹향연 금설초섬곡우전

◆ 백파거사: 신헌구申獻求(1823~?).

莫數丹山雲澗月 滿鍾雷笑可延年

막수단산운간월 만종뇌소가연년

초의선사가 새롭게 시음한 녹향연

새의 혀 같은 곡우전 작은 싹이라네.

단산의 운간월 손꼽지 말라

잔 가득한 뇌소차◆도 장수할 수 있다네.

참조

• 다가茶歌: 노동의 「일곱 찻사발의 노래[七碗詩]」로 「햇차를 보낸 맹간의에게 감사하는 글」의 일부분.

一碗 喉吻潤(일완 후문윤): 첫째 잔은 목과 입을 적셔주고

二碗 破孤悶(이완 파고민): 둘째 잔은 외로운 번민을 가시게 하네.

三碗 需枯腸 惟有文字五千卷(삼완 수고장 유유문자 오천권):

셋째 잔은 마른창자에 스며들어 오천 권 책의 문자를 생각하게 하네.

四碗 發輕汗 平生不平事 盡向毛孔散(사완 발경한 평생불평사 진향모공산):

넷째 잔은 가벼운 땀방울을 솟아나게 하여, 평생 불편스런 일을 모두 털구멍으로 몰아내네.

五碗 肌骨淸(오완 기골청): 다섯째 잔은 살과 뼈를 맑게 하고

六碗 通神靈(육완 통신령): 여섯째 잔은 신선과 통하고

七碗 喫不得也 唯覺兩腋習習淸風生 蓬萊山在何處 玉川子乘此淸風浴歸去

(칠완 끽부득야 유각양액습습청풍생 봉래산재하처 옥천자승차청풍욕귀거):

일곱째 잔은 마시지 않을 수 없으니 오직 두 겨드랑이에서 시원한 맑은 바람이 솔솔 일어나네. 봉래산이 어디인가! 옥천자(노동의 호)가 청풍을 타고 돌아갈까 하노라.

생각해 봅시다

시서화詩書畫에 두루 능통했으며 당시대 문화의 최고 지성이었던 초의 선사의 《동다송》을 음미하며 우리 차의 우수성을 다시 한번 생각해 봅시다.

◆ 뇌소차: 초의선사 당시 생산된 우리 차의 이름으로 추정.

녹차, 그리고 오미자로 색을 낸 쌀강정, 대추와 육포로 만든 다식

[제10장]

세계의 차문화

본 장에서는 중국과 일본을 비롯한 세계의 차문화를
각국의 차문화사와 문헌 고찰을 통해 이해한다.

1 중국의 차문화

1. 중국의 차문화 2. 현대 중국차의 종류
3. 중국차의 찻그릇 4. 중국 차문화의 사적 고찰

2 일본의 차문화

1. 일본의 차문화 2. 일본 다도의 정신
3. 일본의 다도 4. 일본 차문화의 사적고찰

3 세계의 차문화

1. 유럽에의 전래 2. 유럽에의 소개
3. 차로 인한 역사적 사건들 4. 영국의 차문화
5. 홍차 우리기 6. 세계의 차

1 중국의 차문화

1. 중국의 차문화

중국의 차는 신농이 찻잎을 씹어 해독의 약효를 보던 이전부터 차나무 자생지역에 사는 사람들에 의하여 음식으로 만들어 먹거나 생잎을 그대로 씹어 먹는 등의 방식으로 이용되었던 것으로 추정된다. 처음에 약용으로 이용하던 차가 점차 음식과 음료로 이용되며, 나아가 심신수련과 풍류로 발전하게 되었다.

중국의 차는 육우의 《다경》이 저술된 당대(618~907)에 이르러서 생활 속에 보편화되었고 《다경》의 정행검덕◆은 지금까지 중국의 다도정신으로 이어지고 있다. 당대에 떡차〔餠茶〕를 빻아서 솥에 끓여 마시는 자다법煮茶法이 시작되었으며, 오대伍代◆에는 '탕사湯社'라는 차 모임이 결성되어 차문화가 교류되었다.

송대(960~1279)와 명대(1368~1644)의 초기까지는 덩이차〔團茶〕를 가루 내어 찻사

◆ 정행검덕精行儉德: 차는 성질이 매우 차서 이를 이용하기에 적합한 사람은 행실이 맑고 겸허한 덕을 갖춘 사람이어야 한다.

◆ 오대伍代: 당 멸망 후 송이 건국되기 전 흥망 하였던 후량後梁, 후당後唐, 후진後晉, 후한後漢, 후주後周의 다섯 왕조.

발〔茶碗〕에 넣어 찻솔〔茶筅〕로 풀어서 거품을 내어 마시는 점다법點茶法이 주류를 이루어, 찻사발도 점차 넓은 다완茶碗을 사용하게 되었다. 명대는 태조 주원장朱元璋(1328~1398)이 단차의 제다법을 폐지하는 칙령(1391)을 내려 생산이 끊겼으므로 잎차를 우려마시는 포다법泡茶法이 널리 이용되었다.

찻그릇은 차의 향과 맛을 보존하기 위해 자기류를 선호하게 되었으며, 제조과정이 비교적 간단한 잎차가 생산됨으로써 서민들에게까지 일반화되었다. 청대에 이르러 국민 생활차로 정착되었던 중국의 차문화는 근세의 공산화로 인하여 퇴폐문화로 간주되어 쇠퇴하여 침체되었으나 타이완은 상업화에 성공하여 차시장을 통해 세계 각국에 청차(우롱차) 문화를 전파하였다.

중국의 문호가 다시 개방되면서 문화교류의 재계와 함께 타이완이나 홍콩 차인들의 중국 본토 방문 등에 힘입어 1980년대 이후 비로소 '차문화茶文化'가 신조어로 출현하게 되고 점차 복원되어가고 있다. 특히 1990년대 이후 다양한 방면으로 문화교류가 활발해지면서 더불어 차문화의 교류도 급속히 확대되어 가고 있으며 차는 중국인들에게 다시 일상의 일부가 되고 있다.

이에 따라 차의 생산 역시 증대되고 있으며, 차를 마시는 차 다루기를 다도와 연관하여 수행류修行類 다도, 풍아류風雅類 다도, 다예류茶藝類 다도, 기진류技進類 다도 등으로 구분하여 차를 다루는 방법의 다양한 연출이 급속히 증가하고 있다. 중국 찻자리의 기본 구성은 한국이나 일본 등의 특징과 유사하며, 차를 즐기는 찻자리에 그림을 걸고〔掛畵〕, 꽃을 장식하고〔揷花〕, 향을 피우고〔焚香〕있다.

중국은 지역과 민족에 따라 제다의 방법과 차를 마시는 풍습이 다양하여, 소수 민족이 많은 윈난성과 쓰촨성은 흑차인 보이차와 타차 등을 즐기며, 푸젠성과 광둥성 일대는 우롱차인 무이암차와 재스민꽃 향을 착향한 재스민차를 즐기며, 저장성浙江省과 장시성江西省 일대는 녹차인 용정차와 벽라춘 등을 즐긴다. 티베트에서는 떡차나 벽돌차 등의 긴압차류와 밀크티와 수유차를 즐기며, 몽고에서는 찻물에 신선한 우유나 양젖을 소량의 소금과 함께 넣은 밀크티를 즐겨 마신다.

우롱차는 소형의 자사기를 이용하며, 용정차 등의 녹차는 유리잔을 이용하기도 한다. 손님에게 차를 대접할 때는 찻물을 찻잔에 2/3 또는 3/4 정도를 채우며, 만일 찻물을 가득 부으면 손님을 내쫓겠다는 의미이며, 주인이 찻잔의 뚜껑을 덮으면 손님은 자리에서 일어나야 한다. 근래 중국은 특유의 찻집인 다관茶館에서 차를 마시며 전통악기의 연주나 경극공연 등을 감상할 수 있다.

2. 현대 중국차의 종류

10

중국의 차는 가공방법에 따라 녹차, 백차, 황차, 청차(오룡차), 흑차, 홍차 등 6가지로 분류한다. 녹차는 살청殺青과 건조 방식에 따라 솥에서 덖어 만든 초청녹차抄青綠茶(龍井茶, 抄青眉茶, 珠茶 등), 건조기에 건조하는 홍청녹차烘青綠茶(黃山毛峰, 華項雲霧 등), 햇볕에 말리는 쇄청녹차曬青綠茶(진青, 陝青 등), 증기를 이용하여 살청하는 증청녹차蒸青綠茶(蒸青煎茶, 玉露茶 등) 등으로 구분하고 있다. 또 가공과정에서 특정 처리를 하여 재가공하는 차류가 있다.

〈표 10-1〉 중국의 재가공 차의 종류

종류	내용
꽃차와 과일차	찻잎에 꽃향을 흡수시켜 제조하거나 과즙을 더하여 재가공한 차로 말리화차茉莉花茶(재스민차), 백란화차白蘭花茶, 치자화차梔子花茶, 계화차桂花茶, 장미꽃차玫瑰花茶 등
긴압차	제조과정에서 일정한 형태로 압축하여 만든 차로 녹차긴압차, 오룡긴압차, 흑차긴압차 등
추출차	차즙을 농축 또는 건조하여 액체 또는 고체로 만든 차로 농축차, 캔 음료, 인스턴트차 등

3. 중국차의 찻그릇

중국의 찻그릇은 만드는 소재에 따라 자사紫沙, 백자白瓷, 청자青瓷, 청화青花, 채자彩瓷, 흑자黑瓷, 유리, 금속, 대나무 등의 종류가 있다. 이들 중 자사기紫沙器는 1100년 전후로

〈그림 10-1〉 자사호

추정되는 고대 도요지에서도 발견이 되는 등 오랜 역사를 갖고 있으며, 20세기 이후 중국을 포함하여 홍콩, 타이완, 일본 등을 비롯하여 서구 유럽에까지 전래되어 중국의 대표적인 다구茶具가 되었다. 중국의 자사紫沙◆가 다구로 제작되기 시작한 것은 명대의 후기부터이며, 청대에는 궁중이나 귀족, 문인, 사대부 및 차인들이 애용하는 다구가 되었다.

그릇을 만드는 자사의 종류에 따라 소성燒成 후 자흑색, 자갈색, 옅은 회색, 회황색, 흑색 등의 색체를 나타낸다. 자사호◆는 기공율과 흡수율이 높기 때문에 중국의 발효차류를 우리는 데 적합하며 차가 우려진 후에 그 뚜껑을 들어 짙은 향을 맡을 수 있다.

10

남부 지방이나 타이완 등에서는 녹차와 화차를 마실 때 주로 뚜껑이 있는 중국식 찻잔인 개완蓋碗(자사, 백자, 청자, 청화, 채자, 흑자 등)에 찻잎을 넣고 물을 부어 우려마시기도 한다. 중국 우롱차류를 마실 때는 문향배聞香杯와 다배茶杯를 동시에 쓰기도 하는데 문향배의 찻물을 다배에 따른 후 문향배에 남아 있는 향을 손으로 막아서 향을 맡는다.

〈그림 10-2〉 백자와 유리로 만들어진 개완

〈그림 10-3〉 청화백자 문향배와 다배

◆ 자사: 중국 장쑤성江蘇省 의흥宜興지방에서 생산되는 철을 함유한 점토질의 분사암粉砂岩으로 만들어진 도토陶土.

◆ 자사호紫沙壺: 차를 우리는 다관을 중국에서는 다호로 구분하고 있으므로 자사로 된 다관을 말함.

4. 중국 차문화의 사적 고찰

1) 다경

(1) 육우

육우陸羽(733~804)의 별명은 질疾이며, 자는 홍점鴻漸 또는 계자季疵, 호는 상저옹桑苧翁, 경릉자竟陵子, 동강자東岡子, 동원선생東園先生, 다산어사茶山御使 등이다. 중국 당 현종 21년에 태어나 복주復洲의 경릉竟陵(후베이 성 천문)에서 세 살에 버려졌다고 하는데 정확한 탄생 연대는 밝혀지지 않고 있다.

10

경릉 용개사龍蓋寺(西塔寺의 옛 이름)의 지적智積 선사가 절 부근의 서호를 거닐다 기러기 떼에 쌓여 있는 어린 아기를 데려다 키웠다고 하며 지적선사에게서 수학하다가 장성하여 하산하였다고 한다. 안녹산安祿山의 난(755)을 피해 은둔하다가 숙종(756~762) 건원 1년(758), 상원 2년(761) 사이에 그동안의 중국차의 정보를 집대성하여 불후의 명저 《다경》을 저술해 중국 다도의 시조가 되었다.

중국의 차문화는 《다경》이 정립된 이후 비로소 제다법이나 음다법 등이 체계화되어 황제나 귀족 등 일부 상류층에서 즐기던 차풍속이 대중화, 생활화되었으며 차에 대하여 새롭게 인식하게 되었다. 특히 758년 장안長安에 내려진 금주령으로 인해 대부분의 사람들이 술 대신 차를 마시게 되었으며 더불어 차가 전국적으로 확산 보급되는 계기가 되었다. 육우가 자신의 체험과 연구, 경륜을 바탕으로 저술한 《다경》은 세계 최초의 차 전문 서적으로 동양 3국의 차문화에 있어 중요한 위치를 차지하고 있으며, 육우는 유 · 불 · 선의 사상이 집약된 다도 정신의 창시자로 후세에 차의 성인 또는 다신으로 추앙받고 있다.

(2) 《다경》

《다경》은 7,000여자로 상 · 중 · 하의 3권으로 구성되어 있다. 상권에 차의 근원〔一之源〕, 차도구〔二之具〕, 차 만들기〔三之造〕, 중권에 찻그릇〔四之器〕, 하권에 차 달이기〔伍之煮〕, 차 마시기〔六之飮〕, 차의 옛일〔七之事〕, 차의 산지〔八之出〕, 차의 생략〔九之略〕, 차의 그림〔十之圖〕으로 구분하여 찻일의 전반적인 내용을 설명하고 있다.

차의 근원〔一之源〕은 차나무의 모양, '茶'자의 기원과 이명, 토양, 차의 정신과 효능 등으로 구성되어 있다.

"…(차나무가 자라는) 토질은 난석爛石(자갈밭)에서 나는 차가 상품이고, 역양礫壤(모래 섞인 흙)에서 나는 차가 중품이며, (배수가 잘 안 되는) 황토黃土에서 나는 차가 하품이다. (일반적으로 차 묘목은 재배에 있어 옮겨심기가 어렵다) 옮겨 심으면 무성하기 힘들며, (차씨를) 오이 씨앗을 심는 것과 같이 하여 3년이 지나야 찻잎을 딴다. 야생의 자생차가 상품이며 차밭에서 재배된 차는 다음이다. 양지바른 언덕이나 그늘진 숲 속에서 나는 자줏빛 찻잎이 상품이며, 녹색의 찻잎은 다음이다. 순이 상품이며, 싹은 다음이다. 잎 표면이 말려 있는 것이 상품이며 펴진 것은 다음이다.

그늘진 산이나 언덕, 골짜기에서 난 찻잎은 막히는 성질 때문에 적병積病이 되니 그 잎은 모을 필요가 없다. 차의 용도는 맛이 지극히 차므로 이를 마시기에 적합한 사람은 행실이 바르며, 겸허한 덕망을 갖춘 사람〔精行儉德之人〕이다. 만약 열이 나거나 갈증이 나고, 번민하거나 머리가 아프고, 눈이 침침하거나 팔다리가 번거롭거나, 뼈마디가 잘 펴지지 않을 때 네댓 번만 마셔도 제호나 감로와 겨룰만한 효능이 있다.

차를 아무 때나 따거나 깨끗하지 못하거나 잡풀을 섞어 달여 마시면 병이 된다. 차도 누가 되는 것은 인삼과 같다. 인삼의 상품은 중국의 상당上黨(당대 하동도로 지금의 산시성)에서 나고, 중품은 백제와 신라에서 나며 하품은 고구려에서 난다.

중국의 택주澤州(산시성), 역주易州(허베이성河北省), 유주幽州(허베이성), 단주檀州(허베이성)에서 나는 것도 있지만 약용으로는 별 효과가 없다. 하물며 이 밖의 산지에서 나는 것은 말할 바도 아니다. 만약 제니◆를 먹는다 하여도 여섯 가지 질병을 낫게 하지는 못한다. 인삼이 사람에게 누를 끼치는 이치를 안다면 차 또한 사람에게 누를 끼칠 수 있음을 다 알 것이다."

차도구〔二之具〕는 찻잎 따기에서 제다하여 보관하기까지 필요한 15가지 도구의 종류와 이용에 관하여 설명하고 있다.

◆ 제니薺苨: 모싯대의 뿌리를 한방에서 이르는 말로, 인삼을 닮아 인삼으로 속여 팔기도 하였다고 한다. 성질이 차며 다른 약독을 풀어 주며 해수咳嗽, 갈증, 부스럼 따위의 치료에 쓰인다.

차 만들기〔三之造〕는 찻잎 따는 시기와 날씨, 찻잎을 8등급으로 분류하여 감별하는 법 등에 관하여 "대개 차를 따는 시기는 2월, 3월, 4월(양력 3, 4, 5월) 사이이다. 차의 순은 거친 자갈이 섞인 비옥한 땅에서 나며 길이는 4~5촌(12~15cm)으로 고비나 고사리가 처음 돋아난 것처럼 생겼으며 새벽이슬이 마르기 전에 따야 한다. 차의 싹은 가는 떨기 사이로 3개, 4개, 5개의 가지가 올라오는데 그 가운데 송곳 끝처럼 빼어난 가지를 골라서 딴다. 비가 오면 따지 않고, 날씨가 개어도 구름이 끼어 있으면 따지 않는다. 맑게 갠 날 따서 (증기로) 쪄서 (절구에) 찧고, (모양을 만들기 위해) 손으로 두드리고, 말려서, (덩어리를 꿰미에) 꿰어 (저장하기 위해) 봉하면 차는 건조된 것이다"라고 설명하고 있다.

찻그릇〔四之器〕은 떡차〔餠茶〕를 가루 내어 차솥에 끓여 마시는데 필요한 24가지의 기물의 용도, 모양, 크기, 재료에 대한 설명이다.

10

차 달이기〔伍之煮〕는 떡차를 굽고 보관하여 가루차 만들기, 숯과 땔감 고르기, 물의 품천, 어목魚目, 용천연주湧泉連珠, 등파고랑騰波鼓浪의 삼비三沸에 맞춰 물 끓이기, 차의 세 가지 정화◆를 설명하고 있다.

차 마시기〔六之飮〕는 차를 마신 역사적 인물들과 차 마시는 법, 음다의 폐단, 차의 아홉 가지 어려움〔九難〕, 차를 마시는 객의 수 등을 설명하고 있다. "(새는) 날개가 있어 날고, (짐승은) 털이 있어 달리고, (사람은) 입을 벌려 말을 한다. 이 세 가지는 모두 하늘과 땅 사이에 태어나 마시고 먹으면서 활동하면서 산다. 마신다는 것은 실로 그 의미가 오래되었다. 목이 마르면 장漿을 마시고, 울분을 없애려면 술을 마시며, 혼침을 쫓으려면 차를 마신다. 차를 마시는 것은 신농씨부터 시작되었고, 널리 알려지게 된 것은 노魯의 주공周公 때문이었다. 제齊의 안영晏嬰(기원전 580~500)과 한漢의 양웅揚雄(揚執戟, 기원전 53~18)과 사마상여司馬相如(?~기원전 117)가 있었고, 오嗚의 위요韋曜(204~273)와 진晉의 유곤劉琨이 있었으며…" 등이다.

차의 옛일〔七之事〕은 염제 신농부터 제의 안영, 선성인 진정, 섬현의 진무처, 여요인 우홍 등에 이르는 48가지 역사적 인물들과 차에 관한 옛 이야기를 통하여 차풍속을 설명한다.

◆ 3정화精華: 차 위에 뜨는 작거나 큰 거품인 말沫과 발餑, 잘고 가벼운 거품인 화花를 말한다.

차의 산지〔八之出〕는 차의 생산지와 품질에 따른 등급을 설명하였다.

차의 생략〔九之略〕은 장소와 상황에 따라 차를 만드는 다기구의 생략 등을 설명하고 있다.

차의 그림〔十之圖〕은 "《다경》의 전문을 네 폭이나 여섯 폭의 흰 비단에 나누어 적은 후 앉을 자리의 곁에 걸어 놓으면 차의 근원, 도구, 제다, 그릇, 달이기, 마시기, 옛일, 산지, 생략 등을 눈여겨 볼 수가 있고 (그러면) 어느덧 《다경》의 모든 내용들이 기억될 것이다"로 설명하고 있다.

2) 기타 중국의 다서

〈표 10-2〉 기타 중국의 다서

제목	저자
전다수기煎茶水記	당 장우신唐 張又新
대명수기大明水記	북송 구양수北宋 歐陽脩
부차산수기浮槎山水記	북송 구양수北宋 歐陽脩
탕품湯品	당 소이唐 蘇廙
다보茶譜	오대 모문석五代 毛文錫
다록茶錄	북송 채양北宋 蔡襄
대관다론大觀茶論	북송 휘종北宋 徽宗(趙佶)
선화북원공다록宣和北苑貢茶錄	북송 웅번北宋 熊蕃
북원별록北苑別錄	북송 조여려北宋 趙汝礪
제다신보製茶新譜	명 전춘년明 錢椿年
고반여사考槃餘事	명 도융明 屠隆
자천소품煮泉小品	명 전예형明 田藝蘅
다소茶疏	명 허차서明 許次紓

(1) 《전다수기》: 강주자사江洲刺史 장우신

"돌아가신 형부시랑으로서 휘자諱字(죽은 사람의 이름)를 백추라고 하는 유공劉伯芻은 우신에게 있어서는 어르신이다. 학문은 자세하고 넓으며, 자못 저울질하여 감별하는 기질이 있어 물이 차와 맞는 것을 비교하더니 모두 일곱 등급이라고 하였다.

양자강 남령南零(장쑤성 진강시)의 물이 첫째요,

무석 혜산惠山(장쑤성 무석시 혜산사)의 샘물이 둘째요,

소주 호구사虎丘寺(장쑤성)의 샘물이 셋째요,

단양현 관음사觀音寺(장쑤성)의 물이 넷째요,

양주 대명사大明寺(장쑤성)의 물이 다섯째요,

오송강嗚松江(장쑤성과 저장성)의 물이 여섯째요,

회수淮水(허난성, 안후이성, 장쑤성)는 최하로서 일곱째이다.

내가 일찍이 병을 배 안에 갖추고 몸소 이 일곱 가지 물을 갖다가 비교하여 보았는데 진실로 그 말씀대로였다. 양절(저장성)의 사정에 밝은 나그네의 말로는 널리 물어서 찾는 것이 아직도 모자란다 하기에 나는 일찍이 뜻한 바가 있었다…."

(2) 《대명수기》: 북송구양수◆

"육우의 《다경》에는 '물을 평하여 산의 물이 으뜸이요, 강물이 버금가며, 우물물이 하등이라고 하였으며, 또 말하기를 산의 물은 유천乳泉이나 돌못에 게으르게 흐르는 것이 으뜸이다. 폭포에서 떨어져 솟구치는 물이나 양치질 소리를 내면서 흐르는 여울물은 먹지 말아야 한다. 그런 물을 오래 먹게 되면 사람으로 하여금 목병이 나게 한다. 강물은 인가에서 멀리 떨어진 것을 취하며, 우물물은 많이 길어가는 것을 취한다'고 하였다…."

(3) 《부차산수기》: 북송구양수

"부차산(안후이성 합비현)은 신현의 남쪽 35리에 있다. 혹은 부도산이라고도 하며 혹은 부소라고도 한다. 나는 일찍이 《다경》을 읽고 육우가 물에 대해 자세히 설명한 것이 좋았다. 훗날 장우신의 《전다수기》를 얻어 보았더니 유백추와 이계경이 물의 등급을 차례로 매긴 것이 실렸는데 육우의 주장이라고 하였다. 그러나 《다경》과 견주어 보니 모두 맞지를 않았다. 우신은 미친 듯한 거짓말쟁이요, 간악하고 망령된 선비이니 그의 말을

◆ 구양수(1007~1072): 중국 송대의 정치가, 문인, 학자로 당송 팔대가唐宋 八大家의 한사람이다. 저서에 《신당서新唐書》, 《오대사기伍代史記》 등이 있다.

믿기가 어렵다. 아마도 육우의 말이 아니었을 것이다. 그런데 부차산의 물을 얻은 뒤로는 육우가 물에 대하여 자세하다는 것을 더 잘 알게 되었다….”

(4)《탕품》: 당소이

“탕湯(끓인 물)이란 차의 생명이다. 만약 이름난 차라도 끓인 물을 함부로 한다면 평범한 가루차와 다를 바가 없다. 차 달이기에 있어서 물을 지나치게 끓였거나 덜 끓인 것을 말한 것이 모두 세 종류(득일탕得一湯, 영탕: 창湯, 백수탕百壽湯)요, 차 따르기의 느리기와 빠르기를 말한 것이 모두 세 종류(중탕中湯, 단맥탕斷脈湯, 대장탕大壯湯)요, 그릇을 표준으로 하는 것이 모두 다섯 종류(부귀탕富貴湯, 수벽탕秀碧湯, 압일탕壓一湯, 전구탕纏口湯, 감가탕減價湯)요, 섶나무를 논한 것이 모두 다섯 종류(법률탕法律湯, 일면탕一面湯, 소인탕宵人湯, 적탕賊湯, 마탕魔湯)이다….”

(5)《다보》: 오대모문석

“팽주彭州(쓰촨성)에는 포촌蒲村의 붕구堋口와 관구灌口가 있는데, 그 차밭의 이름은 선애仙崖, 석화石花 등이다. 그 떡차〔餠茶〕는 작으며, 어린 싹이 여섯 개의 잎으로 꽃처럼 펴져서 더욱 묘하다. 미주眉州(쓰촨성)의 홍아洪雅, 창합昌闔, 단릉丹稜의 차는 몽정蒙頂(쓰촨성 몽산의 정상)의 떡차처럼 만들어진 것이다. 그 산차散茶의 잎은 크고 누렇고 맛은 자못 달고도 쓰다. 또한 편갑차片甲茶와 선익차蟬翼茶는 이에 버금간다….”

(6)《다록》: 북송채양

“조봉랑 우정언 동수 기거주朝奉朗 右正言 同修 起居注(벼슬이름) 신 채양이 진상하나이다. …그 옛날 육우의《다경》에는 건안차建安茶(푸젠성)의 품격이 매겨져 있지를 않았으며 정위丁謂의 다도茶圖는 홀로 차를 따서 만드는 근본만 논의하였을 뿐 달이기와 맛보기에 대해서 언급된 기록이 있다는 말을 아직은 들어보지를 못하였습니다. 그리하여 신은 몇 가지 사항에 대하여 조목을 세워 간단하면서도 알기 쉽도록 분명히 하여 두 편으로 묶어《다록》이라 이름 하였나이다. 삼가 생각하건대 조용히 쉬실 때에 혹 가려서 보아 주시면 신은 지극히 황공하고 영광스러움을 이기지 못하겠나이다….”

상편 논다上篇 論茶(차의 분별), 하편 논다기下篇 論茶器(찻그릇의 분별)

(7) 《대관다론》: 북송휘종

"일찍이 일컫기를, '땅에 머리를 박고 거꾸로 자라서(나무) 구하는 사람에게 제공되는 것은 그 종류가 하나가 아니다'라고 하였다. 굶주림에는 곡식, 추위에 명주와 베 같은 것은 용렬한 사람이나 어린애라 할지라도 모두가 평상시에 매일 소용된다는 것을 알고 있으며, 제 아무리 허둥거리고 어수선한 세월이라도 폐할 수가 없는 것이다. 그러나 차라는 것이 구甌(저장성의 동부지역)와 민閩(푸젠성 지역)의 빼어난 기운을 차지하고 산천의 영기를 모아서 가슴이 막힌 것을 씻어서 떨어 없애며, 맑고 온화한 경지에 이르게 한다면, 용렬한 사람이나 어린애가 할 수 있는 일은 아니다. 그리고 성질이 부드럽고 간결하며, 높고 고요한 운치는 소란한 시대에 즐겨 숭상할 일은 아니다. … 우연히 한가한 때에 차의 정밀하고 자세함을 연구하여 보았다. 연구에서 얻어진 묘리는 후배들이 이해가 안 될지도 모르니, 처음부터 끝까지 20편을 열거하여 《다론》이라 이름 짓게 된 것이다…." 차의 산지, 차 만들기, 차 가리기, 백차, 차 맷돌, 차도구, 물, 차 다리기, 색, 향, 미, 저장, 차의 이름 등이 있다.

2 일본의 차문화

10

1. 일본의 차문화

일본에서 언제부터 차를 마셨는지에 대한 정확한 기록은 남아 있지 않지만, 대략 가마쿠라시대(1192~1333) 임제종의 개조인 에이사이선사榮西禪師(1141~1215)가 당시 송나라에서 유행하던 말차의 점다법을 들여오면서 유행하기 시작한 것으로 보인다. 때문에 지금까지도 일본의 다도는 유독 점다법이 주류를 이루고 있다. 또 에이사이선사의 《끽다양생기喫茶養生記》에 "차는 양생養生의 선약仙藥이요 장수長壽의 묘술妙術이 있다"라고 기록한 것으로 보아 당시까지는 차가 기호음료의 개념은 아니었던 것으로 추정되고 있다.

1) 무로마치시대 이전

나라시대奈良(710~784) 당나라로 유학 간 선승들에 의해 불교가 일본에 전해지면서 승려들 사이에 차를 마시는 문화가 전래되었던 것으로 보인다. 그러나 당시에 전해진 차는 음료나 기호품으로서의 차가 아닌 부처님에게 공양을 올리는 하나의 예법으로 받아들인 듯하다. 헤이안시대 초기(815경)에 당에서 전해진 차는 처음에는 귀족과 상류사회에 보급되었고, 후에 사원에서 약용음료로 이용되다가 선종禪宗과 함께 다례의 의례儀禮로 선승들의 음료가 되었다.

2) 무로마치시대

무로마치시대◆는 정치적으로 혼란스러웠으나 문화적으로는 선종의 영향으로 괄목할 만한 성장을 이룬 시대로, 다도를 비롯하여 꽃꽂이, 노能(일본전통의 일종의 가면극) 등이 발달하였다. 교토의 킨카쿠지金閣寺(교토의 北山), 긴카쿠지銀閣寺(교토의 東山)가 이 시대 장군들의 별장으로 세워지는 등 무가武家 문화가 발달하였고, 서민계급이 대두하면서 서민문화도 형성되었다.

10

3대 장군 요시미츠義滿◆가 다다미를 깔고 '도코노마'◆를 설치한 회소會所(찻자리)를 처음으로 만들고, 이곳에서 권력 있는 무장과 재력 있는 상인들이 모여 앉아 차를 마시는 일이 시작되었다. 처음에는 단순히 사교적인 여흥이나 취미로 시작되었지만 차츰 무장이 상인에게 협력을 구하는 장소로 이용되기도 하였다.

14세기 일본의 차문화는 귀족들에 의해 호사로운 취향의 하나로 중국에서 들여온 미술품이나 공예품 등을 감상하기 위해 예술에 조예가 깊은 사람들을 불러 함께 감상하면서 차도 마시면서, 점차적으로 상류계층과 서민들의 생활에도 전해지게 되었다.

15세기 후반 직업적인 '차인茶人'이 등장하여 차를 마시는 여러 규칙과 법도를 정하고 '다도'라 부르며 이 법도에 따라 차를 즐기는 일이 성행하게 되었다. 이들에 의해 다도를 수련해서 얻는 경지와 참선參禪을 통해서 얻는 경지가 같은 것이라는 '다선일미茶禪一味'의 사상이 성립되었다. 이에 따라 차를 마시는 데 엄격하고 다양한 격식과 절차가

◆ 무로마치시대(1338~1573): 1336년 일본의 아시카가 다카우지足利尊氏가 정권을 잡은 때부터 1573년 아시카가막부足利幕府가 오다 노부나가織田信長에게 멸망될 때까지의 시대로 교토의 무로마치室町에 궁전을 세웠기 때문에 무로마치시대라 한다. 무가에 의한 단독정권이 수립되었던 시대로 왜구倭寇가 가장 많이 발발하던 시기이기도 하다.

◆ 요시미츠: 아시카가막부의 3대 쇼군將軍으로 무로마치室町에 궁전을 세웠다.

◆ 도코노마床之間: 일본식 방의 상좌에 바닥을 높게 만든 곳으로 차실의 도코노마에는 차를 마시며 감상하는 그림이나 글, 차도구, 꽃 등을 장식한다.

〈그림 10-4〉 도코노마

확립되면서 일본전통문화의 다도가 자리 잡게 되었다.

3) 아즈치모모야마시대◆

일본의 다도는 16세기 후반 센 리큐千利休(1522~1591)에 의해 완성되었다. 센 리큐는 무라타 쥬코村田珠光(1423~1501) 계열의 다케노 죠오武野紹鷗(1502~1555)에게 다도를 사사하였으며, 일본 다도 센케千家의 시조로 차계의 성인으로 추앙받고 있다. 무라타 쥬코는 그간의 사치스러운 차 모임을 새롭게 정비하여, 간소하고 안정된 불교 선종의 다법을 만들어 '다법이란 오로지 깨끗한 선禪을 따르는 것이며, 이것이 다법의 가장 근본적인 정신'이라고 하여 초암草庵의 다도를 열었다. 다케노 죠오는 무라타 쥬코가 이상으로 생각하였던 초암의 차를 배우고 이것을 더욱 간소화시켜 와비차를 완성시켰다.

◆ 아즈치모모야마安土桃山 시대(1573~1603): 오다 노부나가의 아즈치 성과 도요토미 히데요시의 후시미 성(후세에 모모야마라고 불리는 구릉지)의 이름을 따서 붙인 오다 노부나가와 도요토미 히데요시의 시대이다.

10

센 리큐는 "다도에 대해 좀 더 그윽한 맛을 느끼고자 할 때는 초옥草屋의 작은 차실에서 차를 마시는 것만 같지 못하다"고 하며, "작은 차실의 차는 먼저 불교의 가르침에 따라 수양하며 깨달음을 얻으려는 것과 같다. 화려하게 차실을 짓고◆ 진수성찬을 맛보는 일이 차의 즐거움이라고 여기는 것은 속세의 일이다. 차실은 비가 새지 않을 정도면 족하고, 허기를 면할 정도의 음식이 있으면 충분하다(초암의 와비차를 말한다). 이런 마음가짐이야말로 부처님의 가르침이자 다도의 본심이라 하겠다. 그저 물을 길어다가, 물을 끓이고, 차를 달여서, 부처님 전에 바치고, 이웃에게도 돌리고, 자기도 마신다. 이런 일들은 이미 부처님이나 스승님들이 해 오던 수행 방법이다. 우리들은 그 뒤를 따를 뿐이다. 이보다 좀 더 깊은 의미는 스스로의 깨달음에 의해서 비로소 터득할 수 있을 것이다"라고 하였다.

당시 일본 전체를 풍미한 센 리큐의 다도 이념은 '주인과 손님의 마음이 일체가 되는 것이 다도의 근본이므로, 성의를 다하여 조심스럽게 행동하며, 부귀비천富貴卑賤의 차별이 없고 모두가 인간으로서 평등하다'는 것이다. 또 '마음을 열어 온화한 마음으로 서로 공경하며 맑고 고요한 마음'으로 만족할 줄 아는 '화경청적和敬清寂'으로 대표되고 있다. 다도에 필요한 차도구들도 화경청적이 반영되어, 다른 도구들과 조화를 이루며 미와 쓰임에 있어 지극한 가치를 발하는 '리큐 취향'이 지금까지 일본 다도에 전승되고 있다.

센 리큐는 오다 노부나가織田信長(1534~1582)와 도요토미 히데요시의 다도에 관한 일을 맡아 보았으며, 도요토미의 측근으로 차에 관한 일만이 아니라 정치와 외교에도 참여하였으나 결국에는 도요토미의 처벌로 할복하였다. 도요토미 등이 활약하던 혼란스러운 전국시대의 차실은 무사들에게는 안식처였다. 차실에는 무기를 밖에 걸어두어야만 들어올 수 있었으며, 주인이 만들어 준 차를 마시면서 이야기하거나 꽃꽂이나 벽에 걸린 그림, 글씨 등을 감상하면서 안식을 얻을 수 있었던 것이다.

◆ 화려하게 차실을 짓고: 이는 서원書院의 넓은 방에서 차를 즐기기 위해서라기보다는, 무사귀족들이 의식의 하나로 미술품 감상이 중심이 되는 화려한 서원차회를 비유하는 것임.

참조 센케

센 리큐의 다도는 1580년경 장남인 사카이센케堺千家(사카이)의 도안道安(546~1607)과 양자이며 사위인 교센케京千家(교토)의 쇼안少庵(1546~1614)으로 구분되었는데, 정적인 쇼안에 비하여 도안의 차는 창작의욕이 왕성했으며 동적이었다고 평가되고 있다. 1607년 도안이 죽자 사카이센케는 명맥이 끊어지고 쇼안의 교센케만이 남아, 리큐의 손자인 소단宗旦(1578~1658)에게로 이어진 후 4대째에 오모테센케表千家, 우라센케裏千家, 무샤코지센케武者小路千家의 유파로 나뉘어졌다. 소단은 71세로 은거하면서 셋째 아들인 소사宗左(1613~1672)에게 가업을 계승시켜 오모테센케를 잇게 하고, 함께 집안에 있었던 넷째아들 소시츠宗室(1622~1697)는 우라센케를 잇게 되었다. 둘째 아들인 소슈宗守(1593~1675)는 무샤코지武者小路에 거주하였으므로 이 계통을 무샤코지센케라고 한다. 이들 유파는 다도의 방식이나 도구의 취향 등에 차이를 보이며 각각 리큐의 전통을 계승하고 있다.

10

2. 일본 다도의 정신

1) 화경청적

'화경청적和敬淸寂'은 송나라 유원보(1025~1072)의 글을 소명선사(1235~1308)가 일본으로 가져가 센 리큐에 의해 차실의 분위기나 다도를 하는 사람들이 지녀야 할 기본 덕목으로 정립되었다. 화和는 화합과 조화의 의미로 서로 하나가 되어 화합하는 것이며, 화를 달성하기 위해서는 타인을 존중하고 인정하는 마음으로, 물건을 소중히 하며 자연에 대한 경외심 등의 공경하는 마음敬이 필요하다. 청淸은 맑고 평온한 심성으로 물질적 청정무구와 차실과 다구의 정갈함 등을 말하며, 적寂은 주변에 흔들리지 않는 고요하고 숙연함을 말한다. 화경청적은 주인과 손님 사이의 마음이며, 다기와 차실에 대한 마음이다.

2) 와비

일본의 다도는 대인 관계를 소중히 하며 차와 관련한 도구에 대한 특별한 관심(모노즈키, 物數奇)을 가지고 있어 이것은 간소함과 정靜적인 것을 통하여 정취를 발견하는 와비侘び

사상으로 연결된다. 와비는 간소하고 부족한 가운데 마음의 충족을 발견하는 일본 다도의 미의식으로 조용하고 한적한 생활의 정취를 즐기는 다도의 경지를 말한다.

와비를 말로 설명하는 것은 어려운 일이지만, 다케노 죠오는 "바라다보니 꽃도 단풍도 없는데, 갯가의 뜸집에 가을의 황혼이 저무네(藤原定家, 1162~1241)"라는 와카和歌를 들어 꽃과 낙엽의 화려함을 모르는 사람은 초가집의 정취를 알 수 없으며, 화려함을 아는 사람이라야 초가집의 한적한 와비의 경지를 마음에 담아 소박함의 진수를 느낄 수 있으며, 이것이 바로 차의 본래의 모습이라 하였다.

그러나 센 리큐는 와비의 정취는 자신의 마음속에 있다고 하였다. "꽃이 피기를 애타게 기다리는 산골 마을에, 봄눈 속에 피어 난 새싹 보여 주고 싶네"라고 하여 세상 사람들은 꽃이 언제 어느 곳에서 필까하고 찾아 나서지만, 실제 꽃이 봄눈 속에 이미 존재하고 있듯이 자신의 마음속에 있는 것을 알지 못하고 눈에 보이는 것만을 좇아 즐기려 한다고 하였다.

3) 리큐칠칙

일본의 다도에는 차를 잘 끓이기 위한 일곱 가지 규칙이 있다(利休七則). 《남방록南方錄》의 칠칙은 ①꽃은 들에 피어있는 것과 같이, ②숯은 물이 끓을 정도로, ③여름에는 아주 서늘하게, ④겨울에는 따뜻하게, ⑤정해진 시간보다 늦어지지 않으며, ⑥날씨가 좋을 때도 우산을 준비하며, ⑦자리를 함께 한 손님들에게 마음을 쓸 것 등이다.

리큐가 어느 날 제자에게, "차는 상황에 맞게 준비해야 하며, 숯은 물을 제때에 잘 끓일 수 있도록 준비하고, 여름에는 시원하게 겨울에는 따뜻하게 자연섭리에 따라 행하며, 차실의 꽃은 자연 그대로 들판에 있는 것처럼 장식하고, 시간 여유를 갖는 것이 좋으며, 눈과 비에 대비한 준비를 하여 예기치 않은 상황에 대처하며, 항상 손님에 대한 배려를 마음속에 간직하여야 한다"고 하자 제자는 이미 그 정도는 다 알고 있다고 대답하였다고 한다. 그러자 리큐가 "이미 다 알고 있다면 그대로 차를 끓여보라"고 하며, "그대가 칠칙대로 할 수 있다면 내가 그대의 제자가 되겠다"고 하였다고 한다. 마음을 담아내는 것은 결코 쉬운 일이 아니다.

4) 일기일회

센 리큐의 수제자인 야마노우에소지山上宗二는 "모든 찻일을 행할 때에는 일생에 오직 한번 있는 일(一期一會)이라 생각하고, 차를 준비하는 주인에게 경의를 표하고 주인도 손님을 정성껏 대하라"고 하였다. 일기는 사람의 일생이며 일회는 오직 한 번의 만남과 인연, 즉 일생을 통해 오로지 한번 밖에 없는 만남이므로 찻일을 행하는 마음가짐을 아주 중요시하고 있다.

3. 일본의 다도

일본의 다도는 차를 달여 마시는 데 필요한 예의로, 단순히 맛을 음미할 뿐만 아니라 차실을 꾸미고 차도구를 준비하여, 일정한 작법으로 차를 다루어 주인과 손님이 공감하면서 차를 마시며 즐기는 전체적인 과정을 양식화하여, 이러한 과정을 통하여 몸과 마음을 수련하는 것을 포함한다.

일본 다도에서 손님을 차실에 초대할 때는 차실에 딸린 정원인 노지露地(청정한 땅이라는 의미)를 깨끗이 하고 물을 뿌리며, 손님의 기호를 배려하여 차실의 도코노마에 족자나 장식품, 꽃병 등을 장식하며, 초대받은 손님도 차실에 들기 위해서는 특별한 예의범절을 갖추어야 한다. 차실 안에서 주인은 손님이 지켜보는 가운데 차통을 내어 차를 달여(點前, 테마에)손님에게 대접한다.

차실에서 내는 차는 찻잎을 뜨거운 물에 우려내는 센차煎茶◆와 말차를 고르게 저어 내는 차노유(茶の湯)가 있다. 말차의 차노유에는 죽처럼 진하게 저어내는 오코이濃茶(진한 차)와 일반적으로 마시는 것과 같이 연하게 거품을 내어 마시는 오우스薄茶(연한 차)가 있다. 찻자리에서는 세속적인 잡담은 금하며 차회茶會는 보통 4시간 안으로 끝내며 손님의 수는 5명을 넘지 않도록 한다. 차회는 열리는 시간에 따라茶事七式 정오차회, 아침차

◆ 센차煎茶: 중국 명대에서 유입된 잎차.

〈그림 10-5〉 지소쿠안류知足庵流(2004) 핫센가이初煎會에서 이에모토家元의 헌다식

〈그림 10-6〉 가고시마 지소쿠안류 차실의 로爐

〈그림 10-7〉 교토 다이토쿠지大德寺의 마치아이

회, 새벽차회, 밤차회, 자취차회, 임시차회, 개봉차회 등의 종류가 있다.

낮에 여는 정오차회 순서의 한 가지는 다음과 같다.

①주인이 손님에게 초대편지를 보내 답장을 받으면 준비를 한다. ②차회 날 손님들은 약속한 시간에 노지의 입구 대기실인 마치아이待合에 모여, 차실 안에서의 앉는 자리와 차를 대접받는 순서인 정객, 차객, 삼객, 말객(대부분은 삼객이 말객 역할을 하는 것이 보통이다)등의 역할을 나누고, 고시카케마치아이腰掛待合에서 주인의 안내를 기다린다. ③주인이 맑은 물을 담은 통을 들고 나와 손 씻는 물그릇인 츠쿠바이蹲踞◆에 물을 채워놓고 들어가면 손님들이 일어나 차례로 손을 씻는다. ④주인이 안쪽 정원으로 들어가는 문을 열고 손님들을 맞이하며 인사를 나누고 안쪽에 따로 마련되어 있는 문으로 먼저 차실에 들어가면, 손님들은 니지리구치躙口◆라는 작은 문을 통해 몸을 움츠리고 고개를 낮추어 차실로 들어가 다시 뒤로 돌아앉아 벗어놓은 신을 포개어 벽 옆에 세워 놓는다.

◆ 츠쿠바이蹲踞: 돌로 만든 물 담는 그릇으로 대나무 국자로 물을 떠서 손과 입 속을 깨끗이 한다.

◆ 니지리구치躙口: 가로 · 세로 약 60cm의 문으로 들어가는 것은 인간 본연의 겸손한 자세로 돌아가 모두가 평등한 관계로 다회를 진행하자는 뜻이 있다.

⑤차실 안에서 주인과 손님이 인사를 나눈 뒤 차례대로 정해진 자리에 앉는다. ⑥주인이 로爐◆에 숯불을 피우고 손님들은 숯불이 피어오르는 모습을 감상하며 주인이 향을 피워 정취를 돋운다. ⑦주인이 미리 준비해 둔 가이세키요리懷石料理◆를 대접하면 손님들은 다 먹은 뒤에 정원으로 나가 중간휴식을 한다. ⑧손님들이 휴식하는 사이에 주인은 차실 도코노마床之間에 걸어 두었던 족자를 떼어내어 그 자리에 꽃을 장식하고, 차를 준비하여 준비가 끝나면 징을 쳐서 손님들에게 알린다. ⑨손님들은 다시 손을 씻고 차례로 차실로 들어와 자리에 앉는다. ⑩주인은 먼저 진한 오코이를 내고, 화로에 숯을 얹어 다시 불길을 돋우고 다과를 낸 다음, 오우스를 낸다. 이 사이에 주인과 손님은 여러 가지 이야기를 나누며, 시를 짓거나, 차실의 꽃이나 족자 등의 꾸밈 또는 차도구에 대한 느낌 등의 격조를 칭찬하며 주인에게 답례하고, 다회를 감상하며 즐긴다.

〈그림 10-8〉 교토 다이토쿠지의 노지

〈그림 10-9〉 교토 다이도쿠지의 차노유

〈그림 10-10〉 현대의 가이세키 요리

10

◆ 로爐: 囲爐裏 또는 화로, 이로리의 크기를 찻자리에 맞는 크기인 로로 정립하였다.

◆ 가이세키요리懷石料理: 잠시 시장기를 거둘 정도의 간단한 식사로, 에도시대부터 찻자리에 이용하는 정식 요리이다. 요리는 손님의 취향에 맞추어 계절에 어울리는 것으로 준비하며, 음식의 맛과 모양, 담는 그릇의 모양과 재질까지 고려한다. 보통 1즙 3채(一汁三菜: 즙은 국, 채는 반찬)이나, 현대는 시대에 따라 음식을 여분으로 준비하여 1즙 5채一汁伍菜나 2즙 5채二汁伍菜로 하기도 한다.

4. 일본 차문화의 사적고찰

1) 《끽다양생기》

에사이선사는 일본 임제종臨濟宗의 시조이자 차의 원조로 일컬어지고 있다. 1211년(초본, 1214년 수정보완본) 중국 의약체계의 바탕이 되는 음양오행설에서 비롯하여 차의 약리적인 효능을 위주로 일본 최초의 차 책인 《끽다양생기喫茶養生記》를 엮었는데, 차를 달여 마시는 법도에 대해서는 언급되어 있지 않다.

서문에

10

"중국에 다녀온 율사律師 에사이가 적노라.

차란 말세에 양생의 선약仙藥이요, 사람으로서 누려야 할 목숨을 늘리는 기묘한 술법이다. 산골짜기에 이것이 자라면 그 땅은 신령스럽다. 이것을 따는 모든 사람은 목숨이 길어진다. 인도와 중국에서는 함께 이것을 중하게 여기며 일본에서도 옛날에는 이것을 즐기고 좋아하였다. 예로부터 내 나라와 다른 나라가 모두 이것을 숭상하였거늘, 이제 다시 버릴 수 있겠는가. 하물며 말세에 양생을 하는 좋은 약이니 어림하여 헤아리지 않으면 안 된다. 생각하건대 세상의 시초에 사람의 사대(몸)는 견고하기가 여러 천상계의 부처님과 같았다. 말세 때에 사람은 뼈와 살에 겁이 많고 약하기가 썩은 나무와 같아서 침과 뜸을 함께 하여도 아프고 온천에서 목욕하여 병을 고치는 요법도 듣지 않는다. 만약 그러한 치료법을 좋아하는 사람은 차츰 약해지고 차츰 소모되어 다 없어지니 두렵지 않은가. 삼가 생각하건대, 하늘이 만물을 만드는 데 있어 사람 만들기를 귀하게 여겼다. 사람은 목숨을 지킴으로써 한 평생을 유지하는 것이 현명하다. 그 한 평생을 유지하는 근원은 양생에 있는데, 그 양생의 술책을 보자면 오장(간, 폐, 심장, 비장, 신장)을 편안케 할지어다. 오장 중에서는 심장을 으뜸으로 삼는데 심장을 건전하게 지키는 방법은 차 마시기가 묘술이다. 그 심장을 잊어버린다면 오장은 무력해진다. 오장을 잊어버린다면 신명身命에 위험이 있게 된다. 참으로 인도의 기파(인도 왕사성의 명의로 석가모니의 병을 치료)가 가신 지도 2천 년이나 바뀌었으니 말세의 법맥을 누구에게 물을까나. 중국의 신농이 떠난 지도 3천여 년이나 지났으니 근대의 약맛을 어찌 다스리랴. 그러니 병상病相을 물을 사람이 없어서 헛되이 앓다가 헛되이 죽어간다. 치료하는 처방을 구하는 데 그릇됨이 있어서 부질없이 뜸질하고 부질없이 손해를 보게 된다. 가만히 듣자니, 현대

〈그림 10-11〉 일본 차실의 도코노마

의 의술이 약을 머금고 마음자리가 상하게 되는 것은 병과 약이 어그러지기 때문이다. 뜸질하고 일찍 죽는 것은 맥과 뜸이 싸우기 때문이다. 그러니 대국의 관습을 찾아서 근대의 치료처방을 가르치는 것만 같지 못하다. 이에 두 문(제1: 오장화합의 門, 제2: 도깨비를 내쫓게 하는 門)을 세우고 말세의 병상을 가르쳐서 후손에게 남겨 주어 함께 많은 사람을 이롭게 하려는 것이다. (1211년 1월 삼가 머리말을 짓노라.)"

로 적고 있다.

2) 차의 10덕

묘에스님◆은 차에는 제천가호諸天加護(여러 하늘이 보호하신다), 부모효양父母孝養(부모님

◆ 묘에 쇼닌明惠上人(1173~1232): 일본 교토의 고잔지高山寺에 주석하며 에사이선사(1141~1215)가 송에서 가져온 찻씨를 전해 받아 이를 고잔지 산 속에 심었다. 이것이 전 일본으로 퍼져 본차本茶라 부르고 다른 차를 비차非茶라 부르게 되었는데 일본에서는 본차와 비차의 음차감별이 차 겨루기의 하나로 전래되고 있다. 또 우지宇治에도 차를 보내 말 발자국에 심게 하였는데 이를 기념하는 비석이 만부쿠지萬福寺에 전해 내려온다. 고잔지에는 송의 《고승전高僧傳》〈원효전元曉傳〉에 "계정혜 3학을 통달하고 오묘한 이치를 깨달아 신神의 경지에 올라 만인의 적敵이 되었다"라고 전하는 원효대사(617~686)와 의상대사(625~702)의 이야기가 그림으로 전해져 내려오는 두루마리가 일본의 국보로 지정되어 보관되어 있다.

을 효성스럽게 봉양한다), 악마강복惡魔降伏(악마는 항복한다), 수면자제睡眠自除(잠을 절로 제거한다), 오장조화伍臟調和(오장이 조화한다), 무병식재無病息災(병이 없어지고 재앙이 그친다), 붕우화합朋友和合(친구와 화합한다), 정심수신正心修身(마음을 바르게 하고 몸을 닦는다), 번뇌소멸煩惱消滅(번뇌가 소멸된다), 임종불란臨終不亂(죽음에 임하여 환란이 없다)등 열 가지의 덕이 있다고 하였다.

3) 《남방록》

《남방록南方錄》은 일본 다도를 완성시킨 센 리큐의 제자인 난보 소케南方宗啓가 스승을 가까이 모시면서 보고 듣고 익힌 다도의 소양을 기록한 책으로 일본 다도의 성서로 불리어지는 책이다. 난보 소케는 기록이 확실하지 않으나 센 리큐와 같은 시대인으로 알려져 있다.

10

《남방록》의 내용은 각서覺書, 다회茶會, 차선반茶棚, 서원書院, 대자臺子, 흑인墨引, 멸후滅後, 비전秘傳, 추가追加의 9권으로 구성되어 있다. 비전과 추가 2권은《남방록》집필로부터 약 백년 후 하카다博多 지방의 무사인 다치바나 지츠잔(立花實山: 1655~1708)이 발굴하여 보족補足하였다는 견해도 있다.

각서는《남방록》전체에 흐르는 다도관을 집약한 부분으로 33항목과 난보 소케의 간기刊記로 구성되어 있다. 각서의 항목은 다음과 같다.

1. 차의 진수는 소박하고 차분하게 한거하는 가운데 있다.
2. 차실에 들어가려면 먼저 물로 속세의 먼지를 씻어 내야 한다.
3. 센 리큐의 차 스승들에 대하여
4. 손님과 주인은 순수한 마음가짐으로 마주해야 한다.
5. 노지에는 세 차례 물을 뿌린다.
6. 센 리큐는 노지에서 신는 나막신을 고안하였다.
7. 차실의 꽃은 가볍게 장식하는 것이 좋다.
8. 꽃장식에 써서는 안 되는 꽃에 대한 노래
9. 밤차회[夜會]에서도 하얀 꽃에 한해서는 장식하여도 좋다.

10. 여름에는 서늘하게 겨울에는 따뜻하게

11. 차탕을 위해 아침에 하는 일

12. 찻물은 이른 아침에 길어온 정화수를 써야 한다.

13. 야회에서 쓰는 등불에 관한 규칙

14. 눈이 내리는 날에는 눈경치를 잘 살릴 수 있도록 마음을 쓴다.

15. 눈 내리는 밤의 차회에는 등에 불을 켜지 않는 것이 좋다.

16. 심삼첩과 장사첩의 차이에 대하여

17. 와비차의 차도구는 소박하게 갖추는 것이 좋다.

18. 명물 족자에 맞추어서 도코노마를 만든다.

19. 차도구의 제일은 족자이며 그 가운데서도 묵적(글씨)이 제일이다.

20. 와비차의 요리는 국 한 그릇과 반찬 두세 가지면 족하다.

21. 반대飯臺는 선가禪家의 작법이며 검소한 정진요리가 어울린다.

22. 작은 차실에서의 차항아리 장식법.

23. 버린 차항아리의 가치.

24. 풍로를 쓰는 중에는 숯불을 보여 달라고 하지 않는다.

25. 두레박 물항아리 다루기.

26. 검정 옻칠 물통과 두레박 물항아리의 다른 점.

27. 임시로 여는 차회에서는 비장의 차도구를 써라.

28. 작은 차실의 꽃병은 대나무, 바구니, 조롱박 등이 좋다.

29. 차도구는 주인의 정면을 향하도록 놓는다.

30. 차단지 자루를 풀어내는 법.

31. 야외 차회에서의 마음가짐에 대하여.

32. 야외 차회의 바른 법도란.

33. 와비차의 마음

34. 간기.

간기에는 "소에키宗易(리큐의 법호) 스승님께 드리는 글. 위의 각서 가운데 스승님께서 생각하고 계신 바와 달리 적은 곳이 있으면 지적하여 주십시오. 스승님의 말씀을 들을 때마다 그 말씀을 기록해 두었습니다만, 제가 잘 이해하지 못하여 전혀 다르게 기록한 곳도 있을 것입니다. 게다가 너무 간략하게 기록하였습니다. 그러나 새삼 고쳐 쓰는 일도 옳은 일은 아니기에 이대로 보여드립니다(11월 5일 난보 소케 올림)."라고 적고 있다.

또 센 리큐는 "난보 소케에게, 위에 여러 가지 잡담같이 한 말을 일일이 기록한 것을 보고 스스로 후회되는 것이 많습니다. 그러나 틀린 곳은 없습니다. 굳이 이 글을 썼지만, 이 종이는 벽에 바르는 초배지로나 써 버리는 것이 더 낫지 않을까 생각합니다(소에키 씀)."라고 적고 있다.

이 글은 스스로 비전을 남기지 않는 명인의 제자들이 스승의 언행을 듣고 본대로 기록하여, 후에 스승에게 내용에 틀림이 없음을 증명해 주십사하고 교열을 받는 표현 양식의 전형이다. 센 리큐는 이런 기록 자체를 후회되는 것이라 하였고, 기록과정에서 생길 수 있는 오류 등을 잘 알고 있었기 때문에 바람직하지 못하니 초배지로나 써서 없애 버리라고 권하고 있다.

4) 《주다론》

란슈쿠 선사蘭叔禪師(?~1580)는 두 사람이 만나 술과 차를 대변하여 각각의 잘잘못에 대하여 논하는 《주다론茶酒論》을 지었다(1576).

> "… 두 사람은 서로 대면하여 봄놀이에 때를 보내는 것이었다. 그 성명을 묻자면, 꽃 사이에 자리를 깔은 사람은 이르기를, '내게는 성명이 없으나 스스로 망우군忘憂君(근심을 잊는 이)이라고 합니다'라고 하였다. 소나무 가에 걸상을 내려놓은 사람은 이르기를, '나는 척번자滌煩子(번민을 씻는 사람)라고 합니다'라고 하였다. 이에 망우군이 척번자에게 이르기를, '요사이 속담은 받아들일 수가 없지요. 그대는 모름지기 차의 덕을 논하고, 나는 술의 덕을 논하여 봅시다'라고 말하였다. '술 마시고 취하기를 즐기면 서른여섯 가지의 허물을 얻나니, 첫째는 사람이 술을 마시고 취하면 자식이 부모를 공경하지 않게 되고, 신하가 인군仁君을 공경하지 않게 되어 군신과 부자에 위아래가 없으며, 둘째는 말하는데 잘못이 많고, 셋째는 두 말과 잔소리가 많고, 넷째는 감추고 숨겼던 사사로운 일을 불쑥 말하고, 다섯째는 하늘을 꾸짖거나 사당에 오줌을 싸는 데 기탄이 없고, 대저 하늘과 땅 사이에서 태어난 것은 사람, 금수,

산천, 초목이지요. 그 중에서도 사람이 귀하지요. 차라는 글자를 분석해 본다면 사람 인人이 풀 초艸와 나무 목木사이에 있지요. 그대의 술 주酒라는 글자는 물(물 수변 氵)가의 새(닭 酉)라고 설명하지만 금수가 어찌 사람에 미칠 수 있겠소'…."

5) 《차의 책》

오카쿠라 가쿠조岡倉覺三(1863~1913)는 요코하마시의 외국인 거류지에서 태어나 10살에 외국어를 가르치는 학교에서 영어를 배웠고 19세에 「미술론」을 졸업논문으로 도쿄대학을 졸업하였다. 그후 다도사범에게 정식으로 차를 공부하였다. 45세에 미국 보스턴미술박물관의 동양부장으로 있으면서 뉴욕에서 《차의 책The Book of Tea》을 발행하였다. 10

《차의 책》은 출간되자마자 한때, 미국과 일본에서 중학교의 교과서로 활용되기도 하였으며, 고등학교(지금의 초급대학 정도)에서 독서대상 서적으로 지정될 정도로 선풍을 일으켰으나, 도널드 킨은 「일본문화의 이해를 방해하는 것」이라는 수필에서 "다도의 이론은 확실히 아름답다. 일본에 다도가 만들어졌기 때문에 우아한 차실이라든가 많은 미술 작품도 생겨났으리라는 것은 틀림없지만, 다도가 현대의 일본문화 중에서 가장 유력한 요소라는 설은 믿을 수가 없다. 어쩌면 '야만인', 즉 서양인의 눈에는 비치지 않는 유현幽玄일 지도 모른다. 다만 예술의 정신적이고 심미적인 우수성을 외국인에 대해서 무턱대고 설득하는 것은 삼가는 편이 좋지 않겠는가"라고 하였다.

1장 인정의 잔에 "차는 약용에서 비롯되어 음료가 되었다. 중국에서는 8세기에 우아한 놀이의 하나로써 시의 영역에 들어갔다. 15세기에 일본은 그것을 하나의 심미적 종교인 다도로까지 드높였다. 다도는 일상생활의 속된 일 속에 있는 아름다움을 숭배하는 데 근거를 둔 일종의 의식으로서, 청정과 조화, 서로 사랑하는 신비, 사회질서의 낭만주의를 순순히 가르쳐준다. 그것은 본질적으로 불완전함을 숭배하는 것이다. 말하자면 인생이라는 불가능한 것 중에서도 무엇인가 가능한 것을 성취하려는 애틋한 기도이기 때문이다. 차의 원리는 보통 말투로 받아들이는 단순한 심미주의가 아니다"라고 적고 있으며, 2장은 차의 유파, 3장은 도교와 선종, 4장은 차실, 5장은 예술 감상, 6장은 꽃, 7장은 차의 대가 등으로 구성되어 있다.

생각해 봅시다

동양 3국, 즉 한국, 중국, 일본의 차문화는 차를 약용으로 이용하고, 부처님에게 공양물로 올리며, 참선하는 스님들의 정신을 맑게 하기 위한 음료였던 점에서 공통점을 갖고 있다. 한국의 차문화는 일상과 격리되지 않는, 당대의 삶과 생활 속의 풍습이다. 고대로부터 있어온 우리의 차문화는 특별한 공간이나 제약 없이, 때로는 파격적이기도 하면서 일상에서 향유되어 왔다. 차생활문화에 관해 기록된 다양한 사적 자료들을 살펴보면서 한국과 중국, 일본 등 동양 3국 차문화의 특징에서 유사성과 차이점을 생각해 봅시다.

3 세계의 차문화

개인의 기호나 취미에 의한 생활문화가 인류의 문화사를 성립한 것과 같이 차문화 역시 각 지역의 풍토 또는 습속 등에 따라 민족마다 나름대로의 독특한 다양성을 가지고 있다. 차는 한국, 중국, 일본 등 아시아의 생산지역과 영국을 비롯한 유럽 등 서구에서 널리 기호음료로서 음용되고 있다. 또한 겨울철 추위가 혹심한 시베리아 지역이나 몽고, 티베트 등은 과실과 야채류 등은 물론 음료수까지도 결핍되기 쉬우므로 생리적으로 차를 마시지 않으면 생활이 불가능할 정도의 환경조건을 가지고 있어, 이들 나라에서는 차가 생활의 필수품이 되고 있다.

1. 유럽에의 전래

유럽의 차문화는 중국의 차가 포르투갈의 선교사들에 의하여 17세기 초 네덜란드의 암스테르담에 전래되면서 시작되어, 네덜란드의 동인도회사(1602년 설립)를 통해 1610년에 일본의 차, 1637년에 중국의 차 등이 유럽 각국에 소개되었다. 커피와 비슷한 시기에 유럽에 전파된 차는 당시 네덜란드 동인도회사의 총독이 자카르타의 상관장에게 보낸 편지에 "차가 사람들 사이에 음용되고 있으니 모든 선박에서 일본차 외에 중국차도 수배해서 선적해 주기 바란다(1637)"고 한 것처럼 큰 인기를 끌고 있었던 것으로 보인다.

유럽 홍차문화의 발상지로 세계 최고의 차 소비국인 영국은 1630년대 네덜란드에서 차가 도입되어 네덜란드와 함께 동양의 차를 유럽 각국에 운반하는 한편, 동남아시아에서 차재배를 시작했다. 러시아는 1618년 청 태조의 사신에 의해 전래되어, 후에 중국과 조약(네르친스크조약: 1689, 캬흐타조약: 1727)을 체결하고 낙타와 중국차를 교역했으며 1847년에는 그루지야지역에서 차재배에 성공했다. 미국에는 네덜란드 이민자들이 뉴암스테르담(뉴욕)에 이주하면서 전래되어, 1690년경에는 보스턴에서도 차가 판매되었다.

10

2. 유럽에의 소개

1) 라무시오◆의 항해와 여행

"중국에서는 나라 안 도처에서 차를 마신다. 그것은 공복 때에 차 달인 물을 한두 잔 마시면 열병, 두통, 횡복관절의 통증에 효과가 있기 때문이다. 통풍은 차로 효험을 볼 수 있는 병 가운데 하나이다. 과식했을 때에도 이 달인 물을 조금 마시면 곧바로 소화가 된다."

2) 린스호틴◆의 《동방항해기》

"일본인의 식사하는 방법을 보면, 제각기 자신들의 작은 상에 앉아 식탁보나 냅킨을 사

◆ 라무시오Giovanni Battista Ramusio(1485~1557): 베네치아의 역사가, 지리학자로 베네치아공화국의 많은 관직을 거쳐 원로원 서기관으로 일하였다. 대항해시대에 중요한 여행기를 집대성한 《항해와 여행Navigation e Viaggi》(3권, 1550~1559)을 간행하였다.

◆ 린스호틴Jan Huyghen van Linschoten(1563~1611): 네덜란드의 동양 정세 연구가로 동양 각지의 토지, 민족, 물산 등을 연구하고, 포르투갈인의 동양 항해무역에 관한 자료를 수집하여 《포르투갈인 동방항해기》(1595)와 《포르투갈령 동인도 항해기》 등을 저술하여 네덜란드의 동양무역 발전의 기운을 조장하였다.

용하지 않고 중국인처럼 두 개의 작은 나무 막대기로 먹는다. 그들은 쌀로 양조한 술을 마시는데 이 술을 마시면 곧잘 취한다. 식사 후에 그들은 어떤 종류의 음료를 마신다. 이것은 작은 항아리에 담긴 뜨거운 물로 여름이건 겨울이건 참을 수 있을 정도로 뜨겁게 해서 마신다. …차茶라고 부르는 약초를 가루 내어 맛을 낸 이 뜨거운 물을 그들은 대단히 중시한다.

재력이 있고 지위가 있는 사람들의 경우 모두들 이 차를 은밀한 장소에 두고 주인이 직접 간수한다. 친구나 손님을 대단히 융숭하게 대접하려 할 때에는 제일 먼저 이 뜨거운 물을 권할 정도로 소중하게 다룬다. 우리가 다이아몬드나 루비 등의 보석을 귀중히 하는 것처럼 그들은 뜨거운 물을 펄펄 끓이거나 약초를 저장하는 데 사용하는 항아리와 차를 마실 때 쓰는 흙으로 빚은 그릇을 대단히 귀중히 여긴다."

3) 마테오리치◆의 편지

"일본에서 가장 좋은 차는 1파운드에 10금金Esc(Esc는 약 1달러) 혹은 종종 12금Esc에 팔린다. 일본과 중국의 차 음용방법은 약간 다르다. 일본인은 찻잎을 가루 내어 2~3스푼 넣고 뜨거운 물을 부은 후 휘저어 마시는 반면, 중국인은 찻잎을 뜨거운 물이 든 항아리에 넣어 우려낸 뜨거운 물을 마시고 찻잎은 남긴다."

3. 차로 인한 역사적 사건들

1) 차마 무역

중국 주변의 몽고, 티베트 등은 기후, 풍토에서 열악한 환경조건을 갖고 있어 일상생활에 차가 필수의 물품이었다. '중국의 차와 몽고의 말'을 교환하던 무역[茶馬貿易]에서 한

◆ 마테오리치Matteo Ricci(1552~1610): 이탈리아 예수회 선교사로 최초의 세계지도인 '만국여도'를 그렸으며, 1601년 중국(명)의 신종神宗에게 북경 정주를 허락 받아 가톨릭 포교와 중국 궁정에서 봉사하였다.

때는 말 한 마리에 얹은 한 짐의 차가 말 한 마리와 교역이 되기도 하였다. 중일 전쟁 시 소련은 중국에 비행기를 원조해 주고 대신 차를 가져가기도 하였다.

2) 미국의 보스턴차회 사건

영국이 프랑스와의 아프리카 식민지 전쟁으로 소비된 전쟁비용을 분담, 보상하기 위하여 1773년 미국식민지 상인들에 의한 차 밀무역을 금지시키고 식민지의 차전매권을 영국동인도회사에 부여하는 법령을 시행하였다. 이에 반발한 보스턴 차회The Boston Tea Party 회원들이 인디언으로 분장하여 1773년 12월 16일 밤, 정박 중인 3척의 영국 상선에 올라가서 차를 바다에 던져버렸다. 이 사건은 미국 독립전쟁의 도화선이 되기도 하였다.

차가 이미 유럽과 세계의 중요한 상품이었기 때문에 일어난 보스턴차회 사건 이후로 미국은 독립전쟁과 더불어 영국에서 가져오는 차를 거부하면서 다른 대체용품으로 커피를 마시게 되었다. 현재 차와 커피의 기호음료 수요에 있어 유럽은 차가 우세한 반면 미국은 지금도 커피의 수요가 다소 우세하다.

3) 영국과 청나라의 아편전쟁

네덜란드를 통해 영국으로 전해지던 초창기의 차는 귀족의 음료로 남자들만 마시던 음료였으나 짧은 시간에 널리 보급되기 시작하였다. 1699년 65kg 하던 차소비량이 1791년에는 6,800톤에 이르게 되었고, 중국의 수입에 의존하던 차의 소비량은 계속 늘어갔다. 영국이 인도의 아편을 중국차 수입의 거래에 이용하려고 하자 중국(청)은 1800년 아편 수입금지 조치를 내렸다. 이에 영국은 군사력으로 중국을 침해하였고, 이 전쟁에서 중국이 지면서 난징조약을 체결하여 광동, 해운, 복주, 상해 등의 항구를 개항하고 홍콩이 영국에 할양되었다.

4. 영국의 차문화

영국은 비교적 늦게 차를 받아들였지만, '차'는 날씨 다음으로 좋은 대화 소재가 될 정도로 전 국민에게 활용되는 일상품이다. 차를 마시는 시간만으로도 다양한 차문화를 즐겨 하루 종일 차를 마시며, 대부분의 영국인이 하루 5~6잔 이상의 홍차를 마시고 있다.

참조

아침식사 이야기

원래 아침식사Breakfast를 의미하는 'The first meal'이 영국의 차문화 보급과 함께 우유와 설탕을 넣은 차를 포함하여 빵과 버터, 햄, 소시지, 계란 등으로 차린 풍성한 메뉴를 준비하여 아침에 단식Fast을 중단한다Break는 의미의 'Breakfast'로 불리게 되었다. 1740년대까지 하루에 두 끼를 먹었던 영국에서 다음 날 아침식사까지의 긴 시간을 '단식'한 것으로 간주하여 차를 포함한 식단으로 단식을 중단한 것이다.

영국식 차 정원

영국의 차문화는 하루 종일 차를 마시는 풍속과 더불어 아름다운 정원에서 차를 마실 수 있는 영국식 차 정원English Tea Garden도 생겨 세계 차문화에 큰 영향을 끼쳤다. 차 정원에서 차를 마실 때 차를 마시는 장소와 주방이 멀리 떨어져 있었기 때문에 사람이 많은 경우 뜨거운 물이 식어서 올 경우가 많았다. 이때 'TIPS(To Insure Prompt Service, 빠른 서비스)' 상자에 잔돈을 넣으면 웨이터가 뜨거운 물을 뛰어서 가져와 차를 더 맛있게 마실 수 있었다. 팁이라는 말은 요즘도 계속 쓰이고 있으며, 친목과 대화의 시간을 갖는 'Tea Time'이라는 용어도 널리 이용되고 있다.

10

5. 홍차 우리기

홍차는 차를 우려내는 찻주전자Tea pot와 거르는 기구Tea strainer, 찻잔, 차수저Tea measure, 시계, 보온천Tea cozy, 설탕Suger pot이나 우유Milk jug 등을 준비하여, 차를 우려내는 찻주전자를 미리 데워놓은 뒤 찻잎과 고온의 물을 부어 우려내는데, 우려내는 동안 찻물이 식지 않도록 보온천으로 찻주전자를 감싸준다. 개인의 취향에 따라 차의 양과 우리는 시간을 조절하지만 차의 양은 한잔에 약 3g 정도로 하며 차의 종류에 따라 적정량을 조절하며, 우리는 시간도 차의 종류에 따라 2분에서 5분 정도를 가늠하여 정확히 지켜주어야 한다.

보통 잎차는 4~5분 정도 우리며, 분쇄의 정도에 따라 시간을 조절한다. 티백류는 일반적으로 가늘게 분쇄되어 있으므로 우리는 시간을 1~2분 전후로 짧게 하며, 일반 잔을 이용하여 간단이 이용할 경우 차가 우러나는 동안 접시나 찻잔받침 등을 올려놓아 보온을 해준다. 홍차가 우러나면 거르는 기구를 이용하여 차를 따른 뒤 취향에 따라 스트레이트 또는 우유나 레몬, 설탕 등을 첨가하거나 얼음을 넣어 아이스티로 즐길 수 있다.

〈표 10-3〉 영국의 홍차 시간표

구분	내용
Early tea (Bed tea)	아침에 잠자리에서 마시는 홍차이다. 주로 남편이 부인에게 만들어 주는 것이므로 이것으로 애정의 정도를 가늠한다.
Breakfast tea	아침식사와 같이 마시는 차이다. 영국식 아침식사는 홍차와 토스트, 달걀, 베이컨, 소시지, 팬케이크, 과일 등이다.
Elevenses	오전 중에 잠시 쉬면서 마시는 차로, 15분 정도로 간단히 마친다. 회사에 전문 tea lady가 있어서 차 서비스를 받기도 한다.
Middy tea break	오후에 간식을 먹으면서 마시는 차이다.
Afternoon tea	사교를 목적으로 하는 특별한 Middy tea break로, 주로 휴일 오후 4시경에 자리를 멋지게 준비하고 샌드위치, 스콘, 케이크 등을 준비한다. 영국에서는 오후에 차 마시러 오라는 말은 친구가 되자는 뜻이다. 지금 세계 어디서나 볼 수 있는 '오후의 차'는 1840년 영국의 베드포드 공작부인Duchess of Bedford이 오후에 친구들을 초청해서 차와 다식을 먹으면서 시작되었다.
High tea (Meat tea)	원래는 영국의 노동자들이 일을 마치고 돌아와 오후 6시경 고기나 샌드위치 등의 식사와 같이 마시는 차로, Meat tea라고도 하며 저녁부터 밤에 걸쳐 편안하고 자유롭게 즐기는 차이다. Low tea는 상류 계층에서 이른 오후Low part of afternoon에 이야기를 나누면서 가벼운 음식과 함께 마시는 차이다.
After dinner tea	저녁식사 후 여유롭게 마시는 차로 초콜릿 등 단 과자와 같이 마시거나 위스키나 브랜디를 타서 마시기도 한다.
Night tea	잠자리에 들기 전에 마시는 차이다.

10

6. 세계의 차

1) 미국의 차

미국은 보스턴차회 사건 등의 역사적 상처가 있었지만 차의 발전에 있어 티백Tea bag과 아이스 티Ice tea 등을 처음 만들어 차의 대중적 보급에 중요한 역할을 하였다. 차 무역에 혁명을 일으킨 고속범선Tea clipper도 미국에서 처음 만들어졌다. 미국은 차의 70% 정도가 아이스티로 특히 많이 이용하고 있다.

2) 인도의 차

인도는 세계 최대의 차생산국이자 소비국이다. 영국에 의하여 차 재배가 시작되어 처음에는 거의 대부분 영국으로 수출하였지만 인도인들도 차를 마시게 되자 국내 소비량이 수출량보다 훨씬 많게 되었다. 인도식 차는 일종의 밀크티로 '차이Chai'라고 하며, 냄비에 물을 끓여 찻잎과 같은 양의 우유를 부어 끓인 후 걸러서 마신다. 거리에서 '차이'를 파는 모습을 흔히 볼 수 있다.

3) 러시아의 차

러시아의 차는 보드카와 함께 2대 국민음료로 상음되고 있다. 작은 난로 위에 물통과 찻주전자가 올라가 있는 사모바르Samovar를 이용하여 차를 마시는데, 춥고 건조한 러시아에서 사모바르는 뜨거운 차를 계속 마실 수 있는 도구로 방 안을 덥히는 난방기구이며 건조함을 막는 가습기이기도 하다. 러시아의 차는 진하게 우려내어 설탕이나 꿀, 잼을 넣어서 달게 마신다.

4) 터키의 차

터키는 일인당 연간소비량이 2kg에 달하는 주요 홍차소비국으로 차를 차이Chay라 부르며 재배도 하고 있다. 차를 졸이듯이 진하게 끓여서 다시 뜨거운 물로 희석해서 설탕을 넣고 작은 호리병 모양의 유리잔(차이벨덕)에 넣어서 마신다.

5) 몽고의 차

음식이 거의 고기로 과일이나 야채는 거의 먹지 못하는 몽고에서는 부족한 비타민이나 미네랄을 차에서 보충하므로 차는 중요한 생필품이다. 일인당 연간 차소비량이 9kg에 이르며 삼다일반三茶一飯이라 하여 하루 세 번 차를 마시고 저녁에 집에서 한 번 식사를 한다. 우유를 넣어 끓인 차에 볶은 쌀이나 치즈, 밀가루튀김 등을 같이 먹는다.

6) 티베트의 차

몽고와 마찬가지로 육류 위주의 식사를 하기 때문에 '하루 양식은 없어도 되지만 차 없이는 못 산다'라고 할 정도로 차가 중요한 생필품이다. 일인당 연간 차소비량이 15kg 정도이며, 떡차나 덩이차의 잎을 주전자에 넣고 끓인 후 버터, 소금, 참깨, 땅콩, 수박씨, 잣, 호두 등을 넣은 긴 나무통에 찻물을 붓고 막대기로 잘 섞어서 만든 수유차(당의 문성공주가 티베트 왕에게 시집와서 손님 접대용으로 만들기 시작한 차라고 함)를 매일 20잔 이상 마신다고 한다.

7) 미얀마의 차

미얀마에는 마시는 차와 함께 찻잎을 따서 말려 땅 속에 묻어 발효시킨 후 여러 가지 양념을 해서 먹기도 한다.

생각해 봅시다

현대화의 과정에서 물질주의가 난무하는 사회에서, '건실한 인간생활의 실천을 본지로 하는 차생활의 습속'이 널리 보급되어, 인간 본래의 도덕관을 되돌아보면서 때때로 점검하며 발전할 수 있는 차생활의 영향에 대하여 생각해 봅시다.

참고문헌

· 강영자 외, 《생활문화와 예절》, 교육과학사, 1999.

· 김명배, 《한국의 차시감상》, 대광문화사, 1994.

· ______, 《다도학》, 학문사, 1993.

· ______, 《일본의 다도》, 보림사, 1987.

· ______, 《중국의 다도》, 명문당, 1986.

· ______, 《다경》, 태평양박물관 다예총서2, 1982.

· 김진익, 《지구촌 신예절》, 깊은 사랑, 1996.

· 김창훈, 《국제예절과 생활에티켓》, 샘터, 1995.

· 난보 소케, 기노 쓰라유키 외(박전열, 이한창 역), 《南方錄, 古今集假名序 외》, 시사일본어사, 1993.

· 대원사 홈페이지(www.daewonsa.or.kr)

· 문상주, 《생활예절》, 고려출판사, 1995.

· (사)한국茶생산자 연합회, 「한국 차산업 발전과제」, 2003-2005 차학술 심포지엄 발표자료집. 2005.

· 山西 貞, 「お茶の科學」, 裳華房(東京, 日本), 1993.

· 《世界の名茶事典》, 講談社(東京, 日本), 1998.

· 소혜왕후, 《내훈》, 육완정 역, 열화당, 1986.

· 松下智, 《茶の原産地紀行》, 淡交社(東京, 日本),2001.

· 오미정, 「한국 자생 차나무의 유전적 유연관계 및 녹차의 이화학적 특성에 관한 연구」, 고려대학교 박사학위논문, 1994.

· 우암 송시열, 《계녀서》, 송종효, 이성재편, 동환출판사, 1986.

· 윤경혁, 심성섭, 이형석, 《차 노래글-다부(이목)》, (재)가천문화재단, 1994.

· 이기윤, 《저널리스트의 눈에 비친 다도열풍》, 보림사, 1987.

· 이종기, 《가락국 탐사》, 일지사, 1977.

· 정영선, 《한국차문화》, 너럭바위, 1995.

·「제4회 국제명차품평한국대회 및 차문화 교류 학술세미나 발표논문집」, 2002.

· 조선 찻사발 특별전 《오백년만의 귀향》 도록. 청주불교방송국, 2004.

· 主婦の友社編, 《煎茶入門》, 主婦の友社(東京, 日本), 1990.

·「차재배 기술과 가공」, 전남 농업기술원 차 시험장. 2003.

· 村松敬一郎,「茶の科學」, 朝倉書店(東京, 日本), 1991.

· 최범술, 《한국의 다도》, 보련각, 1973.

· 츠노야마 사가에(서은미 역), 《녹차문화 홍차문화》, 예문서원, 2001.

· 통광역주, 《초의다선집》, 불광출판부, 1996.

· 현영조, 《명가의 미》, 요철요, 2005.

· Fulvio Eccardi and Vincenzo Sandalj, *Coffee*, Sandalj Trading Company(Trieste, Italy), 2002.

· N. K. Jain, Global advances in tea science, Aravali books international (P.) LTD.(New Delhi,India), 1999.

찾아보기

【 ㄱ 】

【 ㄷ 】

【 ㄹ 】

【 ㅁ 】

【 ㅇ 】

【 ㅈ 】

【 ㅊ 】

【 ㅋ 】

【 ㅌ 】

【 ㅍ 】

【 ㅎ 】

한 권으로 배우고 실천하는 차생활문화의 모든 것

차생활의 이해와 실천

2013년 2월 20일 초판 1쇄 인쇄
2013년 2월 27일 초판 1쇄 발행

지은이 오미정

펴낸곳 도서출판 미누
펴낸이 강미현
출판등록 제321-2011-000237
주 소 서울시 송파구 올림픽로 354 현대 I-Space2 1102호
전 화 02- 3472-2326 팩 스 02- 3472-2327

표지디자인 공간42
본문디자인 김원영

인 쇄 현문자현
제 지 화인페이퍼

ISBN 978-89-968081-4-5 03570
값 28,000원

* 도서출판 미누(MINU)는 (주)커피투데이의 단행본 브랜드입니다.
* 잘못된 책은 교환하여 드립니다.